解说布达拉宫

王清华·编著

西藏人民出版社

图书在版编目（CIP）数据

　　解说布达拉宫 / 王清华编著． -- 拉萨：西藏人民出版社，2021.12
　　ISBN 978-7-223-07010-2

　　Ⅰ．①解… Ⅱ．①王… Ⅲ．①布达拉宫－介绍Ⅳ．① K928.75

中国版本图书馆 CIP 数据核字（2021）第 216894 号

解说布达拉宫

编　　著	王清华
责任编辑	扎西欧珠
责任印制	缪　攀
封面设计	格　次
出版发行	西藏人民出版社（拉萨市林廓北路 20 号）
印　　刷	拉萨市明鑫印刷有限公司
开　　本	787×960　1/16
印　　张	17.25
字　　数	185 千
版　　次	2023 年 2 月第 1 版
印　　次	2023 年 2 月第 1 次
印　　数	01-2,000
书　　号	ISBN 978-7-223-07010-2
定　　价	46.00 元

版权所有　翻印必究

布达拉宫法王洞内的松赞干布塑像（扎西次仁/摄）

布达拉宫法王洞内的文成公主塑像（扎西次仁/摄）

布达拉宫白宫门厅北壁清代绘制的吐蕃时期布达拉宫图（壁画）

布达拉宫东大殿内的金城公主照镜图(壁画)(扎西次仁/摄)

布达拉宫内修建于唐代的帕巴拉康(圣观音殿)(扎西次仁/摄)

布达拉宫西大殿内的五世达赖喇嘛觐见顺治皇帝图(壁画)(扎西次仁/摄)

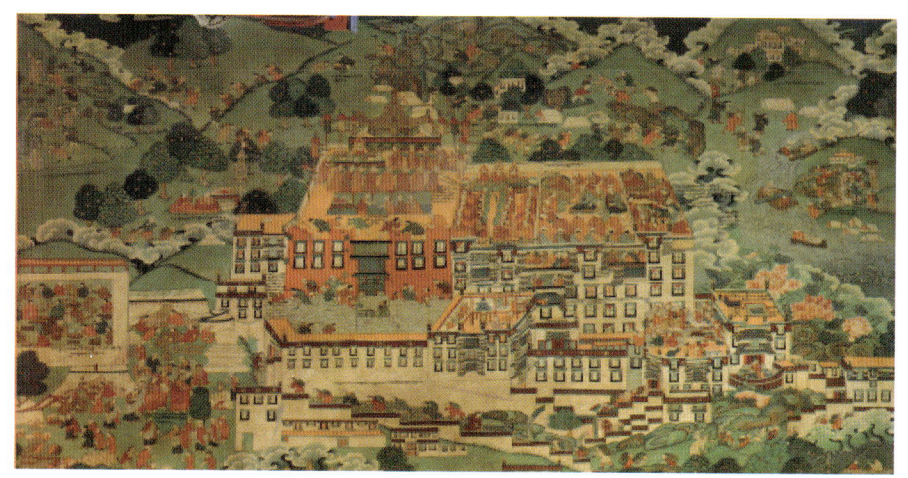

17世纪布达拉宫红宫落成图(壁画)(扎西次仁/摄)

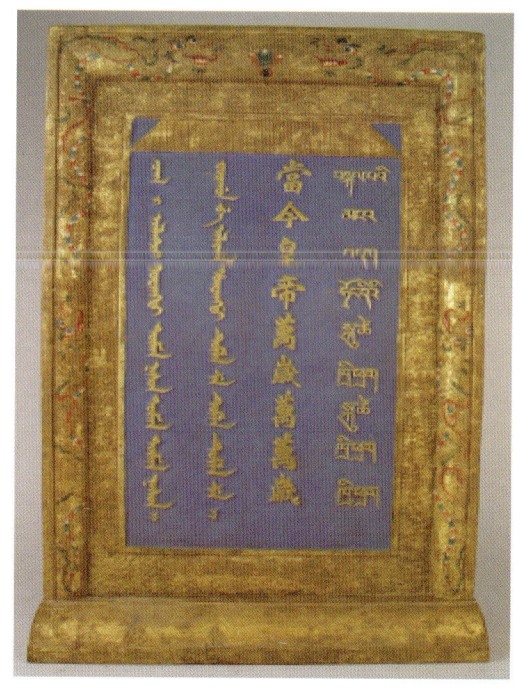

布达拉宫殊胜三界殿内的清朝康熙皇帝所赐"长生牌位"(扎西次仁/摄)

布达拉宫东大殿内的清朝同治皇帝御笔"振锡绥疆"(扎西次仁/摄)

1662年的布达拉宫白宫落成素描图

1905年的布达拉宫

布达拉宫一期维修图(扎西次仁/摄)

布达拉宫一期维修图(扎西次仁/摄)

布达拉宫正面图(扎西次仁/摄)

布达拉宫侧面图(扎西次仁/摄)

目 录

导言 1

第一章 布达拉宫的文化内涵及兴起背景 1
  第一节 布达拉宫的涵义 1
    一、布达拉 1
  第二节 布达拉宫的选址缘由 23
    一、布达拉宫的选址是西藏传统建筑地望格调的综合反映 23
    二、布达拉宫的选址是西藏传统建筑军事防御功能的完美体现 .. 25
    三、布达拉宫的选址体现了松赞干布有效法先祖、减少政治羁绊之意 26
  第三节 布达拉宫的兴建背景 26
    一、宗教因素 26
    二、政治因素 29
    三、环境因素 30

第二章 吐蕃时期的布达拉宫 32
  第一节 布达拉宫的创建 33
    一、拉妥妥日年赞时期的红山建筑 33
    二、松赞干布建在红山上的宫殿 33
    三、红山宫殿的扩建 36
  第二节 建筑风貌 41
  第三节 文化遗迹 42
    一、曲杰竹普——法王洞 42
    二、帕巴拉康—圣观音殿 46
  第四节 吐蕃军政中心 47
    一、吐蕃的政治中心 47
    二、吐蕃的军事中心 51

第三章 9—17世纪的布达拉宫 58

第四章 17世纪以后的布达拉宫 63

第一节　布达拉宫的重建..63
　　　　一、重建白宫..63
　　　　二、扩建红宫..65
　　　　三、五世达赖喇嘛之后布达拉宫的增建及维修........................66
　　第二节　建筑风貌..73
　　　　一、布达拉宫是藏式宫堡建筑的经典之作............................73
　　　　二、布达拉宫是西藏社会的艺术表征................................79
　　　　三、布达拉宫建筑体现了多元文化的综合特点........................81
　　第三节　政教权力的中心..86
　　　　二、红宫——宗教中心..90
　　　　三、主要建筑的使用功能..91

第五章　布达拉宫建筑文化遗迹..96
　　第一节　白宫建筑及其文化遗迹......................................96
　　　　一、德阳夏——东庭院..96
　　　　二、孜罗扎——僧官学校..97
　　　　三、松格果觉——白宫门庭......................................100
　　　　四、措钦夏司西平错——东大殿..................................107
　　　　五、极乐室..107
　　　　六、孜嘎..108
　　　　七、森琼尼伟夏——东日光殿....................................108
　　　　八、森琼尼伟努——西日光殿....................................117
　　　　九、摄政宫和雪嘎..118
　　　　十、立付局..118
　　　　十一、仓库管理局..119
　　　　十二、主内库..119
　　第二节　红宫建筑及其文化遗迹......................................119
　　　　一、强康——弥勒佛殿..120
　　　　二、伍孜加呲——金顶群..122
　　　　三、轮朗康——坛城殿..123
　　　　四、萨松朗杰——三界殿..124

五、其美德丹基——长寿乐集殿......132
六、十三世达赖喇嘛灵塔殿......133
七、喇嘛拉康——上师殿......135
八、七世达赖喇嘛灵塔殿......137
九、八世达赖喇嘛·江白嘉措灵塔殿......138
十、九世达赖喇嘛·隆多嘉措灵塔殿......139
十一、堆廓拉康——时轮殿......140
十二、土旺拉康——释迦能仁殿......141
十三、孜译仓——档案室......141
十四、次巴拉康——无量寿佛殿......143
十五、则杰拉康——释迦百行殿......143
十六、公桑杰珠康——普贤追随殿......143
十七、黎玛拉康——合金佛像殿......143
十八、措钦司西平措努——西大殿......145
十九、朗仁拉康——菩提道次第殿......145
二十、仁增拉康——持明殿......146
二十一、五世达赖喇嘛灵塔殿......150
二十二、冲绕拉康——观世音本生殿......154
二十三、密乘乐园殿......159
二十四、亚溪楼......160

第三节 附属建筑及其文化遗迹......160
一、玛基康......160
二、无字碑......162
三、大唐卡库......162
四、展佛台......163
五、雪城......163
六、雪堆白......181
七、查果嘎林佛塔......182
八、龙王潭公园......182
九、布达拉宫东侧山脚下的两处寺庙......185

- **第六章 和平解放后布达拉宫的保护和利用** 187
  - 第一节 布达拉宫现状及保护调查 187
  - 第二节 和平解放后的布达拉宫修缮管理 192
    - 一、对布达拉宫的历次保护和维修 192
    - 二、史无前例的两次维修工作始末 195
    - 西藏自治区人民政府关于抢修布达拉宫的紧急请示 197
    - 国务院关于维修布达拉宫的批复 200
    - 三、现阶段布达拉宫的保护和管理 202
  - 第三节 布达拉宫的旅游管理 205
- **第七章 布达拉宫文化遗产走向世界** 209
  - 布达拉宫大事记 212
  - 西藏自治区布达拉宫文化遗产保护管理条例 246
- **参考文献** 253
- **后　记** 264

导 言

习近平总书记强调,"中华优秀传统文化是中华民族的突出优势,是我们在世界文化激荡中站稳脚跟的根基。实现中华民族伟大复兴,必须结合新的时代条件传承和弘扬中华优秀传统文化。"西藏文化是中华文化的重要组成部分,我国各民族在长期的交往交流交融中兼收并蓄,共同创造了集各民族文化之大成的中华文化。在博大精深的西藏文化之中,最属建筑文化形态令人叹为观止,举世闻名的布达拉宫就是这种最令人称道的高超建筑文化的代表。

一

布达拉宫是拉萨的标志性建筑,是地球上海拔最高的古代宫殿之一,素以浓厚的民族特色和壮丽巍峨气势著称于世界屋脊。布达拉宫坐落于中华人民共和国西藏自治区拉萨市中心的红山之上,方圆三百多公里,周围是银光闪闪的雪山群峰环绕,蓝天如洗,一派粗犷飘逸的高原景色。布达拉宫由红宫和白宫以及附属建筑组成,总占地面积40万平方米,建筑面积13万平方米,主楼红宫为13层,高115.703米,是西藏现存最大最完整的古代宫堡建筑群。

布达拉宫初建于吐蕃赞普松赞干布时期。7世纪初,雅隆部落第32代赞普松赞干布继位后,以其雄才大略进行一系列部落兼并战争,逐步统一西藏高原,建立起强盛的吐蕃奴隶制政权。633年,吐蕃将首府迁往拉萨后,松赞干布便遣使臣与唐王朝缔结姻好。641年,文成公主下嫁西藏,松赞干布以"乃为公主筑一城以夸后世"的允诺,为文成公主修建了当时的布达拉宫。据记载,当时筑成有每边长一里的高大城墙,在红山上修建999间房子,连同山顶山洞共1000间。建成后的王宫遍饰宝物,堂皇壮丽,极为壮观。"布达拉"源于梵文"普陀罗",意为光明山、海岛山、舟岛,原指观世音菩萨所居之舟岛,因此布达拉宫后来被虔诚的佛教徒称为第二殊境——"第二普陀山"。但因遭遇雷击和兵乱,松赞干布时期修建的布达拉宫没能保存下来,保留至今的吐蕃建筑仅为曲杰竹普和帕巴拉康两处。

17世纪中期,布达拉宫得以重新修建。1642年,五世达赖喇嘛在蒙古固始汗的支持下,建立起甘丹颇章地方政权,拉萨再度成为西藏地方的政治中心。五世达赖喇嘛掌权后,于1645年命第巴·索朗热登在被毁宫堡的遗址上重建布达拉宫。1652年,五世达赖喇嘛前往北京觐见清顺治皇帝,次年受册封,正式确立为西藏地方的政教首领。当他返回拉萨时,白宫已经竣工,五世达赖喇嘛即从哲蚌寺的甘丹颇章殿移居布达拉宫。1682年,五世达赖喇嘛圆寂,第司·桑杰嘉措主持修建五世达赖喇嘛的灵塔,他命人拆毁旧房,仅保留原法王洞和帕巴拉康两处吐蕃建筑,开始扩建红宫。修建红宫时,动用了各类工匠7000余人。清康熙皇帝专门派出114名汉族和满族工匠进藏参加建筑工程。1693年,红宫基本完工,于藏历4月20日,举行了隆重的落成典礼,并在宫前立无字石碑以示纪念。

西藏和平解放后,布达拉宫的管理和保护走上了科学化的道路。1961年,布达拉宫被列为全国第一批重点文物保护单位。1989年至1994年,在全国物质条件并不富裕的条件下,国家依然拨付数亿专款对年久失修的布达拉宫进行了两次大规模的监测、维修以及不间断地进行小型维修。在"修旧如旧""不改变文物现状"的原则下,通过对布达拉宫的基础地垄墙体的抽砌、灌浆和加固、更换蛀虫、槽朽木结构、翻修金顶、修复殿堂病害壁画、更换屋面白玛草、改良阿嘎土、改造和更换给排水及电路设备、改造安防及消防火灾自动报警系统、应用防雷技术等维修技术,对原有建筑进行加固检测和科技保护,使布达拉宫"旧貌换新颜",实现了新时期布达拉宫的"涅槃重生",重新焕发出无与伦比的魅力。1994年,因布达拉宫的历史、科学、文化、艺术价值、保存现状和管理状况,被联合国教科文组织列入《世界文化遗产》名录。

二

布达拉宫主体建筑，主要是由红宫和白宫组成。就其功能而言，可分为两大部分，一是达赖喇嘛生活起居和政治活动的地方，一是历代达赖喇嘛的灵塔殿和各类佛殿。

行政场所主要集中在白宫。东大殿（措钦厦）为白宫最大的殿堂，总面积为670平方米，用44柱建成，是达赖喇嘛举行坐床、亲政大典等重大宗教、政治活动的场所。达赖喇嘛宝座在殿堂北部，宝座上方悬挂"振锡绥疆"金字牌匾[1]，匾上有"同治御笔之宝"的红色印玺。大殿东壁绘有金城公主进藏的相关故事。白宫顶层有两处寝宫，因光线较好，被命名为东日光殿和西日光殿，由议政厅、会客厅、卧室、小经堂等组成。

佛殿和灵塔殿主要集中在红宫。红宫中最大的殿堂是司西平措，又称西大殿，为五世达赖喇嘛灵塔殿的享堂，建筑面积680多平方米。殿堂四周及回廊遍绘壁画，其中，1652年五世达赖喇嘛前往北京朝觐顺治皇帝的场面在画面中占显要的部位，是极珍贵的历史资料。主体建筑是历代达赖喇嘛的灵塔殿，其中以五世达赖喇嘛阿旺·洛桑嘉措的灵塔殿最为考究。五世达赖喇嘛灵塔殿是西大殿最重要的殿堂，殿内主供五世达赖喇嘛灵塔，还有十世、十二世达赖喇嘛的灵塔和八座佛塔。五世达赖喇嘛灵塔居中，灵塔建于1690年，高12.6米，为方座圆身，是布达拉宫内建造最早、规模最大的一座灵塔。大殿四周还有菩提道次第殿、仁增拉康、冲绕拉康三座佛殿，主供释迦牟尼、五世达赖喇嘛、一至四世达赖喇嘛、八大药师佛、三世佛、宗喀巴、莲花生和莲花生八大化身像等造像，以及十一世达赖喇嘛灵塔等。

布达拉宫起基于红山山腰，依山势修筑，其主体建筑是由一组组华丽的

---

[1] 布达拉宫内的牌匾有1722年康熙皇帝赐予七世达赖喇嘛的"当今皇帝万岁万万岁"长生牌位；1724年雍正皇帝赐予七世达赖喇嘛的"大悲超宗"金字匾额；1760年（清乾隆二十五年）乾隆皇帝赐予八世达赖喇嘛的"涌莲初地"金字匾额；清同治皇帝御笔亲书由慈禧太后赐予十三世达赖喇嘛"振锡绥疆"金字匾额；同治皇帝赐予十三世达赖喇嘛的"福田妙果"金字匾额。

大小经堂、灵塔殿、佛殿、办公室、卧室、经学院、僧舍等组成。布达拉宫宫墙用花岗岩砌筑，最厚处达5米，墙基深入山体岩层，部分墙体的夹层内还灌注了铁汁，以增强建筑的整体性和抗震能力。在空间组合上，主殿依山叠砌，巍峨高耸，院落重叠，回廊曲槛。院落回廊因地制宜，主次分明，既突出了主体建筑，又呼应了附属建筑。

布达拉宫的主体建筑，主要采用了藏族传统的石木结构碉楼形式。白宫外墙刷白色，红宫外墙刷赭红色。红宫中央采用上下七层贯通的竖向大窗格，与其余部分和白墙的较小窗户形成强烈对比，坚实的石墙与最高处的金顶相结合，使建筑形制高低错落，形成明暗、虚实和色彩上的对比，突出了中心建筑，又在视觉上加大了建筑的体量和高耸向上的感觉，是我国古代高层建筑的成功典范，代表着西藏建筑的最高成就。

三

如果没有文化的积淀和传承，一个民族就会止步前进。任何时期的任何文化都不是孤立的。它必然与当地的自然环境和当时的社会发展程度、生产力发展水平，以及对内对外的经济文化交流等等，有着千丝万缕的联系。"历史是一面镜子"，布达拉宫这座古建筑所承载的历史文化时刻提醒我们，布达拉宫是中华民族的伟大创造，是藏族和其他兄弟民族团结和文化交流的见证，是雪域高原物质文明和精神文明的结晶。近年来，在中国共产党的正确领导下，西藏社会各项事业飞速发展，为西藏优秀传统文化传承和发展提供了重大机遇。我们研究布达拉宫的历史文化，就是希望人们真正了解西藏优秀传统文化，更是期望人们在追求社会进步的同时，能不失传统文化特色，汲取优秀传统文化之精华，去其糟粕，使中华民族优秀传统文化服务于国家富强、民族振兴，服务于社会大众。新时代，推进社会主义新西藏建设，必须抓住历史机遇，加快高质量发展，善待民族文化、弘扬民族精神，继承和弘扬优秀传统文化，提升西藏文化在国内外的地位和影响力，增强中华民族的凝聚力和向心力。

习近平总书记指出："要系统梳理传统文化资源，让收藏在禁宫里的文物、陈列在广阔大地上的遗产、书写在古籍里的文字都活起来。"布达拉宫是西藏历史文化遗产的瑰宝，是中华优秀传统文化的代表，是重要的"中华文明标识"①，是一座容纳历史、地理、哲学、宗教、考古、语言、文学、藏医、藏药、天文历算、音乐、舞蹈等多学科性文化的宝库。我们解说布达拉宫，就是要通过立体式全方位地解剖布达拉宫，传承和弘扬布达拉宫的文化资源，认真汲取其中的思想精华和文化精髓，继承中华民族团结协作的历史精神，讲好中国故事西藏篇章。

要改变偏颇的认识观念，让文化遗产融入社会，在保护中利用、在利用中进一步诠释和丰富其价值。过去，很多人把博物馆中的文物、祖国大地上的文化遗产看作是已经远离今天社会的东西，看作是已经没有生命的东西，只是被观赏、被研究的对象。文化遗产不应只是少数专业工作者呵护的对象，不应"养在深闺人未识"。作为西藏优秀文化的代表，布达拉宫曾有辉煌的过去，也应该有闪光的现在，并且还要充满生机地走向未来。继承和弘扬布达拉宫文化，就应该让文化遗产能够活在当下、活在人们生活中，让人们了解清楚布达拉宫的历史渊源、发展脉络、基本走向，讲清楚其独特创造、价值理念、鲜明特色，从对它的认识和了解中增强民族文化自觉自信，以民族文化传承发展振奋民族精神，为铸牢中华民族共同体意识，建设各民族共有精神家园，奠定坚实的思想基础。

要改变简单呈现的方式，运用创新的手段挖掘文物的内涵，从而让传统文化遗产真正"活起来"。传承和弘扬优秀传统文化，仅将文化遗产当作珍稀物品保留下来是远远不够的，更重要的是发掘文化遗产中的精华，为人类现代生活服务。文化遗产不是在时间和空间上凝固不变的对象，而是一个博大的系统、一个发展的概念、一个开放的体系、一个永恒的话题。布达拉宫

---

① 《清代布达拉宫红宫修砌图》描绘了数千名工匠修建红宫的情形，巍峨的宫殿、层台耸峙、气势磅礴，依靠山势修筑的藏式建筑伟大结晶，克服了地理条件的束缚，成为人类建筑史上的奇迹。该图在《国家宝藏》第三季10期节目中成功揭晓，入选"中华文明标识"的9座历史文化遗产、27件国宝之一。

是中华文化的宝库，人们对于它的保护和认识一直处于发展变化之中，不断被检验、被证明、被修正、被丰富，在实践中不断产生更符合实际的新认识。继承和弘扬布达拉宫的文化，就要运用创新的手段挖掘其文化内涵，使文化突破时空的隔阂、找到古今之间的结合点，通过适当途径发挥其作用，使其在保护中合理利用、在合理利用中实现最好的保护，使文化遗产在被观赏、被分享中得到保护、诠释和延续。

  要改变陈旧的传承思路，加强布达拉宫文化研究，提高文化遗产宣传的影响力和传播力。谈到布达拉宫，社会各界更多地热衷于其胜迹之旅游，而对布达拉宫真正的研究方面则稍显忽略。综观今日西藏之发展，经济社会迅猛无比，在西藏文化热潮的推动下，西藏旅游热一潮胜过一潮。近些年，以杨维周先生为代表的一批学者主张设立"布达拉宫学"，引起了学界的更进一步的关注。笔者自2007年来到布达拉宫管理处工作，亲身体会到近年来布达拉宫从看家式保护模式到科学精细化管理的变化历程。通过对布拉宫的研究阐释，努力要将其优秀传统文化的精神标识提炼出来，将其具有当代价值、世界意义的文化精髓提炼出来，向世人全方位展示其文化内涵和文化辐射力，让现代藏民族走向开放和未来的这张名片更加闪亮。

第一章 布达拉宫的文化内涵及兴起背景

西藏位于我国西南边陲，地处青藏高原，有"世界屋脊"之称，具有发展旅游业得天独厚的优势条件，其独特的雪域高原自然风光和人文景观，对中外旅游者有着很强的吸引力。世界注视着它，全国各族人民关心着它，人们需要对它有一个客观的了解和基本的认识。进入西藏、了解拉萨，或者在此之前，大多数人都把游览布达拉宫作为第一站。人们常说，到西藏去，没有到过布达拉宫就不算去过西藏。了解布达拉宫，您首先要了解它所承载的历史和文化内涵，知道布达拉宫名字的由来，知道它是怎么兴起的。

第一节 布达拉宫的涵义

西藏自治区拉萨市中心红山（དམར་པོ་རི་ 芒波日山）上的宫殿——布达拉宫举世闻名。然而，当我们查阅史籍、探微索隐时即可发现，"布达拉宫"并非这座建筑的最初名称，不同历史时期的人们对它的称呼也不尽相同。因此，对布达拉宫这个响亮名称的研究，似乎是我们研究布达拉宫的一个有意思的方面。

一、布达拉

藏语中的པོ་ཏ་ལ། 即 རི་བོ་གྲུ་འཛིན་ཏེ། ཤིགས་སྩམ་སྐད་པོ་བའི་ཟུར་ཆག， 系舟岛，音译为"布达拉"。པོ་ཏ་ལ། 为梵文པོ་ཏ་ལ།（普陀洛迦）的变音。汉译过来，经常写作"普陀洛迦""普陀""补陀洛迦""补陁洛伽""补怛洛伽"或"补陀罗伽"等。布达拉为佛教词汇，意为光明山、海岛山、舟岛，为佛教中所说观世音菩萨修行的道场。《普陀洛迦新志》（卷二）关于普陀洛迦①的记载为："普陀洛迦，为梵语，被译成补陀洛迦、补陟洛伽、补怛洛伽、补陀罗伽者等称呼"。

苏东坡在《送冯判官之昌国诗》中写道："兰山摇动秀山舞，小白桃花半吞吐。"其中，小白就是古代汉语中对"普陀洛迦"的称呼。清圣祖康熙皇帝也在《补陀罗迦山普济禅寺碑》中说："稽考梵书，补陀罗迦山有三：一居厄纳忒黑，一居忒白忒，一居南海，即是山也"②。其中，忒白忒之普陀即为第二舟岛拉萨之布达拉。《西招图略》（[清]松筠撰，吴丰培校订）也沿用此观点，提到："布达拉山在喇萨（即拉萨）西北四里，平地突起，高有百余丈。按《梵书》言：普陀山有三：一在厄讷特克国之南海中，山上有石天宫，乃观自在菩萨游舍处，此真普陀也；一在浙江定海县中，为善才第二十参观音菩萨处；一在图伯特之布达拉，亦观音化现处"③成书于1692—1698年的藏文史籍《格鲁派教法史·黄琉璃宝鉴》，称玛波日山（红山）"和普陀山没有明、实区别"，使用"第二补陀落迦""名符其实的普陀山（布达拉宫）"，称它是"名义与南普陀山毫无区别的大无量宫（布达拉宫）"。

二、布达拉宫

布达拉宫藏语为 ཕོ་བྲང་པོ་ཏ་ལ། ཕོ་བྲང་ 译为"颇章"。在古藏文中，"赞波"④（བཙན་པོ་王）写作"赞婆"（བཙན་བོ་）。"尊摩"（བཙུན་མོ་ 后妃）写作"赞

---

① 普陀洛迦，为全山之总名，内分十六小山、十八峰、十二岭、十五岩、三十石、三门、十七洞、四沙、六隩、五湾、六涧、十泉、二潭、四井、七池、四境。其中，十六小山分别为双峰山、佛顶山、雪浪山、锦屏山、莲台山、青鼓山、茶山、伏龙山、天竺山、梵山、南山、观音眺山、毛跳山、六峤山、长短山、喇叭嘴山。十八峰，为光熙峰、踞狮峰、圆心峰、翔凤峰、象王峰、烟墩峰、炼丹峰、妙应峰、观音峰、灵鹫峰、达磨峰、塔子峰、弥陀峰、梅岑峰、正趣峰、雨华峰、会仙峰、金刚峰。
② 参见释印光.普陀洛迦新志.卷二.
③ 《西藏研究》编辑部.西招图略 西藏图考[M].拉萨.西藏人民出版社，1982：146.
④ 即赞普，吐蕃先民以其为原始崇拜之精灵，苯教徒亦称之为九乘之一，后转为吐蕃统治者自称，在吐蕃诸王中多以此字为名，以示崇巍。《新唐书·吐蕃传》称"其俗谓雄强曰赞，丈夫曰普，故号君长曰赞普"，颇得其意。

摩"（བཙན་མོ），"赞婆"所居之宫室为"颇章"（ཕོ་བྲང），相应的词还有"喇章"（བླ་བྲང）即"喇嘛"（བླ་མ）所居之房舍，或帐幕[1]。

布达拉宫，经常又被称为孜颇章，即རྩེ་ཕོ་བྲང，其中，"孜"རྩེ 藏文原意为"尖""顶端"，后来该词被引申为山峰、顶峰。王尧先生认为，西藏各地有"孜""རྩེ"字的地名可能都与山峰、山顶有关。西藏地方的寺庙、衙署和贵族府邸的选址大都建在山顶上，一是为了显示其高高在上、气派威严。二是考虑"易守难攻"的军事防御优势，起到保护自己的作用。自此，便出现了与རྩེ（山顶、山头）相关的地名。རྩེ 经常被音译作"孜""则""子"这三个汉字，如：ལྷ་རྩེ 拉孜、ལྷུན་རྩེ 隆子（孜）、བྲག་རྩེ 达孜、རྒྱལ་རྩེ 江孜、སྣ་དཀར་རྩེ 浪卡子、གཞིས་ཀ་རྩེ 日喀则、རྩེ་མཆོག་པ་དགོན 孜错巴寺（在乃东县）等。

追溯རྩེ字的源流，我们发现在西藏历史上依一座山头建造宫殿，作为自己的政权中心地的现象很常见，且历史较为悠久。《敦煌本吐蕃历史文书》赞普传记，指出：远在吐蕃奴隶制军事部落联盟政权形成之初，就以秦瓦达则（ཕྱིང་བ་སྟག་རྩེ）作为权力的代表。后来，在吐蕃各地又有若干采用"山峰"（རྩེ）作为地名或寺庙名，一直沿用至今。

布达拉宫建在拉萨红山之巅，因此在拉萨及附近地区，རྩེ也就专指布达拉宫。后来，随着西藏地方政权的确立，རྩེ又引申为设在布达拉宫内的噶厦办事机构。之后，随着"布达拉"作为宗教圣地和格鲁派政权所在地，其影响力日益增强，རྩེ一词就演变为一种尊称，专指与布达拉宫有关的事物。

现存的各类辞书中，对于以རྩེ 命名的与布达拉宫相关的词条非常多，如张怡荪主编的《藏汉大辞典》就收录的以下词条：

རྩེ་མགྲོན 僧官
རྩེ་དགུ་གཏོར 布达拉宫除夕朵马[2]
རྩེ་མགྲོན 增准，接待来宾的僧官
རྩེ་འགག 增噶，布达拉宫传达室
རྩེ་གཉེར 布达拉庙祝

---
[1] 根敦群培著，法尊法师译. 白史（汉、藏）[M]. 北京：中国藏学出版社，2012:8.
[2] 旧西藏时期，每年的藏历十二月二十九日由布达拉宫朗杰扎仓僧人举办的年终除旧迎新跳神宗教活动。

ཅེ་དྲུང་། 孜仲，原西藏地方政府僧官

ཅེ་དྲུང་མི་དྲག 贵族孜仲

ཅེ་རྣམ་གནས་ལས་ཁུངས། 布达拉金库

ཅེ་པོ་ཏཱ་ལ། 布达拉宫

ཅེ་པོ་བྲང་། 布达拉宫

ཅེ་ཆ། 孜恰　旧西藏地方政府专管财税机构名称

ཅེ་ཤོལ། 布达拉宫内外

ཅེ་བོད། 孜雪，旧西藏地方政府时期指达赖喇嘛和摄政

ཅེ་བོད་དྲུང་འཁོར། 孜雪仲科，原西藏地方政府僧俗官员

ཅེ་བོད་ལས་ཁུངས། 孜雪列空，原西藏地方政府所有办事机构的总称

另据《卫藏道场胜迹志》记载："由于布达拉是达赖喇嘛所居，为示尊重一般不直呼其名，而称孜颇章（ཅེ་པོ་བྲང་ 顶峰宫）或称"颇章玛布（པོ་བྲང་དམར་པོའི་）"①"孜布达拉（ཅེ་པོ་ཏཱ་ལ）"，以示对佛教的尊崇，至今为现代人使用。至今，当地人仍然习惯用ཅེ或者པོ་བྲང་来称呼布达拉宫，影响深远，既有西藏历史渊源，又打上了西藏社会变迁的时代烙印。

三、布达拉宫的名称演变

布达拉宫历史悠久，在高原古城拉萨的众多名胜中独领风韵。布达拉宫名字本身就是布达拉宫文化的一部分。不管从布达拉宫名字的语言学意义、佛教渊源、历史演变，都表明了布达拉宫的非同寻常。纵观西藏地方历史，我们不难发现，不同时期人们对布达拉宫的称呼不同，似乎人们对布达拉宫称呼的变化与西藏佛教的发展变化是相呼应的。

（一）吐蕃时期

佛教初传西藏时，松赞干布作为吐蕃政权的统治者，把自己的宫殿建在其先祖的拉萨红山修行洞上，为王宫披上了一层神秘的外衣。之后，又以与大唐联姻为契机，为文成公主修建宏伟宫殿，扩建了吐蕃王宫，旨在巩固自

---

① 钦则旺布著，刘立千译.卫藏道场胜迹志[M].拉萨：西藏人民出版社，1987：78.

己的政权，扩大政治影响力。当时，佛教的影响主要在吐蕃王室以及上流社会，苯教的信众则遍布大多数的下层人民，控制着社会信仰的根基。也正是因为如此，大多数学者认为苯教思想在人们的观念中仍然占据着绝对的主导地位①。直到吐蕃政权瓦解，也未见及史料对此王宫的确切称呼。吐蕃时期还未使用"布达拉宫"命名这座宫殿，红山建筑还未佛化，但是出现了很多种称呼。后来的史书较多按照吐蕃王宫所处的位置和外观特征而将其命名为"红山宫"或"红宫"。从某种程度上来讲，这是一种较为理性和客观的命名方式。这也反过来印证了，吐蕃时期佛教在西藏的根基不牢固，缺乏广泛的群众基础，人们不可能用"布达拉宫"这个浓重佛教色彩的词汇来称呼吐蕃政权的王宫。布达拉宫虽然始建于吐蕃松赞干布时期，但当时人们还没有使用"布达拉宫"一词称呼吐蕃王宫。元、明、清以后的史书记载了大量关于吐蕃时期的布达拉宫内容。

1. 红山宫

因今布达拉宫坐落的山丘为"红山"，大多数史籍都称该王宫为"红山宫"（ཙོ་བྲང་དམར་པོ་）或"红宫"。"成书于公元8世纪的《五部遗教》已有"布达拉欧丹达布梨（寺）"的记载，但未与红山宫室联系起来，仍用红山一词。如"在法王松赞干布时，于逻娑红山之上，建宫堡九十九间"②，应该比较可信。另外，《贤者喜宴·吐蕃史译注》提到"赤兹红宫"③，在该书中又称红山上的建筑名为"红墀孜宫"④所以赤兹红宫或者红墀孜宫可能是后来的某一人群或者某一时期对吐蕃王宫的特定称呼。但因在其他史籍未找到相同说法，这个名称应该不是吐蕃时期红山宫殿的准确名称。

2. 卡扎佛殿

随着吐蕃政权的发展，拉萨古城逐渐兴盛发展起来，在拉萨出现了最早的一批建筑。红山上的卡扎佛殿就是其中的一座建筑。《贤者喜宴》和《柱

---

① 石硕.从松赞干布时广建寺庙的活动看苯教与佛教的关系[J].西藏民族学院学报，1999(1):31—37.
② 巴卧·祖拉陈瓦著，黄颢、周润年译注.贤者喜宴·吐蕃史[M].西宁：青海人民出版社，2017：170.
③ 巴卧·祖拉陈瓦著，黄颢、周润年译注.贤者喜宴·吐蕃史[M].西宁：青海人民出版社，2017:107.
④ 巴卧·祖拉陈瓦著，黄颢、周润年译注.贤者喜宴·吐蕃史[M].西宁：青海人民出版社，2017:199.

间史——松赞干布遗训》都记载了松赞干布的一位王妃主持修建了卡扎佛殿。所不同的是，《贤者喜宴》称，松赞干布有五位王妃，其中弭药妃建逻娑卡扎寺，并称弭药妃是弭药王（即党项先或后来所称之西夏或木雅之王）之女茹雍妃洁莫尊。而《柱间史——松赞干布遗训》对于松赞干布的王妃以及逻些卡扎佛殿的记载如下：

赞普所造立的这些本尊像，均安立供奉在陛下的正官后妃珀岗董妃尺尊修建的逻些卡扎佛殿。此后，赞普经常住在卡扎佛殿，时时供奉十一面观世音菩萨等十一尊神像。赞普的第二位妃子是苯波女象雄妃尺尊，她主持修建了腾博古巴佛殿；第三位妃子是木雅女东妃尺尊，她主持修建了哲拉贡布佛殿。东妃尺尊还在女妖魔窟旁的一岩壁上勒石作大日如来佛像。另在官殿的西北面，为阻断厉鬼出没的必经之路造立了一座白塔，并举行了佑僧仪式。若不造立此塔，厉鬼将侵害吐蕃出家人的性命；第四位妃子是里域女吞妃尺尊，她主持修建了逻些棋苑佛殿。松赞干布的上述四位后妃均系吐蕃女子，传说她们是四供养天女的化身。再后是白度母化身尼妃尺尊，她主持修建了逻些幻显神殿（大昭寺上殿）；最后是绿度母化身汉妃文成尺尊，她主持修建了逻些惹冒切寺（小昭寺）。

根据上述资料显示，松赞干布有六位王妃，其中珀岗董妃尺尊与茹雍妃洁莫尊两位妃子都有修建卡扎佛殿的记载。与此同时，《贤者喜宴·吐蕃史译注》又引用《柱间史·松赞干布遗训》的记载称："松赞干布最早之妃是波恭冬萨尺尊，她奠定逻娑卡查寺之基。此后为香雄本教徒之女香雄妃尺尊,此妃奠定泰甫果巴寺之基；此后为茹雍冬妃,彼奠定查拉衮布寺之基。此后为黎江屯妃尺尊，彼奠定米芒促寺之基。"①修建卡扎佛殿的两位妃子是否为同一人，是否都参与了修建，还有待进一步考证。上述记载称松赞干布的本尊佛像都存放于卡扎佛殿，赞普也经常住在此处。《新红史》等史料也都显示，松赞干布经常礼佛的地点就是吐蕃新建的王宫内②以此推断，拉萨卡扎佛殿应该是松赞干布时期红山上的一处早期建筑。并且卡扎与喀查均写作

---

①巴卧·祖拉陈瓦著,黄颢、周润年译注.贤者喜宴·吐蕃史[M].西宁:青海人民出版社,2017:173.
②班钦索南查巴著,黄颢译.新红史[M].拉萨:西藏人民出版社,2002:15、110.

མཁར་བྲག,史籍中时常混用,且位置都在红山之上,松赞干布时期的卡扎佛殿很有可能被扩建为赤德祖赞时期的喀查王宫。

3.喀查(卡扎)王宫

喀查(卡扎),藏语为མཁར་བྲག,在史籍中的介绍很多。

据《贤者喜宴》记载,为弘扬佛法,赤德祖赞派遣阐卡木来果夏及尼雅咱纳古玛热二人往天竺。二人曾前去迎请班智达桑杰桑瓦及桑结希瓦二人,虽然未成功迎请两位智者,却迎回了两位班智达亲述的经藏中的分别品、《金光明经》、密乘事部及邬波经等经卷①。于是,赤德祖赞修建了逻娑卡查、查玛珍桑、青浦囊热、查玛嘎如及梅恭吉内五座神殿供奉这些经典②。喀查(卡扎)王宫由此修建。

《贤者喜宴》又记载,喀查(卡扎)王宫毁于赤松德赞时期的马祥毁佛事件:

父王赤德祖赞六十三岁时,因在羊卓巴采赛马而死。是时,王子随即执政,但尚未成年,因此,舅臣玛祥仲巴杰③说道:"王之寿短(指赤德祖赞——译者注)乃推行佛法之故,遂不吉祥。所谓后世可获转生,此乃妄语。消除此时之灾,当以本教行之。谁推行佛法,便将其孤身流放边地。"并制定了小法。其时,将崇佛大臣朗与贝二人定罪,发往吐蕃黑暗(之地)。据说小昭寺之金释迦牟尼像因系汉地之神像,随后送往汉地,其初始,原可由一骑士所抱动的佛像,但今搬之不动,于是乃将佛像置于由皮绳制作的网中,由三百人拖至门口,随后又由千人(将佛像弄到)卡查冬④的对面。但此一千人也未能运走佛像,于是便将神像埋在沙沟之中,并交由巴

---

① 据《西藏王臣记》载:"当时还自汉地京师翻译了《金光明经》《律差别论》及一些医药著述"。
② 巴卧·祖拉陈瓦著,黄颢、周润年译注.贤者喜宴·吐蕃史[M].西宁:青海人民出版社,2017:201.
③ 玛祥仲巴杰,简称玛祥,有时又称玛祥春巴杰,本教史《格言宝库》又称玛祥仲巴。此人是当时握有实权的反佛崇本的大臣。《五部遗教》说他是那囊氏家族,该家族任大臣者有四人,他居第二。参见巴卧·祖拉陈瓦著,黄颢、周润年译注.贤者喜宴·吐蕃史[M].西宁:青海人民出版社,2017:238.
④ 《东嘎藏学大辞典(藏文)》"喀查栋"解释为:མཁར་བྲག་གདོང་ སྲོང་བཙན་རྒྱལ་པོའི་སྲས་བཙན་ཆུང་བའི་དུས་ན་ལ་བཀའ་གཡོ་ཅན་གྱིས་གདན་དྲངས་མི་ཆོས་གཙང་བསགས་ཏེ་ཇོ་བོ་ཆེན་པོའི་སྐུ་ལྷོས་བཅོམ་ལྡན་མངོན་སྟོན་དགོས་པ་བཞུགས་པ་དང་། མཁར་བྲག་གདོང་དུ་སྣེབས་སྐབས་མི་སྟོང་གིས་ཀྱང་བསྐུལ་མ་ནུས་པར་ཞིག་ཞིག་སོང་བའི་འདུག 大意为:喀查栋,赞普赤德松赞年幼时,推崇苯教的大臣玛祥颁布不予信佛的法律,并将小昭寺释伽牟尼像遣送至半日行程的拉萨东郊一带,将临至喀查栋地聚千人也未能将释伽牟尼像推动而一时流落此地,因此,这一带又有卧杰堂(意为佛像受累之地)地名一说。

杰桂安置。

又，在《拔协》上述之后又载：卡查神殿被彻底推翻。（查玛）珍桑神殿被毁，其间之钟被送到青浦之岩石处，此钟即后来之桑耶格杰钟。将逻娑毕哈尔神殿处当作作坊，屠宰牲畜之后，即将牲畜之皮盖于泥塑神像之上，神像手中托着牲畜内脏及羊的腔体。并决定：此后人死，不得举行冥寿之祭，如有履行汉地之佛法者，则立即将其孤身发配。当制定上述小法时，舅氏墀托杰脱身体燃烧，昏迷于平坝，"啊！啊！啊！"连呼三次，背裂而亡。久若氏杰桑洁恭，其舌、小舌及脚、手翻转卷曲，由硬变软，随即身亡。据其上下人等及相士一致说：此系汉神发怒，因彼等将汉地神像投入地洞之中，故而汉神不悦，以致如此。又，卜卦说：因汉地神像之先祖最初确实来自天竺，故此应将神像送往邻近天竺之芒域。由于以此卦为佳，随即从沙沟中将佛像取出，用两匹骡驮载，送往芒域，其时适逢气候甚恶①。

《布顿佛教史》称赤祖德赞修建的宫殿名称为"拉萨喀扎殿"和"喀扎"：

赤德祖赞，曾建拉萨喀扎殿、钦浦南萨殿、达普喀拉殿、多麦地区的林曲赤则殿、扎玛地方的迦曲夏果殿、旁塘的噶麦殿、瓜曲的宛穹殿、扎玛的真桑殿等，由占嘎牟拉果夏和聂杂那鸠摩罗译出《百业经》和《金光明经》两部经文，并译出星算、历药等类书籍，规范教法规制，（原注：业王六十三岁时去世）。赤德祖赞之子姜擦拉本，迎娶汉公主金城为妃，但美擦拉本死（原注：传说姜擦拉本被大臣所杀），金城与其父成婚，并寻找回释迦牟尼佛像供奉。

这位赞普于土阳马年生下一王子，具足相好。赞普为教法事前往旁塘，小王子被藏妃那南氏夺去，成为那南氏之子，称之为赤松德赞。赤松德赞幼时，曾派遣桑希等四人去汉地求法取经。当时，有位具神通的和尚说藏地派来的使者中有位菩萨的化身，详说其相貌特征，并捏制出其面具像。使者抵汉地，皇帝优礼接待，赠送给许多经典，还派一位和尚同他们一起返藏。当他们返回后，赞普（赤德祖赞）已去世，因王子年幼，由大臣们专权，破坏了佛法规制，信奉佛法者被驱逐，欲将释

---

① 巴卧·祖拉陈瓦著，黄颢、周润年译注. 贤者喜宴·吐蕃史 [M]. 西宁：青海人民出版社，2017：223—224.

迦牟尼像送回汉土，但用三百人未能运走，只好埋藏在沙土下，将拉萨（大昭寺）作为屠宰场。那时，那南家族掌权的杰塘拉巴背裂而死，觉珠吉俄嘉贡焦渴而死，人称这是将佛像埋在沙土下的报应。于是，又将释迦牟尼佛像用两头骡子驮运到芒隅的吉仲地方。当时，还毁掉了喀扎和真桑两座佛堂。①

由此可知，喀查王宫修建于赤德祖赞时期，又被称为"拉萨喀扎殿""喀扎""喀扎佛堂"。对于喀查王宫的位置，史籍中一直未提到。要查找喀查王宫的位置，需要从史料中关于吐蕃王宫遭遇雷击事件说起。

《青史》记载，赤松德赞时期，莲花生大师在藏期间，吐蕃王宫被雷击事件，原文为：于是阿阇黎为王宣说"十善法"和"十八界"许多法门。以此惹起西藏诸大鬼神的嗔恨，而发生了雷击红山宫和洪水冲涮了澎塘宫殿的灾难。意乐恶法的大臣们振振有词地说："这是信佛法的报应，必须将印度僧人赶走"。于是藏王在阿阇黎座前供上许多黄金，而详陈所发生的事由。接着书中又提到："是唐拉神雷击了红山宫；是香布神引水冲毁澎塘殿；其余某神作了某种灾害都作了详细说明"②。上文中所称当时被击毁的吐蕃王宫为建在红山上的红山宫。

对于吐蕃王宫被雷击一事，《<韦协>译注》有3处相关记载：

然而，时忽发大水，旁塘宫被冲毁，拉萨城堡也被雷电击中，起火烧毁，饥荒、人畜瘟疫大行。诸大尚论乘机奏曰："此乃是奉行佛法之故，望赞普暂且搁置兴法一事。"③

去岁，赞普欲奉行佛法之时，遭遇凶恶残暴之神、龙作怪，致使旁塘王宫被洪水冲垮，喀查城堡被大火烧毁。④

一日堪布端坐在华盖之下，向侍寝官囊钦森果·拉隆措协年列以铜镜占"四大王天"之卜。那些往年曾屡屡施法，致使旁塘王宫被大水冲垮，逻娑城堡被烈焰烧毁，人畜瘟疫横行的众神、龙被莲花生一一呼着名号，召到

---

① 布顿著，蒲文成译. 布顿佛教史[M]. 西宁：青海人民出版社，2016：171.
② 廓诺·迅鲁伯著，郭和卿译. 青史[M]. 西藏人民出版社，2003：26.
③ 韦·赛囊著，巴擦·巴桑旺堆译. 《韦协》译注[M]. 拉萨：西藏人民出版社，2012:9.
④ 韦·赛囊著，巴擦·巴桑旺堆译. 《韦协》译注[M]. 拉萨：西藏人民出版社，2012:12.

座前，让众神、龙变幻出人身，受严词训诫。①

对比《青史》和《<韦协>译注》对同一事件的记载，《青史》中的"红山宫"即为《<韦协>译注》中的"拉萨城堡""喀查城堡""逻娑城堡"。由此可知，被毁的吐蕃王宫就是喀查城堡。由此可知，喀查王宫的位置在拉萨红山之上。

喀查（མཁར་ཁག）又被写作"喀那栋"（མཁར་སྣ་གདོང）。喀那栋（མཁར་སྣ་གདོང）从字面意思可知：མཁར་意为宫堡，སྣ་和གདོང་意为前面、鼻子、面，合起来即为宫堡前方的地带，此处所说的宫堡也正是指当时的布达拉宫。直至今日，人们依然称这一地带为"喀那栋"（མཁར་སྣ་གདོང），又被译为"康昂东"，演变为现在的布达拉宫东侧道路名称。

以上材料显示，喀查王宫修建于吐蕃赞普赤德祖赞时期，曾见证了以马祥为首的苯教徒摧残佛教的历史，也在他们毁佛的过程中遭到了破坏。赤松德赞时期，因遭遇雷电自然灾害被摧毁。喀查（མཁར་ཁག）又经常写作"卡扎""喀尔查""喀那栋（མཁར་སྣ་གདོང）"。喀那栋（མཁར་སྣ་གདོང）在今天又被称为"康昂东"，为现在的布达拉宫东侧的道路名称。正如巴桑旺堆先生在《<韦协>译注》中的推断：喀查一地，似乎指红山东头山嘴，今仍称作喀那栋（མཁར་སྣ་གདོང），喀查王宫是位于今布达拉宫所在的红山东侧位置的一处吐蕃时期的王宫。

另外，东嘎·洛桑赤列编纂《东嘎藏学大辞典（藏文）》中对"喀那栋"解释为：

མཁར་སྣ་གདོང༌། ལྷ་ས་ནས་ཤར་ཕྱོགས་སུ་ཉེ་ཚད་ཐག་རིང་བའི་ས་ཆ་ཞིག་གི་མིང་ཡིན། རྒྱ་བཟའ་ཀོང་ཇོ་བོད་ཆོན་སྐབས་ནས་དེ་ནས་ལྷ་སྒྲོལ་རྒྱའི་ཕྱག་ཕྱོགས་སུ་རྒྱ་ར་བཀལ་ནས་ཕེབས་པས་གནས་དེ་ལ་རྒྱ་མོ་རབ་ཤ་ཞེས་ཐོགས་ཚུལ《ཆོས་འབྱུང་མཁས་པའི་དགའ་སྟོན》ནང་གསལ་བས་མཁར་སྣ་གདོང་དང༌། རྒྱ་མོ་རབ་ཆེར་བའི་ས་ཆ་གང་དུ་ཡོད་བརྟག་དགོས།②

大意为：喀那栋，拉萨城东部近郊一地名，《贤者喜宴》记载，文成公

---

① 韦·赛囊著，巴擦·巴桑旺堆译.《韦协》译注 [M]. 拉萨：西藏人民出版社，2012：13.
② 东嘎·洛桑赤列编纂. 东嘎藏学大辞典（藏文）[M]. 北京：中国藏学出版社，2009：133.

主入藏时从此处渡拉萨河往北行走，因此，这一带又称为嘉木绕卡（意为唐女渡口），又称卡纳东，现确切指认何处值得考证。

辞典中，将文成公主入藏时的渡口称作"喀那栋"，位于拉萨东郊位置。喀那栋在不同时期的区域范围是否有变化，还有待进一步的考正。

3.索波王宫

据《柱间史——松赞干布的遗训》记载："在赞普宫殿的正南上方，建有一座粟特族人建筑式样的九层后妃宫殿，其规模之大与赞普的宫殿不相上下。其内胜似天界无量宫，外观犹如罗刹楞伽城。赞普与后妃的宫殿之间，飞架着一座金银桥"①。其中所提到的"索波王宫"在《贤者喜宴》中也曾有记载，称"索波卡"②为尺尊公主的所住。另外，《汉藏史集》也曾提及："玛波日山南面城墙之内兴建宫殿，名叫索波宫，殿高九层，与国王之城堡相齐，并在它们之间以铁索相连，铺设银桥"③。黄颢在《新红史》中注释道："尺尊公主曾在红山建造城池（གྲོང་ཁྱེར）……南墙内有索波宫堡（པོ་བྲང་སོག་པོ་མཁར），高九层。此宫堡与赞普的最高宫空向有银桥相联。（详见《汉藏文书》，上册，第111页）"④。《西藏王统记》也提到"九层王宫"，称："又南方城垣，掘有城壕，深约十排，上铺木板，再上铺以火砖，砖上仅纵一马，即有十马奔腾之声。其南方仿霍尔人城堡之式，建扎拉扎喜宫，作为尺尊王妃之寝宫，高达九层，宽敞雄伟，建造布局，极尽精美之能事。王宫及后妃宫二者之间，通以铁桥"⑤，对此，刘立千先生考证道："扎拉扎西宫：扎拉，即扎拉鲁浦。扎西宫译言吉祥无量宫，在拉萨药王山。扎西宫是松赞干布专为尺尊王妃修建的宫院。"综上可知，索波王宫（པོ་བྲང་སོག་པོ་མཁར）是一座位于药王山的属于吐蕃王宫建筑群的南部宫殿，是尼泊尔尺尊公主所居住的宫殿名称。

---

①阿底峡尊者发掘，卢亚军译注.柱间史——松赞干布的遗训[M].北京：中国藏学出版社，2010:86.
②巴卧·祖拉陈瓦著，黄颢、周润年译注.贤者喜宴·吐蕃史[M].西宁：青海人民出版社，2017:116.
③达仓宗巴·班觉桑布著，陈庆英译.汉藏史集[M].西宁：青海人民出版社，2017:81.
④班钦索南查巴著，黄颢译.新红史[M].拉萨：西藏人民出版社，2002:108.
⑤索南坚赞著，刘立千译.西藏王统记[M].北京：民族出版社，2000:58—59.

4.红山修行洞

红山上的修行洞今被称作曲杰竹普,意为法王修行洞。因在西藏佛教发展史上,松赞干布被称作"祖孙三法王"①之一,所以,他所居住的修行洞被命名为"法王洞"。据说,该山洞是拉萨红山上最早一处天然山洞,原为赞普拉妥妥日年赞的修行山洞。《西藏王统记》《贤者喜宴》《汉藏史集》等文献中都记载了松赞干布时期回忆先祖拉妥妥日年赞曾于拉萨红山修行之事。之后,松赞干布对此山洞进行了扩建,并在原修行洞的基础上修建了自己的王宫,且与文成公主一同居住于此,但都未提及该山洞名称。

仅从"曲杰竹普"的字面意思来讲,所谓的法王,是佛教徒对松赞干布、赤松德赞、赤热巴巾三位吐蕃赞普的尊称,颇具后世佛教徒的附会痕迹,显然不是当时殿堂的名称,该殿堂的初始名称以及它何时被命名为"曲杰竹普",有待进一步考证。

5.帕巴拉康

帕巴拉康也是公元7世纪吐蕃赞普松赞干布时期修建的吐蕃王宫的主殿和最早建筑的佛殿之一,殿内中央佛龛中心主供天然形成的白檀香木——帕巴·洛格夏热像,因此被称为圣观音殿。令人疑虑的是,帕巴拉康这个名字和曲杰竹普一样,都未曾出现在吐蕃时期的史料中。因该名字的命名方式具有浓重的佛教色彩,显然不符合佛教初传时期的历史背景。据此推测,帕巴拉康这个名字不是该殿堂在吐蕃时期的称呼。

6.红宫扎西赞果殿

据史料记载,松赞干布迎请文成公主从东门进入布达拉宫②,吐蕃各位大臣相互施礼,陪同太宗皇帝的特使、护送文成公主的江夏王李道宗来到红宫扎西赞果殿③。文成公主和释迦牟尼像等被送到红山(དམར་པོའི་རི་)上的松

---

① 祖孙三法王,是人们对佛教发展有重大贡献的三位吐蕃赞普,松赞干布、赤松德赞、赤热巴巾的尊称。
② 阿底峡尊者发掘,卢亚军译注.柱间史——松赞干布的遗训[M].北京:中国藏学出版社,2010:126.
③ 恰白·次旦平措、诺章·吴坚、平措次仁著,陈庆英、格桑益西、何宗英、许德存译.西藏通史——松石宝串[M].拉萨:西藏古籍出版社,2008:92.

赞干布王前①，举行了盛大的欢迎仪式。其中，提到的"红宫扎西赞果殿"可能也是当时王宫内一个非常重要的殿堂名称，极有可能是文成公主当时居住的宫殿名称。

7.王宫四门名称

《柱间史——松赞干布的遗训》详细记载了吐蕃时期布达拉宫四门名称，"城堡的东门叫'虎门'，南门叫'豹门'，西门叫'威德门'，北门叫'后妃神变门'"②。

目前，吐蕃时期的布达拉宫建筑群名称已无从考证，但可以肯定的是，建筑群中各个部分应该都有各自的名称。可以确定，东西两座王宫为：喀查王宫和索波王宫，王宫建筑群四方宫门分别为虎门、豹门、威德门、后妃神变门。

（二）元明清时期

吐蕃时期，布达拉宫因雷击和兵燹被损毁。成书于元至治二年(1322年)的《布顿佛教史》提到"雷击红山"之事，这也说明直到元朝时期人们仍然没有使用"布达拉"来命名吐蕃红山王宫③。成书于1388年的《西藏王统记》，开始使用"布达拉山"来命名拉萨红山④，但仍使用"红宫"称呼吐蕃王宫⑤。1454年成书的《汉藏史集》也称红山为"布达拉山"⑥，但未提及玛波日山（红山）宫殿的名称。成书于1481《青史》开始同时使用布达拉和红山寺，称："格波旺嘉和穹波扎色二师于布达山和红山寺中作《量破他广论》"⑦，其中的"布达山po—ta—ri"，可能是后来"po—ta—la"的较早的写法⑧，是对红山的称呼，红山寺是对红山上的吐蕃王宫的称呼。成书于

---

① 班钦索南查巴著，黄颢译. 新红史[M]. 拉萨：西藏人民出版社，2002:15.
② 阿底峡尊者发掘，卢亚军译注. 柱间史——松赞干布的遗训[M]. 北京：中国藏学出版社，2010:87.
③ 布顿著，蒲文成译，布顿佛教史[M]. 西宁：青海人民出版社，2017:172.
④ 索南坚赞著，刘立千译. 西藏王统记[M]. 北京：民族出版社，2000:24.
⑤ 索南坚赞著，刘立千译. 西藏王统记[M]. 北京：民族出版社，2000:58.
⑥ 达仓宗巴·班觉桑布著，陈庆英译. 汉藏史集[M]. 西宁：青海人民出版社，2017:66.
⑦ 廓诺·迅鲁伯著，郭和卿译. 青史[M]. 西宁：西藏人民出版社，2003:45.
⑧ 廓诺·迅鲁伯著，郭和卿译. 青史[M]. 西宁：西藏人民出版社，2003:170.

1538的《新红史》在介绍"印度王统"时多次使用"布达拉"①，但均与吐蕃王宫没有关联。在该书第61页提到："此年与杰曹却吉（རྒྱལ་ཚབ་ཆོས་རྗེ）死于布达拉（པོ་ཏ་ལ）同年"。这是目前所搜集的资料中，最早用"布达拉（པོ་ཏ་ལ）"称呼红山上吐蕃王宫的情况。成书于1564年的《贤者喜宴·吐蕃史》在介绍恭松恭赞与芒松芒赞时，也称"恭松（即恭日恭赞－译者注）执政五年，十八岁逝于布达拉（po—ta—la）"②，也用"布达拉（po—ta—la）"称呼吐蕃王宫。《贤者喜宴·噶玛岗仓史》③提到："基拍之领主奈邬巴将溪卡（即庄园）敬献于拉萨布达拉宫，而后修建有驻地供法王驻锡"。这是史籍第一次使用"布达拉宫"来称呼吐蕃王宫。

同时，文献中在称呼红山和吐蕃宫殿时又呈现出名称互用的情况，让人一时很难厘清二者之间的区别。红山、拉萨红山、逻娑红山、红宫山、拉萨玛波日、玛波日山、布达拉山、布达拉、红宫、玛波日山上的宫殿、红山宫、吐蕃王宫等，这些名称经常同时出现在某一史料中。同时，"赤兹红宫""红墀孜宫"也是当时人们对吐蕃王宫的称呼。可见，这一时期人们开始用"布达拉"命名红山，用"布达拉宫"命名吐蕃王宫，但是使用范围较小，各种称呼混杂使用的情况比较突出，称呼难以统一。导致这种情况出现的原因是，受到这一时期佛教迅速本土化发展和各教派割据一方的影响，人们对布达拉宫的称呼也因所处的立场不同呈现出多样化的特点。

五世达赖喇嘛时期，在原吐蕃红山宫的基础上修建了布达拉宫，并将其作为甘丹颇章地方政权的政治中心。按照藏传佛教化身转世的说法，达赖喇嘛是观世音菩萨的化身，自此以后人们对红山宫殿的称呼发生了重大变化，布达拉宫开始冠之以浓厚的宗教色彩。早在20世纪80年代，黄颢先生翻译《贤者喜宴》时就曾对布达拉宫的名称做过考证，他指出："直到清朝顺治二年，即1645年（藏历第十一饶迥阴木鸡年阴历三月二十五日，五世达赖喇嘛首先在红山破土开建布达拉宫（《小昭寺志》，73页上），'布达拉宫'

---

① 班钦索南查巴著，黄颢译.新红史[M].拉萨：西藏人民出版社，2002:2—3.
② 巴卧·祖拉陈瓦著，黄颢、周润年译注.贤者喜宴·吐蕃史[M].西宁：青海人民出版社，2017:139.
③ 巴卧·祖拉陈瓦著，周润年译注.贤者喜宴·噶玛岗仓史[M].西宁：青海人民出版社，2017: 212.

一名肇始于此。"①这一时期，藏传佛教格鲁教派在西藏已经有了压倒式的影响力，为大多数群众所崇信。随着布达拉宫的重建，红山山体和红山上的建筑开始有了确切的名称，布达拉宫的名称被广泛使用，很多文献都有记载。比如，《西藏宗教源流考》把布达拉宫称作"布达拉山寺"②。成书于1692—1698年的藏文史籍《格鲁派教法史·黄琉璃宝鉴》十多次使用"布达拉宫"，并称"玛波日山（红山）和普陀山没有明实区别"③。

由于文化上的差异，人们在记述中对布达拉宫的称呼仍然有所不同。据清初五世达赖喇嘛时期的一些档案记载，当时称呼布达拉宫使用最多的为"本刹红山"，而专门称呼"布达拉宫"的反而不多，另外还有"赤山""红山""大寺布达拉""本刹布达拉"等称呼。④《西藏志•卫藏通志》接连使用"布达拉"二十多次⑤，《西招图略·西藏图考》中"布达拉"是称呼布达拉宫频率最多的词，除此之外还使用"布达拉庙"称呼布达拉宫，用"布达拉山""布塔拉山"称呼红山，且称"若夫达赖之居于布达拉也，唐吐蕃王绰尔济松赞噶木布，好善信佛，头顶纳塔叶佛，在拉萨山上诵旺固尔经，因名为布达拉"⑥，解释了布达拉宫命名的缘由。《卫藏通志》把五世达赖喇嘛时期修建的布达拉宫建筑称为"白寨"和"红寨"⑦。乾隆四十八年诏书中又称布达拉宫为"普陀宗乘之庙"⑧。清驻藏大臣有泰在奏折中称布达拉宫为"布达拉山本刹"⑨。《西藏志》中，所有涉及布达拉宫的内容都一律采用"布达拉"这个名称。《西藏图考》将这一时期的建筑称作"布达拉城垣"。《西藏通览》记

---

① 巴卧·祖拉陈瓦著，黄颢、周润年译注.贤者喜宴·吐蕃史[M].西宁：青海人民出版社，2017:171—172.
② 西藏研究编辑部.西藏宗教源流考[M].拉萨：西藏人民出版社，1982：63—66.
③ 第悉·桑杰嘉措著，许德存译，陈庆英教.格鲁派教法史·黄琉璃宝鉴[M].拉萨：西藏人民出版社，2009:88.
④ 中国第一历史档案馆、中国藏学研究中心合编.清初五世达赖喇嘛档案史料选编[M].北京：中国藏学出版社，2000:79、82、84、85、86、95、101、107、108、115、116、172.
⑤ 《西藏研究》编辑部.西藏志卫藏通志[M].拉萨：西藏人民出版社，1982年版.
⑥ 《西藏研究》编辑部编.西招图略西藏图考[M].拉萨：西藏人民出版社，1982：71、73、77、82、101、144、146、151、244.
⑦ 王云五主编.卫藏通志[M].北京：商务印书馆，1936：131—132.
⑧ 张其勤著，吴丰培增辑.清代藏事辑要[M].拉萨：西藏人民出版社，1983：205.
⑨ 吴丰培辑.清代藏事辑要（续编）[M].拉萨：西藏人民出版社，1984：81.原文为：十一月甲戌升泰奏：达赖喇嘛仍回布达拉山本刹。

载："……择记三人名字送于普陀落宫"，而在同书的第159—160页中则将达赖喇嘛寝宫称作"布达拉宫"。很明显，汉文史籍受佛教的影响较小，至清朝时期，因地位、立场和信仰的不同，人们对布达拉宫的称呼仍然不尽相同。

（三）清末至民国时期

清末民国初，人们称呼布达拉宫建筑时，使用频率最高的名字为"布达拉"。1906年5月13日（光绪三十二年四月二十日）的广益丛报（第一百零五号，第四年，第九期）上刊登的《奏设川藏铁路》、1914年11月25日（民国三年十一月二十五日）的《小说月报》(第五卷第八号)刊登的《西藏归城记》、1917年3月15日(民国六年三月十五日)《东方杂志》第十四卷第三号刊登的《拉萨游记》等多次使用"布达拉"①。而1910年5月4日（宣统二年三月二十五日）的《东方杂志》（第七年第三期）刊登的《西藏达赖喇嘛逃遁余闻》中两次使用"布达拉山"②。1904年11月2日（光绪三十年九月二十五日）的《东方杂志》（第九期）刊登的《藏英战事纪要》中使用"坡达拉灵山"③、《清末民初藏事资料选编（1877—1919）》第793使用"布达拉宫寨"。在同时期多田等观④的《入藏纪行》多次且统一使用了布达拉宫⑤的名称。自民国初年，人们对布达拉宫的称呼趋向于统一。

在民国以后的文献、国内外游记等各种文字资料以及人们的口头中，已经有了"布达拉宫"这一统一的称呼，布达拉宫的称谓开始通用。《西藏地震史料汇编（第一卷）》介绍"噶厦颁发之化缘路照（底稿）"⑥、《西藏

---

①参见卢秀璋主编，冯金牛、次旺仁钦、廖大伟副主编.清末民初藏事资料选编（1877—1919）[M].北京：中国藏学出版社，2005:207、701、730、731、732、793、796.

②卢秀璋主编，冯金牛、次旺仁钦、廖大伟副主编.清末民初藏事资料选编（1877—1919）[M].北京：中国藏学出版社，2005:280—281.

③卢秀璋主编，冯金牛、次旺仁钦、廖大伟副主编.清末民初藏事资料选编（1877—1919）[M].北京：中国藏学出版社，2005:453.

④多田等观（1890—1967），日本研究中国喇嘛教的学者之一。1890年出生于日本秋田市一个僧侣家庭。1913年入藏，经十三世达赖喇嘛允许加入喇嘛教，在色拉寺习经达十年之久。多田等观是最早一批进入西藏的日本僧人之一，对日本的藏学研究颇有影响。

⑤[日]多田等观著，钟美珠译，陈俊谋校.入藏纪行[M].河南许昌：中州古籍出版社,1987:15、16等.

⑥西藏自治区科学技术委员会、西藏自治区档案馆编译.西藏地震史料汇编（第一卷）[M].拉萨：西藏人民出版社，1982：267.

地震史料汇编（第二卷）》记载"一九五六年噶厦巡视红宫建筑损腐情形呈达赖文"①、《民元藏事电稿藏乱始末见闻记四种》②、西藏学参考图书之四：《西藏的土地与政体》（内部资料）③、《西藏文史资料选辑Ⅱ》④以及《中华民国时期西藏地方与中央政府关系研究》《发现西藏》《拉萨史》等著作，均证实随着藏传佛教格鲁派势力范围和影响力的扩大，至民国时期，布达拉宫的名称已经通用。

（四）西藏和平解放以来

西藏和平解放后，布达拉宫的称呼变得更加准确，布达拉宫开始有了新的身份。1961年3月，布达拉宫被国务院列为第一批全国重点文物保护单位，布达拉宫从此有了自己的"身份证"，有了法定的名字，名称被完全固定下来。1994年12月，布达拉宫（Potala Palace）被联合国教科文组织列入世界文化遗产名录，名字享誉中外。目前，布达拉宫的名字和图片已经申请了专利，名称和相关标识的管理走上了法治化轨道。

布达拉宫的建筑众多，殿堂林立。随着历史上的增修和补建以及使用功能的变化，每座殿堂的称谓前后变化甚多，布达拉宫的殿堂名称一般都有藏文名称和依据藏文音译和意译而来的汉文名称。现存的布达拉宫主要建筑名称⑤为：

བདེ་ཡངས་ཤར།	德阳夏（东庭院）
བདེ་ཡངས་ནུབ།	德央努（西庭院）
རྩི་སློབ་གྲྭ་ཁང་།	孜罗扎康（僧官学校）
རྣམ་རྒྱལ་གྲྭ་ཚང་དགའ་གསང་ཕྱོགས་དགའ་ཚོགས།	朗杰扎仓（尊胜僧院）

---

① 西藏自治区科学技术委员会、西藏自治区档案馆编译.西藏地震史料汇编（第二卷）[M].拉萨：西藏人民出版社，1982：419.
② 西藏研究编辑部.民元藏事电稿藏乱始末见闻记四种[M].拉萨：西藏人民出版社，1983：128.
③ [美]皮德罗·卡拉斯科著，陈永国译，周秋有校.西藏的土地与政体[M].拉萨：西藏社会科学院西藏学汉文文献编辑室编印，1985：20、122.
④ 《西藏自治区政协文史资料》编辑部.西藏文史资料选辑Ⅱ[M].北京：民族出版社,2007：44、52、78、117、182、200.
⑤ 参见姜怀英、甲央、噶苏·彭措朗杰编著.中国古代建筑·布达拉宫（上）[M].北京：文物出版社，1996：15—20.

གྲྭ་ཤག་ཟིལ་གནོན་ཚོགས།	扎夏（僧舍）
གསུམ་སྐས་སྒོ་འཕྱོར།	松格果觉（白宫门庭）
རྩེ་གནེར་ཚང་ལས་ཁུངས།	孜聂仓勒空（仓库管理局）
ཚོམས་ཆེན་ཞི་བདེ་ཞི་ཁྱབ་ཚོགས།	措钦夏司西平措（东有寂圆满大殿）
མཁན་པོ་ཚང་།	堪布仓（住持殿）
རྒྱལ་པོ་ཚང་།	杰布仓（摄政殿）
གདན་ཁང་།	典康（卡垫库）
མཆོད་པ་ཁང་།	曲巴康（供品殿）
མཆོད་དཔོན་ཁང་།	曲本康（供品管理办公室）
ཡོངས་འཛིན་གཟིམས་ཤག་གསར་རྙིང་།	永增森夏（经师起居室）
གད་པ་ཁང་།	噶巴康（保洁员办公室）
རྩེ་འཁྲུལ་བདེ་ལས་ཁུངས།	（孜）差德勒空（立付局）
རྩེ་ནང་སོས་གན་མཛོད།	孜朗色敢最（主内库）
གཟོད་འགག	雪噶（寝宫警卫）
རྩེ་ནང་གན་དགའ་སྐྱིད་བདུན་གཏོང་ལས་ཁུངས་སམ་གཟིགས།	孜朗根俄吉都东勒空（收支管理局）
ཁུང་ཁམས་གསུམ་རྣམ་རྒྱལ།	
རྩེ་བཀའ་ཤག	孜噶厦
པོ་བྲང་དཀར་པོ་བར་བསྐྱོད་དབུ་རྩེའི་གཟིམས་ཆུང་།	颇章噶布乌孜森琼（东日光殿）
གཟིམས་ཆུང་ཉི་འོད་དགའ་ཕུན་སྲུང་གསལ།	森琼甘丹朗赛（东日光殿议政厅）
གཟིམས་ཆུང་ཉི་འོད་དུག་བཏུན་དཔལ་བརྩེགས།	森琼达旦白孜（东日光殿会客厅）
རྩེ་གསོལ་ཐབ།	孜虽特（膳食房）
གཟིམས་ཆུང་ཚེས་སྲིད་ཕྱུག་ཚོགས་རྒྱུ་གཟིགས།	森琼平措贡司（护法殿）
གཟིམས་ཆུང་འཆི་མེད་རྣམ་རྒྱལ།	森琼其美朗杰（东日光殿寝宫）
གཟིམས་ཆུང་ཉི་འོད་བསོད་ནམས་ལེགས་འཁྱིལ།	措钦索朗烈吉（福地妙旋宫）
གཟིམས་ཆུང་ཕུན་ཚོགས་འདོད་འཁྱིལ།	森琼平措堆吉（富足欲聚宫）
གཟིམས་ཆུང་དགའ་ཕུན་ཡང་རྩེ།	森琼甘丹扬孜（喜足绝顶宫）
མཆོད་སྨོན་པ་གསུམ་མཚོན་དགའ།	萨松翁嘎（三界妙喜殿）
གཟིམས་ཆུང་དགའ་ཕུན་ཚོགས་འཁྱིལ་ལམ་བྱམས་ཁང་།	强康（弥勒佛殿）
གཟེར་སྐྱོང་ཡི་དམ་ལྷ་ཁང་།	益当拉康（本尊殿）
ཕན་བདེ་ལྷ་ཁང་དང་སྤུན་སྲིང་ཁང་།	攀德拉康或姜森康（利乐殿或红面狱土殿）
གཟིམས་ཆུང་ཕུན་ཚོགས་བཀོད་པའི་བློ་བསྟན་ཁང་།	轮朗康（坛城殿）

གཟིམ་ཆུང་ས་གསུམ་རྣམ་རྒྱལ།	萨松朗杰（殊胜三界殿）
གཟིམ་ཆུང་བཀའ་གདམས་འཆི་མེད་བདེ་སྡུན་འཛིན།	森琼噶当基（长寿乐集殿）
གསེར་སྡོང་དགེ་ལེགས་འདོད་འཇོ།	斯东格来堆觉（十三世达赖喇嘛的妙善如意灵塔殿）
བླ་མ་ལྷ་ཁང་།	喇嘛拉康（上师殿）
གཟིམ་ཆུང་བདུན་པའི་ཞིས་འཁྱིལ་འས་གསེར་སྡོང་བཀྲིས་འོད་འབར།	森琼扎西吉斯东扎西伟巴（七世达赖喇嘛的吉祥光芒灵塔殿）
འཕགས་པ་ལྷ་ཁང་།	帕巴拉康（圣观音殿）
མཆོད་སྡོང་དགེ་ལེགས་གཟི་འབར།	确东格勒斯巴（八世达赖喇嘛的妙善光辉灵塔殿）
དུས་འཁོར་ལྷ་ཁང་།	堆廓拉康（时轮殿）
ཐུབ་དབང་ལྷ་ཁང་།	土旺拉康（释迦能仁殿）
ཚེ་དཔག་ལྷ་ཁང་ངམ་འོད་དཔག་རྒྱུ་འབྱུང་།	次巴拉康（无量寿佛殿）
རྩེ་ཡིག་ཚང་ལས་ཁུངས་བཀག་འགྱུར་ལྷ་ཁང་།	孜译仓勒空（秘书处）
མཛད་བརྒྱ་ལྷ་ཁང་།	则杰拉康（释迦百行殿）
ཆོས་རྒྱལ་སྒྲུབ་ཕུག	曲杰竹普（法王洞）
ཀུན་བཟང་རྗེས་འགྲོ་ལྷ་ཁང་།	公桑杰珠康（普贤追随殿）
ཀུན་བཟང་མཆོད་སྦྱིན་ལྷ་ཁང་།	公桑杰珠康（普贤供灯殿）
ལི་མ་ལྷ་ཁང་།	黎玛拉康（合金殿）
ལམ་རིམ་ལྷ་ཁང་།	朗仁拉康（菩提道次第殿）
རིག་འཛིན་ལྷ་ཁང་།	仁增拉康（持明殿）
གསེར་སྡོང་འཛམ་གླིང་རྒྱན་གཅིག་ཁང་།	斯东赞玲坚吉康（五世达赖喇嘛的南瞻部洲灵塔殿）
གསེར་སྡོང་ཁམས་གསུམ་རྒྱན་མཆོག	斯东康松坚确（十二世达赖喇嘛的欲界庄严灵塔殿）
གསེར་སྡོང་ཚེ་སྦྱིན་འོད་འབར།	斯东次金伟巴（十世达赖喇嘛的寿施光芒灵塔殿）
གསེར་སྡོང་ཕན་བདེ་འོད་འབར།	斯东攀德伟巴（十一世达赖喇嘛的利乐光芒灵塔殿）
འཁྲུངས་རབས་ལྷ་ཁང་།	冲绕拉康（观世音本生殿）
སྨན་བླ་ལྷ་ཁང་།	曼拉拉康（药师殿）
ཤིངས་བྱམས་ཁང་།	撒强康（轿子库）
བྱང་ཆེན་ཐར་ལམ།	强钦塔朗（北行解脱道）
རྩེ་སྒོག་སྒོ་རྒྱབ།	孜达果嘉布（红宫后门）
ཡབ་གཞིས།	亚豁（亚豁楼）
ཞོལ་པ་ལས་ཁུངས།	雪巴勒空（雪机关）
མ་ཎི་ལྷ་ཁང་།	玛尼拉康（经筒殿）

དམག་སྤྱི་ཁང་།	玛基康（藏军司令部）
དགྲ་འདུལ་ཁང་།	占堆康（降敌楼）
དཀྱིལ་འཁོར་རྙིང་པ།	吉廓宁巴（旧坛城屋）
མཁན་ཟུར་ཚང་།	堪苏仓（总管府）
མཁན་ཟུར་རྟ་ར།	堪苏达惹（总管马厩）
ནམ་མཁའ་གཞིས་ཀ	南卡谿卡（南卡庄园）
ཤར་སྒོའི་ཐོག	夏果陀（东大门城楼）
གཞུང་སྒོའི་སྟེང་། (ཁབས་བཏུན་ཤུ་ཁང་)	雄果顶（正门城楼）
གཞུང་སྒོ་རྙིང་པ།	雄果宁巴（旧正门）
སྤོས་རྟེན་ཁང་།	博东康（藏香坊）
བཞེས་སློ་ཁང་།	谢卓康（点心房）
ཤིང་ར།	兴惹（柴火院）
མེ་སྒྱོགས་ཁང་།	米觉康（礼炮院）
དངུལ་པར་ཁང་།	伟巴康（造币厂）
བཀའ་ཁང་།	斋康（斋康府）
གདན་གཉེར་ཚང་།	典尼仓（卡垫管理库）
དགའ་བྱུང་།	噶江（噶江宅）
བཙན་ཁང་།	赞康（赞神殿）
སྤེལ་བཞིའི་གཟིམས་ཤག	比喜森夏（比喜宅）
དོ་པོ་གཟིམས་ཤག	同波森夏（同波宅）
ཙིས་ཁ་ཁང་།	孜查康（艾巴文书房）
སྨུ་ཇ།	穆嘉（穆嘉府）
ཆང་ཚང་།	羌仓（酿酒馆）
གོས་སྐུ་ཁང་།	贵古康（大唐卡库）
མཚམས་ཁང་།	仓木康（上密院修行房）
དམ་ཅན་ཁང་།	丹坚康（阎魔殿）
མཛོ་ཚོ་ར།	左穆惹（犏牛圈）
ཞོལ་ཆིབས་ར།	雪奇惹（雪马厩）
ཆིབས་ར་སྦུག	奇惹普（内马厩）
ཆིབས་ར་མདོ།	奇惹朵（外马厩）
ཙོག་སྟེང་།	窖顶（西南角楼）

ནུབ་སློབ་ཐོག	努果陀卡（西角楼）
ཞོལ་གཉེར་ལས་ཁུངས།	雪聂勒空（雪城管理局）
ཞོལ་བཙོན་ཁང་།	雪遵康（雪监狱）
བདེ་སྐྱིད་ཤར།	德吉夏或龙夏（龙夏宅）
ཞོལ་འདོད་དཔལ་ལས་ཁུངས།	雪堆白（雪如意铸造局）
ཁང་སེར་ཨེ་ཕོ་ལྷ་ཁང་།	康色（黄房子）
གླང་ཁང་།	朗康（象院）
དབུ་རྩེ་རྒྱ་ཕིབས།	乌孜嘉毗（金顶群）
གཟིམ་ཆུང་བདེ་བ་ཅན།	森琼德瓦坚（德瓦坚寝宫）
རིག་གྲོལ་ཁང་།	日追康（解脱修行室）
རྟ་ལམ་སྐོར་མོ་（ཆེ།）	达朗果木（拴马圆场）
ཐོས་གཞོང་ཐང་།	博雄唐（炉形过道）
ག་ཕྱུངས།	嘎布（门厅）
ཕྱག་གོང་།	布贡（内引室）
སྤྱན་གཟིགས་མཚམས་ཁང་།	坚斯仓康（观静室）
ནོར་རྒྱས་དཔལ་འབྱོར།	罗觉班觉（广财丰盛宫）
ཡིག་ཚང་།	益仓（秘书处）
ས་གསུམ་ཟིལ་གནོན།	萨松斯伦（三界胜伏宫）
མཛད་བརྒྱ་ལྷ་ཁང་།	则杰拉康（释迦百行殿）
བསྟན་འགྱུར་ལྷ་ཁང་།	丹珠尔拉康（《丹珠尔》殿）
གསེར་བུམ་ཁང་།	色蚌康（金瓶室）
གསེར་སྡོང་ཡི་དམ་ལྷ་ཁང་།	斯东益达木拉康（灵塔本尊殿）
དབུ་རྩེ་ཁང་།	屋孜康（顶阁）
གནས་བཅུ་ལྷ་ཁང་།	乃久拉康（罗汉殿）
ན་བཟའ་ཁང་།	娜萨康（服饰库）
མཆོད་སྤྲིན་ཁང་། /དབལ་གསོས་ཁང་།	曲真康或埃索康（供养室）
ཕྱག་དཔེ་ཁང་།	恰贝康（经书库）
གསོལ་སྨན་ཁང་།	索门康（药房）
དབང་ཁང་སྟེང་ཞོལ།	旺康顶雪（灌顶阁）
མར་ཁང་ལྷོ་བྱང་།	嘛康鲁强（南北酥油库）
ཞིང་འབྲས་ཁང་།	欣哲康（果品库）

གནེར་ཚང་ལས་ཁུངས།	聂仓勒空（仓库管理局）
མཆོད་རྫས་ཁང་།	曲再康（供品库）
ཀ་སྒྲུབས་སྟེང་།	嘎布顶（上门厅）
ཚོམས་ཆེན་མདོ།	措钦朵（东大殿前厅）
ཆིབས་སྒ་ཁང་།	其噶康（马鞍库）
ཇ་ཁང་ཆེན་མོ།	恰康钦姆（茶叶库）
ནང་མ་ཁང་།	囊玛康（侍从室）
འཆམ་གཟིགས་ཁང་།	羌母斯康（观戏阁）
གསོལ་ཐབ་ཆེན་མོ།	索它布钦姆（司膳房）
གླང་ཆེན་སྒ་ལོག	朗钦嘎卧（象鞍库）
སྟག་ཚང་སྒོར་མོ།	达仓果尔姆（虎穴圆道）
ཀོ་ཁང་།	果康（皮革库）
གསང་སྔགས་དགའ་ཚལ། /ཕན་བདེ་ལེགས་བཤད་གླིང་།	桑阿噶才（攀德勒谢林）密乘乐园殿（利乐广言殿）
རྣམ་གྲྭའི་རུང་ཁང་།	朗扎戎康（僧院伙房）
སད་སྲུང་ཁང་།	赛松康（防霜室）
དུས་འཁོར་མཆམས་ཁང་།	堆廓仓康（时轮静室）
རྒྱབ་མདུན་རྟ་སོ།	达索（前后山道边墙）
ཁང་སེར།	康斯尔（黄房子）
དམ་ཅན་ཁང་།	塔木钦康（护法庙）
རྡོ་རིང་གནམ།	多仁囊玛（无字碑）
པར་ཁང་ཤར།	巴尔康夏（东印经院）
ཞོལ་པར་ཁང་། /གངས་ཅན་ཕན་བདེའི་གཏེར་མཛོད་གླིང་།	雪巴康岗坚攀德第追林（雪域利乐宝库印经院简称西印经院）
ཞོལ་ལྕགས་རི།	雪甲日（雪城墙）
ཚོམས་ཆེན་ཞུན་སྦྱིན་ཞི་ཕུན་ཚོགས།	措钦努司西平措（西有寂圆满大殿简称西大殿）
བསྟན་མ་རྫོང་།	丹玛窘（地母堡）
ཤར་ཆེན་རྫོང་གསར་དབང་རྫོང་།	夏钦窘（东大堡）
རྒྱལ་པོ་རྫོང་གསམ་འཕེལ་ཚོགས་རྫོང་།	杰布窘（富足堡）
གཡུལ་རྒྱལ་རྫོང་།	玉杰窘（凯旋堡）

第二节 布达拉宫的选址缘由

布达拉宫起基于红山山腰，居高而筑、依山而建，重楼叠宇，气势非凡。它的修建，是集政治、经济、军事、文化等多种因素的综合结果。

一、布达拉宫的选址是西藏传统建筑地望格调的综合反映

西藏传统建筑的地望理念是中国中原地区几千年农耕社会地望理念的变体。正如中国农耕社会中佛教寺院为"天下风景僧占尽"的印象一样，青藏喇嘛教建筑的地望思想在这方面也有着极为类似的环境追求。藏传佛教建筑的地望总体上表达出了"乘山守水，居中乘守"的文化特征。

据《西藏王统记》《西藏王臣记》《柱间史——松赞干布的遗训》等记载，文成公主进藏后运用五行推算了拉萨的地形。

知有雪域藏土为女魔仰卧之相，卧塘湖即魔女心血，三山①为其心窍之脉络，此地乃纯位于魔女之心上，应填平此湖，其上建修神庙。此处尚有恶道之门，绕木齐下有龙神宫殿，当迎觉阿像安住于此，即能镇伏。鲁浦②为黑恶龙栖息之处，若建神庙，即可夺取其地。西南方之达瓦泽（ཇ་བ་ཚ）③，有一独干毒树，其下为鬼魅及非人④之所聚居，当摧破之。由治吉浦谷而至娘镇浦（ཉང་བྲན་ཕུ）⑤，为厉鬼经行之小道，当于河渠岸边，筑一大宝塔。东方有一地煞，状如鳄鱼占据小山，是乃巴琅中坝山（པ་ལམ་གྲུམ་པ་རི）⑥，当作一右旋白螺形以向之。东南有一地煞，状如魔女张阴，乃绛堆森浦（ཇང་སྟོད་སེང་ཕུ）⑦，当造一大自在天像以向之。西南有一地煞，状如黑蝎攫食，乃玉

---

① 一为玛波日山即布达拉宫所在的红山。二为夹波日山，在今布达拉宫西南，孤峰耸出，为原藏医学院，俗称药王山。三为邦瓦日山，在夹波日山之西，连岗稍低，上有关帝庙，俗称磨盘山。
② 鲁浦：即扎拉鲁浦。
③ 译言月园，在拉萨市区西。
④ 指佛经所说的天龙八部夜叉、罗刹等。
⑤ 河沟名称，位于拉萨东北方向。
⑥ 拉萨东面一座山名。《西藏王臣记》称其为公巴日山（གྲུམ་པ་རི）。
⑦ 河谷名称，位于拉萨北部，《西藏王臣记》称其为作切玛日（ཇེ་མ་རི）。

麻山（ཡུག་མ་རི）①之东山，当造一大鹏金翅鸟形以向之。西方有一地煞，状如黑魔探头，乃泛岩之岩顶（ཤུན་གྱི་བྲག་རྩེ）②，当建一石塔以向之。北方有一地煞，状如大象上阵，乃位于娘镇（གནད་ཐན）与格德（དགེ་ཏེ）③中之界山，当造一石狮以向之。若能如此，即附近地煞皆可镇伏矣。如上镇伏一切地煞后，则诸功德瑞相，皆可同时圆满具足。如东方，则呈现梵塔形，此乃班柯邦瓦日山（བན་ཁོལ་བང་བ་རི）④。南方呈现宝聚形，乃治（གྱབ）之后山。西方呈现螺碗置于拱架形，乃堆龙丈浦山（སྟོད་ལུང་བྲང་པ）⑤。北方呈莲花开放之形，乃格德拉浦山（དགེ་ཏེ་ལྷ་ཕུ）⑥。他如娘镇潘迦山（འཕན་དགར་གྱི་རི）⑦，其头如伞盖，墨竹后山（མལ་གྲོའི་རྒྱབ་རི）⑧，其眼如金鱼，洞卡（མདངས་མཁར）⑨岩山其舌如莲花，治之冰川，其声如海螺，宗赞（བཙན་བཅན）⑩之山，其颈如宝瓶，玉玛之山，其心如吉祥结，潘迦之山，其身如幢幡，堆龙丈浦之平川，其手足如轮辐。诸如是等乃具足八吉祥之相⑪也。

　　自此，人们开始以公主的八卦测算来命名拉萨周边的山川。直至今日，一直沿用。1988年，傅崇兰等人编著的《拉萨史》也延续使用了这些称呼，大致为：拉萨天如八辐轮，吉祥无比；地比八瓣莲，福运亨通；群山如吉祥徽，瑞相拱照，拉萨四周的山名为：妙莲、宝伞、右旋海螺、金轮、胜利幢、宝瓶、金鱼。拉萨周边的山峰形状为：东方山岭起伏，状若猛虎将跃；西方两山峡谷，似雄鹰展翅；南面流水迤逦，如青龙盘旋；北面岭叠坡缓，活像灵龟爬行。拉萨东西南北四大山峰名为：东南方向的敏珠杂日、东北方

---

① 拉萨西南的一座山名。
② 即汛岩，拉萨西面的一座岩山。
③ 娘镇即娘镇颇翁喀，即现在的娘热；格德：《西藏王臣记》称格德为夺德，即现在的夺底浦（དགོན་སྨུག）。二者都在拉萨色拉寺附近。
④ 位于布达拉山后，偏东。
⑤ 位于今拉萨堆龙德庆县。
⑥ 格德即夺底浦。见前注。
⑦ 位于拉萨北面色拉寺附近。
⑧ 位于今拉萨东的墨竹工卡县。
⑨ 在拉萨西，接近堆龙河出口。
⑩ 即宗赞山，位于拉萨河南岸。
⑪ 八吉祥相：吉祥结、莲花、宝伞、白螺、福轮、幢幡、宝瓶和金鱼等八种象征吉祥之物。

向的雀木西西、西北方向的根培乌则、西南方向的曲杰乌拉。

布达拉宫坐落的山名为红山，即上文文成公主的八卦测算中提到"三山"之一的红山，布达拉宫处于拉萨周围状如八瓣莲花的花蕊之中，是通往"女魔"心窍之脉络。藏史资料显示，自古印度佛教传入吐蕃，藏地逐渐被佛教徒认作观音菩萨化行之区，是观音菩萨在苦海中伫泊慈航之处，拉萨的红山也逐渐被认作是观音菩萨的居住地。

喇嘛教僧侣们除了是神的仆人外，他们首先是人，是活生生的生命，凡生命都需要生存，都需要最大程度地占有水和光等条件。布达拉宫修筑在拉萨河谷平原的一座小山——红山的阳坡之上，前面流过的拉萨河尽收眼底。由此不难看出，布达拉宫在修筑过程中蕴含的"乘山守水"理念。同时，布达拉宫修筑于独立突兀于拉萨河谷的红山之上，西、北、东三面据险固守，只留南面进出，筑城修墙守备，均体现了西藏传统建筑"居中乘守"的理念。同时，布达拉宫的修筑理念也可以说明佛教的入世态度，体现了西藏传统建筑的地方民族特色。

二、布达拉宫的选址是西藏传统建筑军事防御功能的完美体现

布达拉宫依山居高而筑，不但强调着王权在意志方面的至高无上，也体现了西藏传统建筑在兵燹防范方面的心态反应。布达拉宫的建筑整体是石木结构，宫殿外墙高大，墙厚2—5米，基础直接埋入岩层，墙身全部用花岗岩砌筑，高达数十米。墙内每隔一段距离，中间灌注铁汁进行加固。据《西藏王统记》记载："论其威严，则等同罗刹城邑，楞伽步山，诸宫室顶，竖立刀枪剑矛。每十长矛，悬挂红旗，而以彩菱连系之；论其坚固，设有强邻寇境，仅以五人则可守护。又南方城垣，掘有城壕，深约十排，上铺木板，再上铺以火砖，砖上反纵一马，即有十马奔腾之音。"《汉藏史集》又载，"各城及围墙之上建有女墙、小门、箭垛、墙缘、柴檐、牌楼，并以珍宝铃串，珍珠璎珞作为装饰，使来犯之敌不能登城。"1717年，准噶尔军队攻入拉萨，"拉藏汗命令将布达拉宫所有的门全部封闭进行防御，准军无法攻入。"这是历史上对布达拉宫的军事防御功能最为真切的一次检验。

三、布达拉宫的选址体现了松赞干布有效法先祖、减少政治羁绊之意

松赞干布定都拉萨前雅隆部落联盟内部面临的严峻、复杂的政治形势，亟需摆脱山南雅隆旧势力的束缚。从当时的政治形势来看，松赞干布将吐蕃首府定于拉萨，既可以避开部落联盟内部因循守旧的顽固势力，缓和部落内部矛盾，稳定政治统治，又可以减少政治羁绊，积极筹建吐蕃新政权。在藏民族未开发拉萨这片土地之前，布达拉山叫做红山，或芒波日山。据《贤者喜宴》、大藏经《丹珠尔目录》《玛尼宝训》等藏文史籍记载，在松赞干布将政权中心迁出雅隆的谋划中，与其先祖拉妥妥日年赞的修行地不谋而合，提出："伍如雪钦拉萨红山彼处我往之。"此后，松赞干布就在红山上修筑了王宫。黄灏在《新红史》中引用《玛尼宝训》的观点注译到："松赞干布居红山当在雅隆政权中心迁至拉萨之后，始建红山宫居之。"布达拉是佛教观世音菩萨修行的道场。按照佛教徒的说法，这座山乃是观音菩萨的居地，简译为"普陀"。这样，松赞干布在这里建立宫堡，既是效法先祖之举，又可以以此引进佛教，开创吐蕃政权的新的事业，由此大大减少了在政治、宗教等方面的社会阻力。

第三节 布达拉宫的兴建背景

早在西藏历史上的"十二小邦""四十小邦"时期，各小邦地方就建有各种城堡。雍布拉康是早期雅隆部落首领建造的宫殿。民间传说云："宫殿莫早于雍布拉康、国王莫早于聂赤赞普、地方莫早于雅隆"。自松赞干布时期修建的布达拉宫，是藏族历史上修建的气势最为恢弘、规模最为庞大、艺术价值最大的宫堡建筑群之一。从历史角度看，布达拉宫的兴建，与当时吐蕃政权的崛起、佛教的传入以及当时的社会文化环境等因素有着密切联系。

一、宗教因素

吐蕃早期，苯教在吐蕃社会中占据绝对的统治地位。苯教是兴起于我国西藏地区的一种原始土著宗教。《旧唐书·吐蕃传》和《新唐书·吐蕃传》

记载，吐蕃"常宰杀公羊母羊祭祀神灵，人们普遍信奉男巫（本教徒）"。《西藏王统记》援引苯教史籍记载，苯教兴起于聂赤赞普之时，止贡赞普消灭苯教，后又再兴起于布德贡杰赞普之时，到赤松德赞时期苯教再度衰亡。苯教终归是一种宗教，在阶级社会必然成为统治阶级统治整个社会的阶级工具。当这种宗教不能为统治者为利用，或者有损统治阶级利益时，这种宗教就必然会受到打击甚至被他种宗教形式所取代。据敦煌历史文献等资料记载，吐蕃的止贡赞普和松赞干布的父亲囊日伦赞的死因，皆与苯教有着某种必然的联系。

松赞干布是历史上一位具备雄才大略、很受西藏人民爱戴的赞普。他亲政后，鉴于苯教徒与朝中政治势力盘根错节、干涉政治的局面，决定引进佛教。他派吞米桑布扎到印度留学，不仅改进了藏文，而且还将《宝云经》《集宝顶经陀罗尼》《大悲白莲花经》等佛教经典迎入吐蕃。苯教史书《强玛》说，松赞干布因仇恨苯教，只活了34岁。此说不足为信，关于松赞干布的生卒年，还有36岁说、82岁说等观点。但说松赞干布"仇恨苯教"，表明苯教在当时已经不适应新的吐蕃政权的统治需要。松赞干布用佛教"十善法"管理吐蕃，确保了社会的稳定。对于苯教徒杀生祭祀的做法，予以禁止，能确保为吐蕃军事征伐提供大量牛马牲畜。

布达拉宫在兴建之初就与宗教结下了密不可分的联系。松赞干布定都拉萨，在宗教意义上，是要摆脱守旧苯教大臣的掣肘。显然，修建布达拉宫也并不能排除这样的因素。在吐蕃政权转移拉萨之前，布达拉宫所在的山丘被称为"红山"。后来，松赞干布在此修建了王宫。为使这项工程顺理成章，松赞干布以自己先祖拉妥妥日年赞曾经在红山修行为由，遂选址在此修建王宫。但是，拉妥妥日年赞在此修行的教义，可能是苯教的，也可能是佛教的。因为我们知道传说拉妥妥日年赞时曾有佛教书籍"从天而降"。这种说法不免过于玄乎，但毕竟使我们的视线无法再离开宗教。布达拉宫兴建之初并无明显的宗教内涵，但随着佛教的引入，布达拉宫及其修建之所——红山却逐渐被佛教化。《卫藏通志》记载："唐时池王曲吉松赞干布好善信佛，遮拉萨地方山上诵'旺固尔经',取名布达拉,……遂修布达拉宫城垣,搭银桥一道,以通往来。"在《西藏王统记》中,称红山为"布达拉山",如"刹那之顷,及至布达拉山,面叩圣者。"《西藏王臣记》称修建宫殿的山为"希达拉山"(即普陀罗迦)、"布达拉山",并在其上修建了宫室,这显然就是"红宫"。藏文史籍《玛尼宝训》和《青史》也将布达拉宫称作"布达拉山",但对其上的王宫则称为"红山宫"。一直到赤松德赞时期,吐蕃迎请大堪布·菩提萨埵来藏弘法,本教徒则以"雷劈红山宫,以及年荒、人病、畜瘟等灾祸"要求驱逐菩提萨埵,废除佛法。赤松德赞时期,虽然佛教得到了极大的发展,然而由于吐蕃整体实力的下降,其后世赞普尤其是朗达磨采取灭佛的政策,导致吐蕃佛教力量受到了毁灭性的打击。吐蕃政权崩溃后,西藏各地又陷入了农奴大起义和长期分裂割据的状态,红山宫遭雷击、兵难几乎毁之殆尽。据《白史》记载,在之后的分裂割据时期,曾有一些高僧大德到红山宫的遗址上讲授佛教经典,还明确指出"此宫曾转为寺院的形式"。

　　布达拉宫建筑的浓郁宗教色彩是在藏传佛教的世俗化和西藏政教合一制度形成后的社会中逐步确立的。在政教合一制度的统治之下,西藏建筑呈现出了双向发展态势:一方面宗教建筑随着藏传佛教发展的世俗化而世俗化;另一方面民间世俗化建筑逐渐宗教化。1642年,五世达赖喇嘛阿旺·洛桑嘉措在蒙古和硕特部固始汗的帮助下,平息了长期的封建割据时代,自此藏传佛教格鲁派长期掌握了西藏地方的政教权力。五世达赖喇嘛时重修布达拉宫,后又经历代达赖喇嘛整修,始具今日之规模。在政教合一制度下,布达拉宫的红宫和白宫交相辉映,分别象征了宗教力量的威严和政治权力的至高无上。藏文史学著作留下了不少关于布达拉宫的记载:"……铃声震动,声音明亮,建造辉煌壮丽。论其精美,则等同于大自在天之胜妙宫殿,论其威严,则等同于罗刹城邑楞伽布山……"宫中殿堂迭构,绘有很多宗教内容的壁画①，藏有大量唐卡②、佛像、法器、经书、灵塔等，充满了浓郁的宗教氛围。此外，布达拉宫也成为了宗教力量入世投俗的一股政治势力，布达拉宫里面还有达赖喇嘛的寝宫、总堪布以及原西藏噶厦政府的活动场所，甚至包括僧官学校、藏军司令部、监狱、仓库、作坊、马厩等等。

二、政治因素

唐朝是中国历史上自秦汉、隋朝以来，第一个不筑长城的统一王朝。唐朝是当时世界上的强国，声誉远及海外，在文化、制度、社会等方面都深深影响着我国境内的各民族和世界其他国家。唐朝以后，海外多称中国人为"唐人"。对待国内各民族，唐太宗李世民采取开放、开明的态度，坚持文化兼容并蓄，接纳各个民族与宗教，进行交流融合，这也是造就唐初130多年盛世的一个重要原因。唐太宗曾经说过："夷狄也是人，他们的性情与华夏没有什么不同。当朝者就怕不施恩德，恩德到了，四夷也可如同一家；猜忌异族，骨肉也不免变为仇敌。自古以来人们都贵中华、贱夷狄，我却爱之如一，因此夷狄各族群都像依赖父母一样依赖我。"当时西藏地区正处于社会上升时期，以松赞干布为首的吐蕃政权像国内其他民族一样，正在积极与唐朝取得联系。正是在唐蕃友好的大背景下，修建了布达拉宫。

贞观八年（641年），吐蕃赞普松赞干布开始遣使向唐朝朝贡。641年松赞干布派出以噶尔·东赞域松为首的迎婚使团，携带五千两黄金和大批珍宝作为聘礼，来到长安。据藏文史籍记载，唐太宗曾对包括吐蕃使者在内的所有迎婚使者进行了有趣的"智力测试"，史称"六难婚使"。噶尔·东赞域

---

① 西藏自古就有在木、陶器上面绘制各种图案的习惯。在雍布拉岗宫、拉萨大昭寺、布达拉宫的法王洞等处发现有7世纪以前的少量绘画。17世纪，五世达赖喇嘛时期，在布达拉宫的墙壁上绘有佛陀本生传、观世音本生传、藏民族起源的传记、五世达赖喇嘛传记、布达拉宫建造的历史等等，壁画面积有2500余平方米。
② 唐卡的质地有棉布的，也有用各种绸缎剪贴和刺绣而成的，种类很多。其中，西藏特有的是在棉布上面用各种彩色颜料绘制出来的唐卡。11世纪，鲁梅仲琼在叶尔哇岩绘制出十六尊者的唐卡以后，在全藏逐渐盛行起来。在风格上雅不堆切吾地有不同的地方特点。14世纪末，出现了钦孜和门唐两个绘画学派，据《塔尔林船志》记载，对伏藏师宁德尔所发掘的金刚橛本尊、八种莲花生、红怒莲花生、玛囊护法神等宁玛派至尊的绘制方面，钦孜派有特色；对百部本生传如意树传记、药师佛、菩提道次上师传承，以及其他本生传记等方面，门唐派很有特色。大部分唐卡和壁画的绘制都属于这两派，作品线条细致，色彩深而有光，相貌可亲；在绘画内容方面，则表现出各个历史时期的社会发展情况。这些唐卡的内容，是很多研究领域里不可缺少的资料宝库。

松以其卓越的才智优胜于其他使臣。唐太宗诏令礼部尚书江夏郡王李道宗为主婚使，持节护送入蕃。据载，松赞干布也"率其部兵次柏海，亲迎于河源"，并拜见李道宗，"执子婿之礼甚恭"。到逻些（今拉萨）后，松赞干布举行了"天庭般的盛大喜宴"，款待公主和唐朝使者，并声称："我祖父未有通婚天朝者，今我得尚大唐公主，为幸实多！为公主筑一城以夸后世"。新旧唐书《吐蕃传》均对此事予以了记载。

三、环境因素

布达拉宫是西藏物质文明与精神文明高度统一的产物，是藏民族崇尚自然、顺应自然的完美体现，也是藏民族独特审美情趣与高超建造技术的结合。西藏的宗堡建筑毫无例外是一组修建于山顶或者随山势布置的建筑群，占据制高点，军事防御功能十分明显。"宗堡"是旧时西藏"宗"(县)一级政府机构所在地，因为建筑在山顶，也被称为"宗山"。布达拉宫建筑在拉萨平原上突兀的小山——红山之上，背靠大山，面向河谷，建筑随山势布置，利用了环境中的天然屏障，虽然没有一定形制，却最大限度地突出了军事防御的特征。随着政教合一制度的完善，布达拉宫便集办公、佛事、仓储、监狱等功能为一体，除了构筑碉堡、碉楼，还设置庄园和林卡。

青藏高原海拔很高，气候条件恶劣，地理环境复杂，地质灾害很多。在长期实践中，西藏人民逐步形成了在修建房屋时充分利用有利的环境因素，克服不利因素，尽可能回避自然灾害的建筑环境理念。

第一，布达拉宫正面朝向南面，可能主要考虑建筑物要得到更多的阳光，也可能是受中原建筑方位中"山环水抱"理念的影响。中国传统建筑非常注重建筑与环境的关系，建筑适应环境的思想在建筑选址中有明确的表达：众多遗址中以背坡面水、位于河流沼泽边缘的聚落遗址最为普遍；建筑选址一般选择的是向阳取暖性好、水草茂密、高台近水的地方，以择吉避灾为目的，满足隐蔽、安全又便于猎取食物和农耕的最质朴的生活愿望。

第二，布达拉宫依红山而建，把地基牢牢地加固在红山岩石之上，在当时条件下具有防地震、防洪水的功能。据《西藏地震史资料汇编》记载，西藏地震见于史籍的最早记述是642年（唐贞观十六年）的拉萨地震，此后的1300多年间全藏见有地震记录68次之多。在历史上，拉萨河也长期成为拉萨这座城市受灾的主要诱因，虽然河堤年年在加固，但洪水蔓延至市区的情况也时有发生。松赞干布开发拉萨河谷时，曾按照文成公主提出的建造思想，整治拉萨河北滩支流使其改道，而后填平了卧塘湖，可称为西藏地区古代城市建筑趋利弊害的典范。

第三，布达拉宫的建筑艺术突出了人工建筑与自然环境的高度协调，形成了与自然环境浑然一体之貌。它的选址体现了人与自然和谐共生的追求：选址在山体，建筑好似从山中长出，与周围建筑及环境浑然一体，达到了崇高、平衡与协调高度结合的美学境界。

第二章 吐蕃时期的布达拉宫

正像中国疆域内各民族在历史上都有必然联系那样,西藏民族和国内很多民族有着共同的渊源。考古学家和人类学家一致认定,早在1万年前,藏汉等各民族的祖先就开始在甘、青、川、滇、藏一带不断地发生族群的分化与融合,强则分种为酋豪,弱则为人附落。经过数千年的不断融合,逐渐形成了各霸一方的较大部族。公元7世纪初叶,松赞干布在继承其父基本上统一了卫、藏、塔波、工布地区大部分诸小邦的基业上,兼并了其他部落和部族,统一了青藏高原大部分地区,建立起奴隶制的吐蕃政权,开始实施请婚唐王朝、定官制、立法典、规范文字等一系列强化政治、经济和文化交流的措施,吐蕃时期的布达拉宫应运而生。

布达拉宫始建于公元7世纪吐蕃赞普松赞干布时期,目前,简单从这座建筑外表上,我们几乎找不到任何关于1300多年前布达拉宫的影子。再加上历史资料的缺失和西藏充满宗教色彩的历史记事方式,要还原历史上布达拉宫的原貌更是难上加难。我们这里主要从吐蕃时期的重要历史事件中提取有关布达拉宫的零星记载,梳理吐蕃时期布达拉宫的创建过程,为还原布达拉宫的原貌提供些许线索。

第一节 布达拉宫的创建

布达拉宫初建于公元7世纪的吐蕃赞普松赞干布时期。7世纪初,雅隆部落第32代赞普松赞干布继位后,以其雄才大略进行一系列部落兼并战争,逐步统一西藏高原,建立起强盛的吐蕃奴隶制政权。公元633年,松赞干布将政权中心迁至拉萨,以"乃为公主筑一城以夸后世"的允诺,为文成公主修建了雄伟的布达拉宫。布达拉宫的创建大致经历了以下几个阶段:

一、拉妥妥日年赞时期的红山建筑

布达拉宫坐落在海拔3700米的红山上,据史料记载,红山上的建筑在吐蕃时期曾发生过变化。藏文史籍《西藏王统记》记载,赞普松赞干布继位后,曾思索造福雪域众生的途径,提到"昔我祖拉托托宁协(即拉妥妥日年赞)乃普贤之化身,曾住拉萨红山之巅"[1]。由此可知,拉妥妥日年赞在位时,除了把今山南雍布拉康作为王宫外,还在今拉萨红山上建造了供其修行的临时居所——红山修行洞。

因布达拉宫是依红山而建,要了解早期的布达拉宫的建筑规模,就应该从此修行洞着手。正是为了效法先祖,减少政治羁绊,松赞干布才在此修建了后来的布达拉宫。但因为史书未对该修行洞进行详细记载,在后来的扩建中也没有提到,已经无法考证当时的建筑规模。旺加先生编著的《寻踪世界文化遗产——布达拉宫》称"红山上最早的建筑为公元5世纪吐蕃第二十八代赞普拉妥妥日年赞于藏历铁猴年(480年)在此修建的小型王宫"[2],具体参照资料不详,建筑面积无法考证。但就其用途和当时的政治经济条件来推测,此时红山上的建筑应该是很小、很简陋的一处天然住所。

二、松赞干布建在红山上的宫殿

松赞干布准备将政权中心迁至拉萨之初,就在拉妥妥日年赞时期的红山修行洞基础上修建了最初的吐蕃王宫。关于这一时期的宫殿,一些文献作了

---
[1] 索南坚赞著,刘立千译注.西藏王统记[M].北京:民族出版社,2000:40—41.
[2] 旺加.寻踪世界文化遗产——布达拉宫[M].拉萨:西藏人民出版社,2015:1.

详细的记载，《西藏王臣记》就记载了松赞干布修建吐蕃王宫的过程：

尔时，大王心自思维，为利雪域有情，若得佛圣为我灌顶授权，岂不美哉！作是念已，当有吉祥普贤菩萨，手持宝瓶，满注甘露，前来为王沐浴；阿弥陀佛，抚摸王头，为之灌顶。一时起现各种不可思议变化，与及奇观异相，难以数计。王又思维，若于布达拉山巅修建宫室居之，则四邻邦主，仰慕于我，必油然来归；八种自在功福，亦任运可成也。思已遂即启程，来至格热场，亲睹自然出现之六字大明咒. 旋即沐浴净身，虔诚祈祷。忽从自现之六字大明咒中放出虹霓彩光，五色缤纷，照射对面岩山自然出现之观音菩萨，救度佛母，马头明王三尊圣容之上。复由观音等像，放出光明，亦照射于六字咒上。彼此光鬘，如虹彩相连，为众目共睹，构成希有奇观。因之众遂名其地为稼当。其后由尼婆罗工匠，运用灵巧之手指，将佛身密之所依，与语密之所依等，如其所现，雕之使其愈加明现。于是王率左右，渐临布达拉山，乃于此处修建王宫。其宫如帝释天堂移来人间，华丽悦目；如天庭玉阶，高峻威严。宫成遂与神变天军，同住其内。尔时，四邻邦主，皆知当今吐蕃之王，具有二头，神通自在，能毫无阻碍，派遣变化军旅，因之邻邦莫不心生畏惧。藉王宫落成之际，各邦小王不约而同，均于一时派出使臣，前来祝贺，献呈书信，及馈赠礼物，以申崇敬。赞普各随其本邦文字，作书答谢，对于来使，亦美其言词，厚其贻赠，咸令满足，而后遣之。故使邻邦王侯皆油然生起敬悦之心①。

藏文史料《贤者喜宴》也对松赞干布修建吐蕃王宫的情况多有记载：

松赞干布想到先祖托托日年赞曾谓："伍如雪钦逻娑红山彼处我往之。"想罢说道："我自王宫迁往（此处）。"（地在红山山崖上。）有位尚论可幻化多种功德，其见水中具有多彩之光，便惊奇地问（赞普）何为？赞普曰："大尚论你听着，在边地雪域，为使超度众生，众佛的思想集为一体，所有功德利乐之源；超度边地众生之捷径，雪域藏地的法场，众佛的要义至密六字真言，在石崖上自然形成，并将利益众

---

① 五世达赖喇嘛著，刘立千译注. 西藏王臣记[M]. 北京：民族出版社，2000：14—15.

生。"供奉后崖上闪耀着光芒，射向对面之石崖上，形成一道美丽的彩虹，故将此地称为"江当"（彩虹之色），观世音和度母、马头明王自然显现。泥婆罗工匠，仿照囊巴塞东寺形状，建造了观世音菩萨，观世音昆空奴、佛母、度母、大吉祥马项等诸天然所成神像。此后，又于红山之上建造了宫室，法王为了众生而专居于此。《柱间史——松赞干布的遗训》记载，依止佛法，迎请诸大德，故出现像红山水滴一般之情景①。

《贤者喜宴》还记载：

  对于松赞干布迁都逻娑（罗娑），藏文典籍载："此后，松赞干布想道：我先祖拉妥妥日年赞曾考虑为了雪域众生，将居何处？想后，乃令居于红山，松赞干布晓知此事后，又想："为了吐蕃属民事业，我亦当前往曾被先祖所加持的吉祥之地。"此后，即建造嫩达查堆园，并将供物用牲畜驮运，迎往之。此诸物遂置于雅昌之鹏翅崖。"（《玛尼宝训》，169页上）。同时，该书又载："化身松赞干布想道：'现今，对此雪域王国我将完成教化之事，为了众生将于何处修行？'随后乃以神通之力观察，得见当在拉妥妥日年赞所居之吉雪地区修行。于是，将各种供物以车迎送，并连同眷属臣工人等一起前往……此后抵达达日卡并建宫室居之。"（《玛尼宝训》，270页上、下）。文中之吉雪，即逻娑河下游，达日卡即前译文达日年塞看到盘羊的达莫山，其地亦在逻娑河下游②。

由此可见，红山上最早的宫殿是由吐蕃第三十二代赞普松赞干布主持修建的。他于617年③出生于强巴弥久林宫，即现在的拉萨市墨竹工卡县甲玛地方，13岁继承王位。松赞干布在将政权中心迁移拉萨的谋划中，依据赞普拉妥妥日年赞曾居拉萨红山的经历，决心迁往拉萨红山。首先，携眷属臣工用牲畜将供物驮至逻娑河下游的达日卡④，建造嫩达查堆园居住。此后，开始在红山上建造宫室。十五岁时（即631年，藏历铁兔年）开始修建布达拉宫⑤，将君臣和将士由

---

① 巴卧·祖拉陈瓦著，黄颢、周润年译注.贤者喜宴·吐蕃史[M].西宁：青海人民出版社，2017：5
② 巴卧·祖拉陈瓦著，黄颢、周润年译注.贤者喜宴·吐蕃史[M].西宁：青海人民出版社，2017：72.
③ 史学界对松赞干布的生卒年存在较大的争议，但大多数学者都比较赞同617年。
④ 今墨竹工卡附近。
⑤ 姜怀英，噶素·彭措朗杰，王明星编著.西藏布达拉宫修缮工程报告[M].北京：文物出版社，1994:15.

山南迁到拉萨,以布达拉宫作为自己的王宫,建立了统治西藏的政权中心。

据相关史料记载,松赞干布时期修建的这座宫殿应该是在633年之前竣工的。《智者喜宴》说松赞干布壬辰年十六岁,娶尼泊尔公主,推算则应为贞观六年632年,《汉藏史集》又记述:"吞米桑布扎和禄东赞迎请尼泊尔尺尊公主入藏后,使臣们迎请尼泊尔妃尺尊至玛波日山上的宫殿"①。这说明尼泊尔尺尊公主进藏前,即632年以前,该宫殿已经修建完成,也是尺尊公主进藏后的居住地。这是红山上的第一座宫殿,是后来的布达拉宫的雏形。

三、红山宫殿的扩建

在松赞干布统一青藏高原的过程中,急需加强与强大的唐王朝的政治联系。634年(贞观八年),松赞干布派遣使者入唐献珍宝请婚,但唐太宗未允。当时,松赞干布正在经营高原东部,打败了唐的藩属吐谷浑,攻破党项、白兰诸羌,各方势力蠢蠢欲动,吐蕃面临着内忧外患。尺尊公主进藏后,发现松赞干布"常于本尊前献诸供养,并作祈愿,而不外出"。尺尊公主愿替松赞干布分忧,也担心吐蕃政权会有"边患之虞",于是向松赞干布提出"修建大城堡"②。经过充分考虑,松赞干布同意了尺尊公主的建议,也想为唐朝公主修建一座规模宏大的宫堡,以再次向唐朝请婚。阳木羊年③,松赞干布让尺尊公主扩建红山宫堡,并主持奠基仪式。有确切记载的红山建筑的大规模扩建正是松赞干布为迎娶文成公主修建吐蕃王宫,红山宫殿的扩建源于唐蕃和亲。

对于本次大规模扩建,藏文史籍《西藏王统记》《柱间史——松赞干布的遗训》(又名《西藏的观世音》)和《贤者喜宴》等文献都有详细记载,内容大致相同。如《柱间史——松赞干布的遗训》记载:

依山就势扩建的红山宫,俨然是一座雄伟的城邑。一道砖砌的四方城墙围绕着红山,虎狮二山雄踞其中。这道城墙长约一由旬(约合二十华里),高三十四(原文无量词),相当九层城堡那么高。九百九十九幢砖砌的红宫殿宇,雕梁画栋美不

---

① 达仓宗巴·班觉桑布著,陈庆英译.贤者喜宴·吐蕃史[M].西宁:青海人民出版社,2017:81.
② 索南坚赞著,刘立千译注.西藏王统记[M].北京:民族出版社,2000:58、184.
③ 即乙未年。《智者喜宴》说松赞干布壬辰年十六岁,娶尼泊尔公主,推算则应为贞观六年632年,乙未年应是贞观九年635年。

胜收，飞檐翘角金碧辉煌，牌坊耸立蔚为壮观，其景观胜似天界之境：那一行行薄拘罗与如意树绿荫掩映，一排排白银镶嵌的窗棂上悬挂着珍珠缨络，一串串銮铃随风摇动发出阵阵悦耳的声响，其景观一如人间之境；赞普数以千计的宫舍居高临下，宫顶上旗杆林立，彩幡飞扬，其景观犹如令人望而生畏的罗刹之境。这座城邑易守难攻，即使四方邻国举兵来犯，只需兵卒五人，一人在赞普宫顶瞭望，其余四人各把守一面城门，即可御敌于城下。

在赞普宫殿的正南上方，建有一座粟特族人建筑式样的九层后妃宫殿，规模之大与赞普的宫殿不相上下。其内里胜似天界无量宫，外观犹如罗刹楞伽城。赞普与后妃的宫殿之间飞架着一座金银桥。在宫殿的东门外，建造了一处赞普的跑马场。其深有两人高，宽十八庹，长三百庹。地基是用陶土、砖块和木板一层层铺成的，跑道两壁的栅栏上涂了色，上了漆，还装饰了许多珠宝，甚是富丽堂皇。跑起马来，一马奔驰便有万马奔腾之势。马蹄声声，一阵清脆悦耳，犹如会诵"四谛"；一阵铿然作响，仿佛宣说"法印"。

在这座宫宇叠砌，气势巍峨的城邑之中，宝库充盈，衣食丰裕，应有尽有，一派升平景象。

城堡的东门叫"虎门"，南门叫"豹门"，西门叫"威德门"，北门叫"嘉冒神变门"。红山宫的如此情形及君臣事迹，在拉萨幻显神殿（大昭寺）西侧的墙壁上绘有壁画①。

《贤者喜宴·吐蕃史》也记载：

《遗训》一书谓："役使龙与夜叉为奴，建造赤兹红宫，此乃世间所无与伦比者。"复次，赞普松赞干布常于本尊前供奉、禅定，既不消遣亦不游幸。对此，泥婆罗公主心有所思："此王于身体及功德方面当颇有裨益，然而（赞普）不出王宫之外，此举将使彼方军队前来破坏，故此当造一座军队不可摧毁之宫室。"思罢，遂即启请神物琉璃气化钵，乃获无穷之饮食，并以诸种珍宝为顺缘，役使男女夜叉

---

①阿底峡尊者发掘，卢亚军译注.西藏的观世音[M].兰州：甘肃人民出版社，2001：44.

为奴，将此诸奴隶置于红山范围之内。宫为火砖之墙，每边一俱卢舍，墙高三十六版，四门有碉楼牌坊等，小门房屋均有流苏、飞檐，且饰以诸种珍宝，环饰以小银币。单垂及双重宝珞处设有铃网，铃铃奏响，复又庄严以牦牛尾及丝缨之幡宫内有宫室九百九十九间，连同宫顶，总为红堡一千。宫顶均逐一竖立系以红旗、中间缠以杂彩之枪矛十杆，并设各种兵器，悬挂各种丝绸之流苏。在南墙之内，仿胡人宫堡建九层之神岩吉祥无量宫，复建与赞普王宫相同之王妃宫，王宫与王妃宫之间连有银桥，设置华丽的天窗，并连接以无数饰物，可使王与王后相互往来。（此宫）虽有一亿军士前来，而五人即可防守，观之如克敌制胜之宫殿。论其精美，美不胜收；其如日轮，光射难挡；又如罗刹域之楞伽布山那般可畏。宫之东门外，系赞普驰马之地，其长九百弓，广十八弓，深为两弓。其上铺以木板和火砖，然后再于其上覆以红铜，旁侧饰之以流苏璎珞，绘以各种吉祥画图。或施以浮雕，或者以诸种丹青，内外犹如金色一般。赞普驰马其间，阵阵蹄声，如十万匹马（驰骋）之蹄声，又如遇到暴风雨之声，复如诸种敲钹奏乐之声。其声如四谛之颂，又如宣布政令之四印法语。有关此次建宫情况。据谓绘于逻娑之鲁康西壁①。

《西藏王统记》记载：

复次，王与王妃及诸臣下住宫内时，王常于本尊前，献诸供养，并作祈愿，而不外出。尺尊公主自作念言，赞普英俊神武，具诸才能，然绝不外出，定有边患之虞。今当谋一善策，以防未然，念此琉璃钵盂，向之祈请，即能出现无量酒食，可施于藏地众庶，使其充为役使，即能修建一大城堡。念已往白于王。当即召集大伦等内外诸臣，咸来议。尔时琉璃钵中，满盛诸种食品，置宝台上，发愿祈祷，则所欲酒食皆自然涌出，普施藏民。定于阳木羊年为新城堡奠基。墙高约三十版土墙重叠之度，高而且阔，每侧长约一由旬余。大门向南。红宫九百［九十九］所，合顶上赞普寝宫共计宫室千所。飞檐女墙，走廊栏杆，以宝严饰，铃声震动，声音明亮，建造堂皇壮丽。论其精美，则等同于大自在天之胜妙宫殿，视无厌足，诸宝严饰，并以各种绫绸，作为采帷璎珞，美妙如意；论其威严，则等同罗刹城邑，楞伽

---

① 巴卧·祖拉陈瓦著，黄颢、周润年译注.贤者喜宴·吐蕃史[M].青海人民出版社，2017：107.

布山。诸宫室顶,竖立刀枪剑矛,每十长矛,悬挂红旗,而以采绫连系之;论其坚固,设有强邻寇境,仅以五人则可守护。又南方城垣,掘有城壕,深约十排,上铺木板,再上铺以火砖,砖上仅纵一马,即有十马奔腾之声。其南方仿霍尔人城堡之式,建扎拉扎喜宫,作为尺尊王妃之寝宫,高达九层,宽敞雄伟,建造布局,极尽精美之能事。王宫及后妃宫二者之间,通以铁桥,桥下幔拂炫目,铃声铿锵,王与王妃相互往来其间。如是王宫妙丽庄严,世绝其伦。修造完竣,王与臣民,大作庆会云①。

《汉藏史集》记载:

尺尊为满足国王之心愿,并防备外敌之侵犯,役使男女药叉,修建了围绕玛波日山的砖墙三十二道,使之与魔地楞伽的普日城一样威严。外城九百九十九座,连同玛波日山上城堡,共为一千。各城树立悬有红色飞幡的长矛四根,在四方建敌楼四座守护。玛波日山上的城堡,常有五人瞭望。又在玛波日山南面城墙之内兴建宫殿,名叫索波宫,殿高九层,与国王之城堡相齐,并在它们之间以铁索相连,铺设银桥。各城及围墙之上建有女墙、小门、箭垛、墙缘、柴檐、牌楼,并以珍宝铃串、珍珠璎珞作为装饰,使来犯之敌不能登城②。

扩建后的红山宫堡,建筑规模宏大。此时修建的宫殿外有高高的城墙和四个高耸的大门,每个门上都有碉楼牌坊,东门外有赞普的跑马场,宫殿内约有上千间殿堂,宫殿上有显示威严的用丝带缠绕的刀刃和法器,松赞干布和王妃各有自己的宫殿,且宫殿之间架有一座银桥以通往来,等等。据《西藏王臣记》记载:"在红山处,筑就三道围墙,内修宫堡九百九十九所。连红山顶上一所,共有千所。诸宫堡皆严饰以铃铎拂尘,珍珠宝墅,缨络流苏,极为华丽,堪与帝释宫殿媲美。王与王妃宫室之间,有银桥铜桥作为联系。诸宫顶上,竖立锋利刀枪,约一千支,上系风幡,随风飘动。四方四门,复有四阁。此等阁门能将四邻财帛受用,自然摄入其内。宫外挖掘跑马走道,约深二庹,宽十八庹,长三百庹。道上铺设木板,板上布之以砖。若纵马砖上,一马奔腾,即有多马之声。要之,其建造险绝,类如十颈罗刹之楞

---

① 索南坚赞著,刘立千译. 西藏王统记 [M]. 北京:民族出版社,2000:58—59.
② 达仓宗巴·班觉桑布著,陈庆英译. 汉藏史集 [M]. 西宁:青海人民出版社,2017:81.

伽城邑，由福德力而迁来雪域藏地。此时王臣上下于五种欲乐中共享而住"①。根敦群培先生所著《白史》载："诸古传记（ཐོན་གྱི་གནས་ཡིག）中有说：法王当时所住之宫殿，为'十一层白宫'（གཞིམ་ཁང་དཀར་པོ་ཐོག་བཅུ་གཅིག་ཅན）" 即此时的布达拉宫为"森康噶布（意为白宫），高十一层"②。秦文玉说，当年宫殿的形象和规模为：红山内外有三道城墙，城垣中心是文成公主的五层楼宫殿。三组宫殿群共有九百九十九间宫室，加上顶端的一间，共计一千间③。

640年(贞观十四年)，松赞干布派噶尔·东赞域松，带着丰盛彩礼黄金五千两及珍玩数百件再次赶赴长安请婚。这次，唐太宗同意了吐蕃的请婚，641年文成公主进藏和亲。据《唐书》记载："贞观十五年④，妻以宗女文成公主，诏江夏王道宗持节护送，筑馆河源王之国。弄赞率兵次柏海亲迎，见道宗，执婿礼恭甚，见中国（指祖国中原地区——引者注）服饰之美，缩缩愧沮。归国，自以其先未有昏帝女者，乃为公主筑一城以夸后世，遂立宫室以居"⑤。这里所说的"乃为公主筑一城以夸后世"，就是尺尊公主主持扩建的吐蕃王宫，文成公主进藏后居住于此。

642年，文成公主抵达逻娑（拉萨）的"卧塘湖畔树林边，木车陷于沙砾中，同时发生地震，驮畜尽皆倒下。"有学者考证："这是西藏最早的地震记载"⑥。由于文成公主携带的释迦牟尼像在车上，只好在车的周围支起帷幔，就地供奉。文成公主也暂栖卧塘旁沙地柳林帷幔中。一个月后，松赞干布迎请文成公主从东门进入布达拉宫⑦，吐蕃各位大臣相互施礼，陪同太宗皇帝的特使、护送文成公主的江夏王李道宗来到红宫扎西赞果殿⑧。文成

---

① 五世达赖喇嘛著，刘立千译注.西藏王臣记[M].北京：民族出版社，2000：20—21.
② 根敦群培著，法尊法师译.白史[M].西北民族学院研究所，1981：12.
③ 秦文玉.布达拉宫之晨[A].国风文丛·西藏卷[C].王曾祺主编，丹珠昂奔分卷主编，北京：中国对外翻译出版公司，1996：155.
④ 641年.
⑤ 刘煦.旧唐书·吐蕃上[M].卷一九六，吐蕃上，北京：中华书局，1975:5221—5222；欧阳修，宋祁.新唐书·吐蕃上[M].卷二一六，吐蕃上，北京：中华书局，1975：6074.
⑥ 高建国.西藏古代科学技术大事年表[J].西藏研究，1984(3).
⑦ 阿底峡尊者发掘，卢亚军译注.柱间史——松赞干布的遗训[M].北京：中国藏学出版社，2010:126.
⑧ 恰白·次旦平措、诺章·吴坚、平措次仁著，陈庆英、格桑益西、何宗英、许德存译.西藏通史——松石宝串[M].拉萨：西藏古籍出版社，2008:92.

40

公主和释迦牟尼像等被送到红山（དམར་པོའི་རི་）上的松赞干布前①，举行了盛大的欢迎仪式。

嘉措顿珠在《布达拉宫志》载道，松赞干布兴佛于吐蕃，文成公主又是一位虔诚的佛教信徒，他二人于红山顶上筑一修行洞事佛，名曰法王修行洞。其上筑一佛堂，供奉松赞干布的本尊圣洛格夏热像。相传，此佛像非人工雕塑，乃为自然现身的佛像，故尊贵无比。一千多年来，它成为布达拉宫的主供佛像，是布达拉宫所藏万宝中的镇宫之宝。保存至今的法王洞此时也成为松赞干布和文成公主居住和修行的场所。从此，松赞干布为文成公主修建布达拉宫也成为一段佳话，布达拉宫法王洞内至今还保存着松赞干布和文成公主的塑像和他们使用过的灶台。

第二节 建筑风貌

吐蕃时期的布达拉宫是西藏传统建筑形成发展时期（包括吐蕃政权时期和吐蕃政权分裂时期）所有宫殿建筑的姣姣者，也是这个时期西藏最庞大的建筑群体。从诸多文献对吐蕃时期布达拉宫建筑形制、规模、特性的简洁描述中，可以窥见其基本特点主要有以下几个特点：

第一，吐蕃时期的布达拉宫与吐蕃早期建筑——雍布拉康建筑风格具有一脉相承的本土沿袭性。由于西藏社会生产力的发展，其建筑风格的本土性又得到进一步的发展，并更臻完善，可以说是青出于蓝而胜于蓝。

第二，吐蕃时期布达拉宫建筑已经表现出比较突出的艺术效果。从后期保留的壁画可知，吐蕃时期的布达拉宫是由三座直筒式的碉堡建筑构成，是极具军事武备特点的宫殿，外观及装饰极具特色。如《柱间史——松赞干布的遗训》中所述："城内设飞檐小门，上下檐口及檐墙插立薄拘罗与抑尘。小门用银子镶嵌，装有珍珠串联环。城墙四方设四门，门楣檐齐全。胜似天堂之城寨。"

---

①班钦索南查巴著，黄颢译.新红史[M].拉萨：西藏人民出版社，2002：15.

第三，吐蕃时期布达拉宫的建筑风貌主要体现为西藏本土建筑文化的面貌。吐蕃政权建立不久，外来文化之风刚刚吹入雪域高原，吐蕃时期布达拉宫建筑受外来文化的影响还不明显。因而，外来建筑文化的渗入甚微，吐蕃时期布达拉宫是以本土文化的面貌呈现的。就连其名称，许多史书中的表述都说，因其建筑在"玛波日"山上，故称之为"红宫"。据《拉萨文物志》称：（布达拉宫）是"后来的虔诚佛教徒将其比之为第二殊境——普陀山，由此布达拉宫一名始出（布达拉系梵语普陀山的译音）。"通过此时的布达拉宫建筑可以认识到在吐蕃政权初期，西藏传统建筑的发展已经达到一个相当的高度，已具备了按照自己的风格建造庞大建筑群体的能力①。

第三节 文化遗迹

文化遗产是具有历史、艺术和科学价值的文物，是历史留给人类的财富。吐蕃时期的布达拉宫在历史上因兵乱、雷击等因素遭到了破坏，遗留下来的文化遗迹很少。

一、曲杰竹普——法王洞

曲结竹普又称法王修行洞，为红山山顶的一处天然山洞。据载，吐蕃赞普拉妥妥日年赞和松赞干布都在此修行过，因松赞干布被称为"祖孙三法王"②之一，所以，他的修行洞被命名为"法王洞"。

曲杰竹普——法王洞位于红宫六层北侧，室内净高3.7米，面积约27平方米。原有两柱保存完好，柱上替木的正面雕刻兽面及摩尼宝珠加卷草，有明显的吐蕃时代风格。法王洞用石片砌成，泥土涂之，显得简陋古朴，为红山顶上的一座岩洞式佛堂，距今已有1300多年的历史，是布达拉宫现存最早的建筑之一。法王洞内供有吐蕃赞普松赞干布坐像，其西侧为王子贡日贡赞坐像及大臣吞米·桑布扎立像，东侧为尼泊尔赤尊公主和唐文成公主坐像，

---

① 杨嘉铭、赵心愚、杨环.西藏建筑的历史文化[M].西宁：青海人民出版社，2003:126.
② 祖孙三法王，吐蕃时期对佛教有重大贡献的三位赞普，指松赞干布、墀松德赞、墀祖德赞。

前方是大臣噶尔东赞立像。殿内东侧还供有怀抱王子贡日贡赞的蒙萨·赤江结跏趺坐泥塑像，是松赞干布的藏族王妃。这批早期塑像表情生动，衣褶流畅，塑造手法和风格与晚期的松赞干布及妃巨像迥异，极有可能是吐蕃时期留下来的雕塑艺术珍品。法王洞正中央保存一套炉灶，灶上有石锅、石臼，据说是松赞干布和文成公主使用过的原物。洞内绘有吐蕃时期的壁画，东壁绘有赞普松赞干布、蒙萨·赤江、文成公主、尼泊尔公主等人的画像，还绘有几匹骏马。南壁绘有四臂观音菩萨、护法神等画像，画像色彩和运笔古朴，是布达拉宫内最古老的壁画。

洞内其余塑像制作年代稍晚，有在七世达赖喇嘛灵塔殿修建时的一尊五世达赖喇嘛铜质镀金坐像，高1.15米。另外，还有铜质镀金弥勒佛像、石雕自在观世音像、泥塑释迦牟尼、莲花生、宗喀巴、十一面观世音、白度母和天王像等。

（一）松赞干布像

塑造于7世纪，松赞干部(617—650年[①])像为泥质塑像，高1.8米。松赞干

[①] 松赞干布生于阴火牛年（617年，丁丑），死于阳土狗年（戊戌，698年），享年八十二岁。《布顿佛教史》亦载，松赞干布生于阴火牛年，终年八十二岁，见该书木刻版118页下及119页下。《青史》（木刻版24页上）虽亦认为松赞干布享年八十二岁，但生年是阴土牛年（己丑，569年），死年是阳铁狗年（650年）。《松赞干布的遗训》（木刻版245页下）则认为，松赞干布享年八十岁，死于阴木牛年（乙丑）。《白史》认为，松赞干布生于火牛年，土牛年继位，三十四岁铁狗年死，见该书青海民族学院排印本，87—88页。西北民院王沂暖教授考证认为，"松赞干布生于癸丑年，593年，卒于庚戌年，650年，享年五十八岁"。见《西北民族学院学报》，1980年第1期《松赞干布的生年卒年与享年》。综上所述，虽作者看法不一，但目前多数作者认为松赞干布于"永徽年死（650年）"的记载较为可靠（见《新唐书·吐蕃传》）。其原因是：汉文记载与敦煌古藏文文书记载基本一致，据最近法国出版的《敦煌古藏文文书选辑》看，在这些640页的影印敦煌文书原件中，绝大多数清晰可辨，尤其在纪年部分，关于松赞干布的死年一段记载，由于原文是楷书，字体甚为工整，所以很易辨认，今据其中579页，伯希和藏文卷子1288号原文，将这段译出："此后三年，于赞普墀松赞时，灭黎纳许，将全部羊雄收为属民并统治。此后六年，赞普墀松赞归天，与赞蒙文成公主同居三年。""迄狗年，厝祖赞普墀松赞之遗体于青瓦，久匿于灵堂……"文中之"三年"或"六年"，据上下文看，是指文成公主抵藏三年或六年，总计为九年，而《新唐书·吐蕃传》载，唐贞观"十五年，妻以宗女文成公主"，时在641年，加上上述之九年，正好为650年，此与敦煌文书之狗年（650年）基本相合。再者，在这段敦煌纪年的开始部分，原藏文卷子尚有九行残缺较严重的文字，这是巴窝在《敦煌吐蕃古藏文文书》中所收录的，虽很重要，但在涉及松赞干布生卒年方面关系不大，故待后文译述。关于松赞干布享年，由于《青史》《红史》及《布顿佛教史》等名著，均主张八十二岁一说，虽其中矛盾较多，但在藏史中影响较大。参见巴卧·祖拉陈瓦著，黄颢周润年译注.贤者喜宴·吐蕃史[M].西宁：青海人民出版社，2017：68—69.

布为吐蕃政权第32代赞普,13岁继赞普位,先后平定内部叛乱,兼并青藏高原诸部落,一举完成统一大业,建立了统一的吐蕃地方政权,将政权中心由山南迁到拉萨,建宫殿布达拉宫,先后迎娶尼泊尔赤尊公主、唐文成公主为妃,并迎请释迦牟尼像于拉萨。650年,松赞干布卒于彭域(今拉萨林周县境内),传赞普位于其孙芒松芒赞。

(二)文成公主像(?—680年①)

塑造于公元七世纪,泥质,双手抄手置于袖内,结跏趺座,外身套蓝底绣花披肩,内套咖啡色底绣花长裙,头戴绿色真丝头巾戴冠,双耳饰金缀,表情清秀淑美,呈唐代仕女之相。

文成公主为宗氏女,知书识礼,博学多才,笃信佛教,兼通卜筮之学。641年远嫁吐蕃时,除携带一尊释迦牟尼12岁等身像,还携带医书、历算等专著,并主持建造小昭寺,安放自长安带来的释迦牟尼12岁等身像(该塑像后被移至大昭寺内)。公主去世后,其事迹在西藏以戏剧、壁画、民歌、传说等形式广为流传,影响深远。随着佛教在西藏的兴起,佛教徒把文成公主尊为绿度母的化身。

(三)赤尊公主像(生卒年不详)

塑造于公元七世纪,泥质,双手合什,结跏趺座,外身套桔黄色披肩,内着长裙,头戴桔黄色头巾,双耳饰金缀,表情慈祥端庄,呈南亚淑女之相。

赤尊公主为尼婆罗(今尼泊尔)国王光胄之女。藏文史籍称,7世纪初吐蕃赞普松赞干布派大臣噶尔东赞为婚使,前往尼婆罗请婚。赤尊公主入吐蕃时,携带一尊释迦牟尼8岁等身像,还带了大量的佛经和工匠,并主持建造大昭寺安放释迦牟尼像八岁等身像(后移至小昭寺)。随着佛教在西藏的兴起,

---

① 文成公主,唐宗室女。藏文史籍中文成公主一名有多种音译拼写法:ཀྲུང་གོའི་རྒྱལ་ནག་གོ། ཐུན་ཀྲིན། ཝུན་ཁྲིན་ཀོང་ཅོ།等。641年(贞观十五年)文成公主远嫁到吐蕃。松赞干布于铁狗年,即650年逝世后,文成公主又活了三十多年,默默无闻。《新唐书》卷216上和《通鉴》卷202载其薨于680年(转引自《通鉴吐蕃史料》第30页)。敦煌古藏文历史文书P.T.1286记载,683年为文成公主举行过葬礼。依据吐蕃传统,王室成员去世有2—3年匿丧之俗。如此看来,文成公主去世于680年之说是可信的。关于文成公主的死因,P.T.960《于阗教法史》记载是病死于痘症。参见韦·赛囊著,巴擦·巴桑旺堆译《韦协》译注.拉萨:西藏人民出版社,2012:43.

佛教徒把赤尊公主尊为白度母的化身。

（四）王子贡日贡赞像

塑于公元七世纪，泥质，高1.42米，左手垂放于左膝处，右手呈说法印，结跏趺座，着吐蕃装。贡日贡赞为松赞干布唯一王子。史称其13岁时，松赞干布曾禅予赞普位，18岁卒。松赞干布复继赞普位。贡日贡赞在位时，曾从中原引入茶叶和乐器，并与其母蒙萨·赤江共建今拉萨北郊的查耶巴寺①。

（五）吞米·桑布扎像(生卒年不详)

塑于公元七世纪，泥质，高1.74米，双手托经卷，立像，身着吐蕃大臣装。吞米·桑布扎位列吐蕃七贤臣之四，为松赞干布时期著名的大臣。据史料记载，他15岁赴天竺拜婆罗门理京迦罗和天智狮子为师学习梵文和佛学七年，回藏后隐居帕邦喀②玛如宫创制藏文，为藏文字的创制者。

（六）噶尔·东赞像(?—667年)

塑于公元七世纪，泥质，双手扶持拐杖，立像，身着吐蕃大臣装。噶尔东赞，即噶尔·东赞域松，唐史称其为禄东赞，是松赞干布和芒松芒赞时期

---

① 在拉萨达孜县境内。7世纪中叶，为吐蕃赞普松赞干布王妃蒙萨·赤姜倡建。在耶尔巴的悬崖峭壁之间，据传共有108座山洞，是著名高僧修禅之处。最大的特色是以洞立寺，洞寺合一。

② 帕邦喀又称普隆喀意为巨石宫，座落在拉萨市北郊约八公里的乌都日（宝伞山）南面山坡的一块巨大山石上。帕邦喀巨石高出地面近20米，顶部面积300平方米上下，四周是崖面，北岸筑有石阶供人们登临。帕邦喀最初为松赞干布主持建造，传说松赞干布的重臣吞米桑布扎从印度学习文字和声明诸学回到西藏，也来到帕邦喀，闭门钻研三年，依照梵文、乌尔多文，总合藏语声韵创造出藏文，首先向松赞干布和众大臣们教习。接着，松赞干布宣布吞米桑布扎创造的藏文为吐蕃政权的统一文字。后来赤松德赞和莲花生、桑耶寺法师堪钦菩提萨捶来帕邦喀朝圣，曾在巨石下的洞里修行十天，石洞因此得名"策久拉康"（十日殿）。841年，吐蕃赞普朗达玛毁佛灭法，焚烧了帕邦喀，拆毁了松赞干布时所建的108座佛塔和所有建筑。民间传说当时"策久拉康"的护法神白拉姆感到震怒，传言给拉龙贝吉多吉说："杀恶王的时机已到"，拉龙遵护法神意，乘朗达玛在大昭寺前观看会盟时，用箭射杀了恶王。帕邦喀历史上也曾经过数次修复，其中规模大者史载有两次。11世纪末叶，噶当派僧人博多瓦·仁钦赛和弟子扎嘎来帕邦喀朝圣，看到一片废墟，非常痛心，便命弟子修复帕邦喀。扎嘎遵从师命，先在"策久拉康"洞内修行数月，然后召集僧人，在原巨石宫九层楼的废墟上修建了两层殿堂，在这里修持的僧人达200多人。此后，噶当派僧人陆续恢复了原有的108座佛塔，雕刻了佛像，建立了拉康。五世达赖执掌西藏政教大权后，进一步对帕邦喀进行了维修、扩建，在二层殿堂上又加盖了一层。以后历代达赖喇嘛转世后都必须到此礼佛、受戒，获得格西学位后也都要来这里举行庆贺仪式。帕邦喀也一直得到噶厦政府的资助，并由政府任命堪布。帕邦喀具有悠久的历史和许多神奇的传说，至今被人们视为圣地，虽历经沧桑，但因吞米桑布扎亲书六字真言和估主三尊自显像等圣迹犹在，香火不衰。

的吐蕃大相，为松赞干布派往尼泊尔、唐朝的联姻使者，佐助松赞干布统一吐蕃政权，制定法律，划分行政区域。松赞干布去世以后，辅佐年幼赞普芒松芒赞达十八年之久，667年卒于青海日布。唐史称赞他"性明毅，用兵有节制，吐蕃倚之"。噶尔·东赞域松死后，其长子噶尔·赞聂懂布、次子噶尔·赤震（唐书称论钦陵）先后为大相，兄弟长期专权用事，遂与赞普产生尖锐的矛盾。699年赞普赤都松芒布杰率兵赴多麦讨伐噶尔·赤震，噶尔·赤震兵败自杀，其弟赞婆率部众投唐朝。唐朝授其辅国大将军，封归德郡王。

二、帕巴拉康—圣观音殿

建于公元七世纪吐蕃第32代赞普松赞干布时期，距今已有1300多年的历史。该殿位于红宫最高层北侧，殿内主供一尊檀香木圣观音自在像（帕巴·洛格夏热像），高0.93米，宽0.1米，像上镀黄金，佩带许多珍宝。

洛格夏热像供奉在今帕巴拉康殿北侧中央佛龛中心位置，左边为七世达赖喇嘛时期仿制的檀香木质洛格夏热等身像，右边为八世达赖喇嘛时期仿制的合金质洛格夏热像。殿内还有宗喀巴大师像和五世、七世、八世、十三世达赖喇嘛塑像、红旃檀质随佛八大弟子、银质八善逝佛塔、白合金质救八难度母、铜鎏金大型法轮一座，相传为宗喀巴、莲花生、圣龙树、十二世达赖喇嘛幼年时石块上踩出的足印各一块，古老的合金质六面十二臂阎罗王像、楼层高的铜鎏金质金刚手菩萨像等各种佛像百余尊。殿门外上方悬挂清同治帝御笔"福田妙果"金字牌匾。佛殿顶层覆盖着一座六角型金顶。

据记载，圣观音像，为天然形成的檀香木像，是松赞干布本人供奉的佛像。自赞普松赞干布时期迎请入布达拉宫到帕莫竹巴政权衰亡的近千年间，该像一直供奉于布达拉宫。1608年该像因战乱流落至青海数年。1642—1643年间，青海蒙古女官塔赖衮吉用重金赎回圣观音像，献给五世达赖喇嘛。1645年，举行盛大仪式，将洛格夏热迎回拉萨，仍安放于布达拉宫。随着神奇的传说，圣观音像成为布达拉宫的主供佛，成为广大信徒顶礼朝圣的主要佛尊。帕巴拉康也成为达赖喇嘛九世、十世、十一世"转世灵童"金瓶掣鉴的地方，是布达拉宫内最古老、最神圣的佛殿。

第四节 吐蕃军政中心

据史料记载，公元7世纪，赞普松赞干布统一青藏高原，将政权中心由山南迁往拉萨，始建布达拉宫。探究布达拉宫的军政地位，首先需要追溯到松赞干布统治时期。

一、吐蕃的政治中心

据《敦煌吐蕃历史文书》载："赞普松赞干布时，父系庶民心怀怨恨，母系庶民公开反叛，外戚象雄、牦牛苏毗、聂尼达波、工布、娘布等均公开反叛，父王囊日论(松)赞进毒遇弑而薨逝。"①面对雅隆部落危机四伏的复杂政治形势，"骁勇多英略"②的松赞干布"对进毒者诸人断然尽行斩灭，令其绝嗣"，"其后，叛离之庶民复归辖治之下"③，平定了雅隆部落内部的叛乱，征服了苏毗、羊同、党项、白兰、附国等部。到了7世纪中上期，雅隆部落联盟迅速成为囊括今天西藏全部、青海大部、四川和甘肃之一部的广大地区的大部落联盟，吐蕃政权正式建立，藏族真正成为一个具有共同地域、共同语言、共同经济生活、共同心理素质的民族共同体④。按照费孝通先生"多元一体"的理论构架，吐蕃政权的建立，也是中华民族统一多民族国家形成发展过程中的重要步骤。

统一青藏高原后，相对封闭的雅隆之地已远远不能满足吐蕃政权稳定发展的需求。松赞干布决定将新的政权中心选定在拉萨。因为，从地理位置上来讲，拉萨地处全藏中心，东通康滇之地，南至印度、尼泊尔，西到阿里、拉达克，北达青海、蒙古，交通相对便利，可以打通西藏高原同外部的联系。从自然条件上来讲，拉萨河谷有宽广的河谷冲积平原，地势平坦，气候

---

① 王尧，陈践.敦煌吐蕃历史文书[M].北京：民族出版社，1992:66,139；恰白·次旦平措，等.西藏通史——松石宝串[M].陈庆英，等，译.拉萨：西藏社会科学院，中国西藏杂志社，西藏古籍出版社联合出版，1996:47.
② 刘昫.旧唐书·吐蕃上[M].卷一九六，吐蕃上，北京：中华书局，1975:5221.
③ 王尧，陈践.敦煌本吐蕃历史文书[M].西宁：青海民族学院铅印本，1979:165.
④ 安应民先生的《吐蕃史》认为，藏族真正成为一个民族共同体，应以吐蕃政权的建立为标志。

温和,水源充沛,宜农宜牧,具备了西藏地区发展农牧结合式经济的天然条件,是青藏高原早期文明的重要发源地。从战略上来讲,雄踞拉萨,一方面可以避开雅隆部落因循守旧势力的政治羁绊,筹建强有力的新政权,稳定政治统治。另一方面,吐蕃新政权的军事力量主要来自今拉萨河流域的苏毗降臣势力,迁到四面环山、进可攻、退可守的拉萨可以整合新旧政治、军事力量,以便出击四方,进而成就吐蕃霸业。再者,在松赞干布之前,雅隆部落联盟就已经开始了向雅鲁藏布江北部的广阔地区发展的军事部署。囊日论赞时就已将军队驻扎在拉萨河谷,并在今墨竹工卡的甲玛沟修筑了强巴明久林宫堡。从宗教上来讲,利用当时人们苯佛不分、等量齐观的思想,推行佛苯教合一的辅政新理念。而拉萨的地形似八瓣莲花的吉祥殊胜之地,可以引进佛教,趋利避害。事实证明,经过了一千多年的历史发展,拉萨不论是从地理位置、地形地貌、气候特点,还是从政权治理、交通优势等条件上看,都是最适宜作西藏首府的。

关于新政权王宫的选址,很多文献也都有涉及,如:"昔我祖拉托托宁协(即拉妥妥日年赞)乃普贤之化身,曾住拉萨红山之巅"[1]等。鉴于拉萨红山既有松赞干布之先辈修行的宗教渊源,又满足当时西藏宫堡建筑所具备的依山而建的有利条件,631年[2](藏历铁兔年)松赞干布选址红山,开始修建王宫。633年,松赞干布及随从离开吐蕃的发祥地——山南琼结,将政权中心迁到逻些[3](今拉萨),并用车马将各种佛物运送到逻些供奉。拉萨作为西藏统一政权的政治中心,标志着西藏历史结束了上千年的列国小邦割据局面,是西藏从分裂走向统一的分水岭,是西藏历史上划时代的伟大变革。[4]于是,由政权中心的迁移需要所建成的"红山宫"便顺理成章地成为了吐蕃政权的政治中心。

拉萨确定为吐蕃政权的政治中心后,松赞干布积极推行各项政治举措,

---

[1] 索南坚赞著,刘立千译注.西藏王统记[M].北京:民族出版社,2000:40—41.
[2] 姜怀英,噶素·彭措朗杰,王明星编著.西藏布达拉宫修缮工程报告[M].北京:文物出版社,1994:15.
[3] 蒲文成.吐蕃政权历代赞普生卒年考[J].西藏研究,1983:92—106.
[4] 傅崇兰.历史铸就的中华民族统一体的历史文化名城拉萨[J].城市,2008(4):4.

稳定新政权的统治基础。布达拉宫也随着王权的日益增强规模逐渐扩大。曾先后经历了松赞干布——文成公主——赤松德赞时期的三次修筑，由松赞干布时期的"十一层白宫（གཞིས་ཁང་དཀར་པོ་ཐོག་བཅུ་གཅིག་ཅན་）"①，到后来的"外有三座围墙、内有千座宫室"，这座巨石垒成的宫堡，兀立红山之巅，气势非常雄壮，前文提到《新唐书》《西藏王统记》《贤者喜宴》《柱间史——松赞干布的遗训》等史籍中均有记载。《贤者喜宴》这样描绘：在红山那里"筑起三道围城，然后在围城当中，修起堡垒式的碉房九百九十九间，又在红山顶上修起一处凑足千间之数。这些宫室都装饰以金银、拂尘、珍珠、缨络等物，显得十分壮丽，堪与天宫相媲美"。

布达拉宫在吐蕃时期庄严无比、美轮美奂，但是翻阅史料，我们不难发现即便是带着王宫的光环而修建的布达拉宫，在它建成后并没有充分地受到吐蕃政权统治者的青睐。而出现在诸如《西藏王统记》《雅隆尊者教法史》及《汉藏史集》等史料更多的记载是：布达拉宫的创建者松赞干布晚年，一直居住在莫冈卧赛宫②（位于墨竹工卡境内），也圆寂于此。松赞干布圆寂后，文成公主的后半生是在山南度过的。芒松芒赞"卒于后藏之八狼岗"③；都松芒布杰"生于章浦④，在征战中死于南诏"；赤德祖赞"于阳金龙年生于丹噶宫中……六十三岁逝世于羊卓巴泽堡"⑤；赤松德赞、牟尼赞普、赤德松赞三位赞普均诞生于"扎玛"⑥，分别逝世于"宋卡""雍布王宫""扎吉浦宫"。

《汉藏史集》记载："都松莽布支与琛氏妃赞拉梅朵所生之子为赤德祖赞墨阿葱，他于阳铁龙年（庚辰）生于丹迦宫"。"赤松德赞于先祖松赞干布出生后的一百七十四年的阳铁马年（庚午，当为730年）生于扎玛地

---

①根敦群培著，法尊法师译.白史[M]，西北民族学院研究所，1981：12.
②恰白·次旦平措、诺章·吴坚、平措次仁著，陈庆英、格桑益西、何宗英、许德存译.西藏通史—松石宝串（上）[M].拉萨：西藏古籍出版社，2008:108.
③今日喀则市白朗县。
④今山南扎囊县北面一带。
⑤今山南浪卡子县羊卓雍错湖畔。
⑥今扎囊县桑耶境内。

方。""赤松德赞与蔡邦妃迦嘉措梅朵尊生有四个儿子。长子牟赤赞普幼年时夭逝，未建陵墓。第二子牟尼赞普，阳水虎年（壬寅，应为762年）生于札玛。牟尼赞普之弟为赤德松赞，于阴木龙年（藏历中无阴木龙年，当是笔误，可能是阳木龙年甲辰，764年）生于札玛"①。

纵观吐蕃的社会环境，吐蕃政权中心的转移是由吐蕃的经济形态的改变决定的。吐蕃的前身雅隆部落是一个半农半牧的部落组织。相传在其第一代赞普出现以前就已经有了相对先进的农耕技术和放牧方式，到了第七代赞普布德贡杰时农牧业生产以及冶铁业、手工业都迅速发展起来，人们已经懂得利用牛力垦荒种田、引溪水灌溉、制作犁及牛轭耕耘，并且可以熬皮制胶、烧制木炭、冶炼金银铜铁等，还可以建筑战争碉堡以及架桥。到达日年塞时，已经有了杂交牲畜牛和骡。升、斗、秤等计算单位和贸易活动。②到松赞干布时期，吐蕃的经济生产方式已经转变成为以农业为主、农牧结合的经济生产方式。这种经济方式的转变，对吐蕃经济社会的发展产生了重大影响。随着社会的发展，农耕社会较于游牧社会的优势愈加明显。因此，此时作为吐蕃最主要农业区的藏南河谷地带迅速发展起来。到了赤松德赞时，吐蕃的经济中心逐渐出现了从拉萨到山南转移的倾向，即从拉萨——墨竹工卡——桑耶寺，统治者也热衷退往山南居住。再加上此时吐蕃征战频繁，佛苯争斗激烈，赞普也无暇常住布达拉宫，而是按照游牧民族的生活习惯，大多数时间住在牙帐③。因此，《新唐书·吐蕃传》云："其赞普据跋布川，或逻娑川，有城郭庐舍不肯处，联氇帐以居，号大佛庐，客人数百人……郭人处小佛庐。"④成书于11世纪初的《册府元龟》也记载："其君长或居跋布川，或居逻些，有小城而不居，坐大毡帐""赞普春夏每随水草，秋冬始入城隍，但施庐帐"。《青史》中也有记载，赤松德赞时期得闻布达拉宫因雷击失火，专门派人前往维修一事。这些都证实了：吐蕃中后期，赞普的活

---

①达仓宗巴·班觉桑布著，陈庆英译.汉藏史集[M].西宁：青海人民出版社，2017：92、93、104.
②狄方耀，程志碧，罗华.西藏经济学导论[M].拉萨：西藏人民出版社，2006：34.
③供赞普及其王室使用的帐篷。
④欧阳修，宋祁等.新唐书·吐蕃传[M].卷二百一十六，列传第一百四十一.

动中心应该不在拉萨，而在山南，当时的布达拉宫并未"物尽其用"。赤松德赞时期，在札玛建造了集合汉、藏、印三种建筑风格的桑耶寺，是西藏第一座具有佛、法、僧三宝的寺院，在藏传佛教史和西藏政治、经济、文化史上产生重大影响，布达拉宫逐渐失去了原有的光环。

尽管如此，布达拉宫仍是当时吐蕃王权的象征，特别是它在拉萨的地位和作用尤其突出。据载，赤德祖赞还把西域于阗的流亡佛僧请到拉萨，为安顿这些人，让他们发挥译经、弘扬佛法的作用，建瓜曲等七寺，对他们作好安排。赤德松赞王曾对臣民们说："以前我的历代父祖之时，兴建了许多寺院，如今我要修建一座在南赡部洲数得上的大寺院，要算得上是天空中的太阳、巨星，你们为我寻找修建这样的寺院的地址。"全体臣民心中都不乐意，纷纷说："吐蕃河流、山崖纵横，没有能容下这样巨大寺院的地方。"赤德松赞说："如此，就修建一座小星星那样大的寺院，大小要有声音能传到的距离，这样大小的寺院无论如何也要建成"。因此修建了噶迥多吉央寺（意为小星星金刚界寺）①。藏文史籍《拔协》也记载，牟尼赞普时曾下令："我要建造一座好像拉萨的城堡、桑耶的村镇、呷琼寺那样小星坠落大地般的真正的寺庙"②。可见，当时的布达拉宫已经成为吐蕃时期王宫建设的标本。这些都证明了布达拉宫的王宫地位仍然存在。

二、吐蕃的军事中心

在西藏"小邦时代"，统治阶级为了保护领地的需要，均在自己的封域内选择适中的地点，依山营建可以防守的城堡。所以有"遍布各地之小邦，各据一城堡"③。如最早的宫堡建筑雍布拉康宫堡，后来六王时期的达孜、桂孜、扬孜、赤孜、孜莫琼杰、赤孜崩杜6座城堡等。这类城堡属于高碉建筑，最初大约是用于军事防御以及战争目的。吐蕃建立后，吐蕃历史上被称为"七良臣"第五位赤桑阳顿，将居民从高山迁居平原，建立了村庄和城镇。西藏人民已经基本掌握了按照自己的风格建造建筑群的能力。作为吐蕃

---

① 达仓宗巴·班觉桑布著，陈庆英译.汉藏史集[M].西宁：青海人民出版社，2017:104.
② 拔·塞囊著，佟锦华、黄布凡译注.拔协（增补本译注）[M].成都：四川民族出版社，1990:60.
③ 黄布凡，马德：敦煌藏文吐蕃文献译注[M].兰州：甘肃教育出版社，2000：127.

王宫而建的布达拉宫就是当时建筑的集大成者。在统一青藏高原的年代，布达拉宫作为赞普的王宫，不仅在建造上具有重要的军事防御功能，在实际的政治生活中也发挥了无可比拟的军事战略作用。

（一）军事据点

吐蕃时期的布达拉宫属于典型的藏式高碉建筑，是雍布拉康高碉建筑的继承和发展。在冷兵器时代，这种藏式高碉建筑作为专门的安全防御设施，曾起到过重要作用。直到清朝中后期，随着冷兵器时代的结束，这种建筑才逐渐萎缩，成为历史遗迹①。

松赞干布时期修建红山宫的目的在《西藏王统记》等史籍中有明确记载，那就是防止外敌入侵。因此，此时所修建的布达拉宫就建筑本身来讲，有明显的军事防御性。比如，"红山以三道城墙围绕"，"墙高约三十版土墙重垒之度，高而且阔，每侧长约一由旬余"，"王宫护城各有四道城门，各门筑门楼设岗""王宫与后宫之间连以铁桥，桥下悬绫幔子拂尘，有铃作响，使来犯之敌不能登城。且论其坚固，设有强邻寇境，仅五人则可守护。"再加上此宫殿"居山而造"，既增强了宫堡自身的巍峨气势，更给人居高临下的感觉，有利于防守。

再者，在古代社会生产力极其低下的条件下，谁占据了有力的天然屏障，无疑是拥有了得天独厚的军事优势。布达拉宫坐落的红山与药王山②及磨盘山③首尾连接，形成拉萨城西门的天然军事屏障。而在当时，拉萨实际上是"位于吉曲（拉萨）河谷大平原上的一座没有城墙的开放型城市""逻些实际并无城垣，唯布达拉宫的宫垣崇厚而已"④。由此可见，吐蕃王宫在

---

① 杨嘉铭赵心愚杨环.西藏建筑的历史文化,西宁：青海人民出版社,2003：149.
② 药王山，藏名夹波日，意为"山角之山"，位于拉萨市布达拉宫右侧，海拔3725米。17世纪末，第巴·桑杰嘉措为发展藏医，曾在山上修建门巴扎仓(医药院)，从各寺选拔部分喇嘛来此学习医药知识。因里面供有蓝宝石的药王佛像，故称为药王庙，又叫药王山。
③ 磨盘山，藏语名巴玛热山，由于这座小山形似磨盘，原来清朝驻藏官员称其为磨盘山。乾隆五十七年(1792年)福康安大将军等在此修建了一座关帝庙，就叫做磨盘山关帝庙。
④ 焦自云、汪永平等.关于吐蕃时期城市的几点思考.《华中建筑》2012（6）.

当时还发挥不可替代的军事防御功能。再加上,拉萨附近几十万的驻军[①],有效保障了拉萨城的安全。到吐蕃后期,人们在红山到药王山之间修建了白塔,把白塔底层开凿为西城门,仍然把红山和药王山视为坚固城墙[②]。

事实证明,此"雄伟悦目""华丽高贵"的宫殿竣工后,当时"边疆诸王"由于"慑于赞普的荣威,都产生了一种非去拜谒一下赞普不可的念头。于是,他们也就在西藏王宫新建的机会,尽情表示敬意,作词道贺。并派遣使臣前去馈送礼物,致书通好。松赞干布对来使们一一给有覆书,并对他们说了很多通好的话,还馈送了很丰富的物品,使他们都很满意地回到各自的领地。从此,对松赞干布都悠然产生可欢悦随喜之心"[③]。可见,吐蕃时期布达拉宫的军事防御功能是被公认,吐蕃时期布达拉宫的修建在一定程度上也起到了威慑四邻小邦的作用。

(二)军事外交手段——和亲的礼物

吐蕃政权建立后,松赞干布积极加强与四邻的通好往来。他曾巧妙将自己的和亲想法,当作梦说给臣下,先后派使臣前往尼泊尔和大唐请婚。为迎请唐文成公主,松赞干布以"为公主建一城,以夸示后代"[④],将布达拉宫作为迎请文成公主的聘礼,打通了吐蕃与强盛的大唐的对外联系。

唐中原王朝与吐蕃北部和东部相接,是当时威震亚欧的大国,与唐发展通好关系可以稳固吐蕃政权的北部,牵制象雄和苏毗,以及劲敌吐谷浑。再者纵观历史,我们可以发现,在唐蕃联姻之前,吐蕃周边的地区都曾与中原王朝有过通好关系。比如:《隋书·女国传》载隋开皇六年(586年),苏毗遣使朝贡,始于隋朝发生往来关系。羊同又称象雄,地处今西藏西部的阿里一带,631年(贞观五年),羊同遣使朝贡[⑤]。附国在今西藏东北部,青海东

---

① 恰白·次旦平措,等.陈庆英,等,译.西藏通史—松石宝串[M].拉萨:西藏社会科学院,中国西藏杂志社,西藏古籍出版社联合出版,1996:61—62.
② 傅崇兰.拉萨史[M].北京:中国社会科学出版社,1994:65.
③ 五世达赖喇嘛著,郭和卿译.西藏王臣记[M].北京:民族出版社,1983:21.
④ 刘昫.旧唐书·吐蕃上[M],卷一九六,吐蕃上,北京:中华书局,1975:5222;欧阳修,宋祁等.新唐书·吐蕃上[M],卷二一六,吐蕃上,北京:中华书局,1975:6074.
⑤ 王薄撰.唐会要[M].卷九十九.大羊同条.

南部,地处青藏高原之东。它与中原王朝建立通好关系比较早(大业四年603年),但隋炀帝并未顺应民族友好的要求。白兰东北接吐谷浑,东部接党项,南邻苏毗,西部与多弥相连。561年(北周保定元年)已和中原王朝发生交往,曾遣使献"犀角、铁铠"等。因此,此时松赞干布主动与唐朝通好,似乎也是在借鉴历史上周边地区与唐通好的对外政策。这次联姻对吐蕃的政治、经济、军事、文化、宗教等方面都产生了深远的影响。

据载,文成公主进藏带去了丰厚的嫁妆:金玉大告身、三百六十部经典文书、三百六十种各种食品和饮料调制法、三百六十件盔甲、锐利武器、三百种饰物、玉片金鞍、绣以狮子、百鸟之五彩绸缎大垫、诸种极稀罕之神变器物、十四种寺庙法规、诸种字典和辞典、语法、农书、牲畜方法、算数、三百汉地五行图经、能显示善业及罪业之镜鉴、六十种工匠技艺、四百零四种药物、百种观察法、五种诊断法、六部配药法、四部配药法等,甘丹寺原藏有三十六幅绣像,极为精致,相传系文成公主所带,大昭寺内保存有文成公主带去的多种乐器,文成公主还将谷酒和青稞酒带到吐蕃。文成公主"各种食物具备,以乳提制为酪,以酪提炼为酥油及酪浆,以酪浆炼制酪糕,将陶土制为陶器,建造水磨。以织机织布,工巧技艺所获众多。"文成公主将不少中原先进工艺技术传到吐蕃,从而使吐蕃生产技术在原有的基础上得到进一步的提高。民间传说陶器、水磨和织布机即由文成公主所传,墨竹工卡的塔巴、帕热两村的制陶术,据陶工祖传,均认为传自文成公主,陶器所上的"釉子",当地藏语仍用汉语借音,读作"玉子"。唐朝设典牧署,分设七种官员负责,其中"主酪"即有五十人,"令掌牧杂畜、造酥酪脯腊给纳之事"(见《唐书·职官志》,199页)。看来,藏史所载文成公主带去乳制品的先进提炼技术之说,当有所据,亦对吐蕃历史较久的畜牧业应有所促进。再者,文成公主进藏之后,仍然继续请唐王朝向吐蕃提供先进工艺,如:"因请蚕种及造酒、碾、纸、墨之匠,并许焉。"(《旧唐书·吐蕃传》)

西藏人民深深怀念文成公主的功绩,他们编成歌颂文成公主的民歌世传诵，在西藏歌谣中收集了九首有关文成公主的民歌，例如《文成公主不辞辛苦》民歌："有一处美丽的地方地名曰贝桂雄，那里有文成公主带来的粮食种子共播下了三千八百种。"另一首是："阿姐文成公主，带来五千种工艺，为吐蕃的工巧技艺打开了繁荣之门"。藏剧《文成公主》更是脍炙人口，家喻户晓。

元代八思巴曾用文成公主进藏，说服蒙古忽必烈应使蒙藏亲密无间，八思巴说："往昔，作为吐蕃之王，曾与唐军作战，吐蕃王胜，遂统治世间三分之二。俟后汉藏双方联姻，乃迎请文成公主及释迦佛像。"八思巴陈述之后，忽必烈言道："此事确否，当阅史册！"遂依言阅史，果有如八思巴所述之事，因此忽必烈心中甚喜[1]。

文成公主进藏的情景至今仍然绘制在布达拉宫、扎什伦布寺、日喀则德钦颇章宫及萨迦寺大殿等地。文成公主塑像至今还保存在布达拉宫的法王洞、大昭寺、山南昌珠寺以及玉树结古寺等处。

自文成公主嫁入吐蕃后，吐蕃后继的几代赞普曾多次向唐朝请婚，赞普都松芒波杰隆囊曾于679年前后向太平公主请婚。705年，吐蕃摄政女后卓萨·赤玛罗又派使者为其孙赤德祖赞请婚，据《资治通鉴》卷208记载，707年，景龙元年中宗皇帝允准将金城公主嫁入吐蕃，710年，景龙四年唐蕃第二次联姻成功，金城公主遂嫁入吐蕃。

史料记载，松赞干布及文成公主晚年主要居住在山南[2]文成公主也经常居住在拉萨帕邦喀。因此，此宫殿修建的战略意义远远大于其用于居住的用途，可以说，它是松赞干布统一青藏高原和巩固新政权的一项军事战略决策，它与吐蕃政权的稳定发展是紧密联系在一起的。这也是松赞干布的远交近攻军事韬略的体现。

---

[1] 巴卧·祖拉陈瓦著，黄颢、周润年译注.贤者喜宴·吐蕃史[M].西宁：青海人民出版社，2017：176—180.
[2] 文成公主所居之朋塘寺。据《圣地指南》载："所谓杰曲寺，系法王所建之边压寺，内有毗卢遮那佛像等。"，该书记载此寺是在山南范围之内。参见巴卧·祖拉陈瓦著，黄颢 周润年译注.贤者喜宴·吐蕃史[M].青海人民出版社，2017：193.

（三）吐蕃军事议盟①据点

王尧先生的《吐蕃兵制考——军事部落联盟剖析》推断吐蕃政权的性质属于奴隶制的军事部落联盟，军事联盟以氏族集团为基础，本着共同的利益结成军事联盟。吐蕃军队实行军事、行政和生产三位一体的制度，以军队编制的形式把百姓组织在一起，并不都脱离生产，平时这些人按氏族或地域编组就是生产者，是劳动力，是部落里的基本群众，一旦战事发生，他们就按固有的番号组成东岱和茹成为战斗人员。

早期，吐蕃军政实行茹和东岱两级统率编制结构。"茹"意为"翼"，全吐蕃军队起先分为4个翼，即首翼（伍茹)、腰翼（腰茹)、右翼（叶茹）和左翼（云茹，又称支茹，即小翼)。这4个茹的军队官兵平时分散劳作，在作战时集中，在各自生发地区驻屯。前两茹在卫地区（前藏），后两茹在藏地区（后藏）。6世纪末7世纪初期，吐蕃吞并孙波（苏毗）部落后，把孙波地方编成一个茹，称为孙波茹，于是就有了吐蕃五茹。茹内设茹本，茹本为一个方面军的最高指挥官，由当地最大的氏族贵族担任，下设副职及文书。每茹分布地区均有明确规定，不得侵越。每茹按定制分10个东岱②，共40东岱，再加羊同上部，即吐蕃、突厥毗连之境5个东岱，羊同下部即吐蕃、孙波（苏毗）毗连之境5个东岱，合记50个东岱。孙波被征服以后，在孙波原地辟10个东岱，外加一个包括汉户在内的通颊东岱，总数为61个东岱。这就是人们习惯上所称的"吐蕃五茹六十一东岱"的军事编组。东岱成员分为两个部分：战斗人员桂部和后勤人员庸部。东岱以下又分将。东岱的指挥官称为"东

---

①议盟制度可以反映出吐蕃的政体特点。军事部落联盟制度是原始社会末期实行的一种制度。按照马克思亚细亚社会形态学说，东方社会在建立国家制度以后，原有的部落组织形态组织形态并不被打破，而是以一种被改造了的形态保留在国家制度下。吐蕃社会就是鲜明的例子：赞普与大家族以至小邦仍然维持一种联盟关系，这种关系是靠不断盟誓活动来体现的。所以《新唐书·吐蕃传》曰"赞普与其臣一岁一小盟，……三岁一大盟。"我们在吐蕃碑铭石刻和敦煌《传记》中能见到许多这类盟誓的记录。这里的集会议盟是吐蕃盟誓制度的一种演化形式——它成了由掌政的大臣召集的一种议事会议。我们看到，《纪年》从673年开始几乎每年有大论或论一至三人召集这种议盟集会的纪录。由此可以看出，吐蕃政体与高度集权的君主专制政体是有区别的，它是一种王权之下的贵族专政政体。在这种政体下王室与贵族势力的争权和贵族间的倾轧便成了吐蕃政权实体摆脱不了的影子。（参见王尧、陈践译注.敦煌本吐蕃历史文书（增订本藏文版）[M].北京：民族出版社，1992:178.）

②意为千户或"千人之队"。

本",即"千夫之长",由氏族显贵世袭。矗立在今布达拉宫前的恩兰·达札路恭纪功碑上,就有赞普用敕书的形式来保证这种职务世袭罔替的记载:

  论达札路恭之父,"大公"之子孙蕃衍,均授尚论长史权衡,统三百军丁之职务。而禁卫军彭域东本之职,永不授予他人。论达札路恭之远祖悉腊之子孙,凡具能力者,公正临民者,授以禁卫军彭域东本,永为世职。

第三章 9—17世纪的布达拉宫

唐朝末年，在中原王朝"会昌法难"①发生的前后，吐蕃地方也发生了针对佛教的"灭法"（也叫灭佛）运动，但仅仅持续了三年左右。842年，吐蕃最后一代赞普朗达玛因掀起灭佛运动遇刺身亡。郎达玛死后，"母后派系的臣民相互对峙，云旦占据卫茹，威宋占据约茹，卫约之间争斗不断，其影响几乎波及全西藏，在各个地方也随着出现了大政、小政、众派、少派、金派、玉派、食肉派和食糌粑派等派系，互相进行争斗。"两派互相讨伐，历时二十余年。到869年，西藏继而爆发了河西地区的"张义潮起义"，吐蕃"瑥末起义""邦金洛起义"等史无前例的奴隶大起义，"喻如一鸟飞腾，百鸟为从，四方骚然，天下大乱"②，再加上吐蕃政权内讧，吐蕃政权彻底瓦解。

类似于历史上的政权中心，当某一政权瓦解时，政权的标志性建筑都似乎成了人们发泄仇恨的对象。布达拉宫跟吐蕃政权一荣俱荣、一毁俱毁，起义者不但杀死了危松之子贝科赞，拆毁了山南地区的赞普墓群，同时也毁坏了布达拉宫③。对此，很多史料都有记载，如，《汉藏史集》称："吐蕃政权时期，布达拉宫曾遭受两次灾难。一次是公元8世纪中叶遭雷电毁损；另一次是第四十代赞普朗达玛被弑后，其子危松和云登内战时期，工布、康区等

---

① 845年，即唐武宗灭佛，唐武宗年号"会昌"，故佛教徒称之为"会昌法难"。
② 参见刘立千译《续藏史鉴》。
③ 嘉措顿珠. 布达拉宫志[A]. 王学阳.《西藏研究》创刊至2010年宗教类论文选编[C]. 拉萨：西藏古籍出版社，2011(3):124.

地先后发生了奴隶大起义,起义者杀了危松之子贝科赞,在拉萨拆毁了布达拉宫大部分建筑"。再加上赤德祖赞时期对喀查王宫的破坏,吐蕃时期的恢弘王宫几乎毁坏殆尽。《卫藏通志》也记载:"因赞普莽松作乱,官兵拆毁布达拉宫,仅剩观音佛堂一所。"①致使布达拉宫在继赤松德赞时遭到雷击火焚②后,又遭兵燹,雄宫坍塌,殿宇破败,荒草萋萋,乌鸦乱落,一片凄凉景象。③有"千座宫室"的建筑,几乎变成了废墟。

  然而,某些史料却避讳布达拉宫被毁的真实原因,顾左右而言,称:"继后,王孙芒松芒赞继承王位。此时唐廷已知化身大王升遐,乃发兵入藏,直抵神变大寺,秽积金刚神,变化神兵,出而应战,唐兵逃遁。伦布噶为报此恨,又率领藏军十万,大袭唐军,噶尔卒于军中。此后又盛传唐军入藏,急将觉阿释迦像迎至神变寺,藏于南镜门内,以泥封门,别绘一文殊像以掩之。未几,唐军果至,纵火烧布达拉宫,未能将觉阿佛像迎走,乃将不动佛像运至半日程地"④。很明显,该记载是将历史上的马祥毁佛时挪运释迦牟尼佛像一事,张冠李戴成唐军的行为。事实上,对照汉藏史籍可知,唐蕃之间的战争均发生在吐蕃边境,从未有深入西藏腹地的战争。芒松芒赞前后20年的时间内,唐蕃之间几乎没有发生过大的冲突,只有咸亨元年(670)大非川之役,而此战也只是因为吐蕃和吐谷浑不和,唐廷未为与夺,吐蕃怨怒,才引起兵祸,而战争只是在青海境内,唐兵没有入藏的记录。且《敦煌吐蕃文献》也没有此类的记载。并且,吐蕃时期,人们还没有使用"布达拉宫"一词命名吐蕃王宫(见前文叙述),这显然是后人的杜撰。因此,松赞干布死后唐军进入吐蕃逻娑的杜撰,这是完全违背历史事实的凭空臆造。对此,《贤者喜宴》考证:《西藏王臣记》在此所记唐军抵吐蕃一事,在敦煌等地出土的古藏文文献和汉文史册中均无此事,应属杜撰,故尼婆罗公主在

---

① 王云五编.卫藏通志[M].北京:商务印书馆,1936.
② 公元762年。
③ 由于朗达玛的灭佛及其二子后在拉萨一带的长期征战,造成社会动荡、民不聊生,后世称朗达玛、云旦、威宋父子三人为"折福之王"。
④ 五世达赖喇嘛著,刘立千译注.西藏王臣记[M].北京:民族出版社,2000:33.

红山所筑宫室被烧一事，与唐军无涉。该宫室何以被焚？据《卫藏通志》载："后因赞普莽松作乱，官兵拆毁布达拉，仅存观世音佛堂一所。"（见该书卷6,131—132页，"万有文库"本）这就是说泥婆罗妃所建红山宫室是毁于吐蕃军之手①。

　　吐蕃政权瓦解后，西藏地方经历了近四百年的分裂局面，"种族分散，大者数千家，小者百十家，无复统一。"②公元十三世纪，元世祖忽必烈"郡县吐蕃之地"，封萨迦法王八思巴为帝师，号大宝法王，西藏的政治中心设在后藏萨迦地方。此间《红史》的作者蔡巴·贡嘎多吉担任蔡巴万户长期间，曾保护和修缮过布达拉宫③。到明代，帕木竹巴地方政权又将首府迁至前藏乃东（山南）。由于西藏地方政治、宗教中心的迁移，又有财力分散，政权、教派内部互相牵制的原因，布达拉宫在有明一代始终未能得到修复。

　　这一时期布达拉宫的史料相对较少。《青史》称："格波旺嘉和穹波扎色二师于'布达山'和红山寺中作《量破他广论》，诸雇佣也属于二师彼此的法资（译著薪资）中所有的一份开支"④。《贤者喜宴·噶玛岗仓史》记述却扎嘉措在拉萨等地做盛大供奉中提到："于藏历猪年（1503年）七月上旬抵达拉萨，将第五世噶玛巴德新协巴的本尊神——白旃檀八岁时的白度母像和大译师玛尔巴像——名为恰库玛斯塘达协玛等殊胜的身语意为主的塑像敬献出来；同时还为拉萨的大小昭二寺、蔡贡塘、绛秋林为主的寺院敬献大量礼品；为叶尔巴为主的大圣地供奉有无数礼品，并答应在释迦牟尼佛像前的僧人藏术巴一个请求，但部落头人极力请求想在布达拉宫山的一侧建一寺院的愿望，法王未有答应。法王为拉萨东面的图钦却廓寺奠基建寺。"⑤该书在记述却吉扎巴益西贝桑波保护各教派的利益中也提到布达拉宫，称："后其驾临吉（雪）上下部，并在拉萨进行供奉，而且为布达拉宫的新佛堂开

---

①巴卧·祖拉陈瓦著，黄颢、周润年译注.贤者喜宴·吐蕃史[M].青海人民出版社，2017:170.
②参见《宋史·吐蕃传》。
③中国藏学网 http://www.tibetology.ac.cn/《红史整理本》第3页"作者介绍"中提到。
④廓诺·迅鲁伯著，郭和卿译.青史[M].拉萨：西藏人民出版社，2003:45.
⑤巴卧·祖拉陈瓦著，周润年译注.贤者喜宴·噶玛岗仓史[M].西宁：青海人民出版社，2017：340.

光。桑普守、页塘寺噶觉绥三寺、哲蚌寺、色拉寺等处的讲经院的诸位讲经者和郭雅等处禅院的所有上师前来觐见其，并各自祈请佛法以如其所愿。门（隅）和工布地方的所有礼品送至。止页寺住持尊者吉丹衮布为了亲见其，特邀卦师尊者衮噶仁钦前往拜见，（二人）抵达拉萨后，于大廊厅中（得以）觐见，其赐予灌顶、秘法及无数语诀，满足了（彼等）之心愿，大王（顿月多杰）为止丹寺的两位活佛奉上无数供云。"① 后又记述却吉扎巴益西贝桑波与王顿月多杰建立福田与施主的关系中提到了布达拉宫，称："又在之后的藏历木牛年（1505年）新年，因为各个溪卡（送来）礼品，其遂赐予无数佛法与灌顶。其驾临乃乌，为哲蚌寺的贤者大德赐予了佛法与灌顶。二月十一日，大王（顿月多杰）等所有福田与施主抵达了布达拉，并为郭雅丹萨巴仁钦与札巴纽等诸位法王讲论了许多佛法"②。根敦群培先生在《白史》中也提到，"穷波"（རྒྱང་པོ）智者名曰"札色"③（གནས་སེ）曾住"布达拉"宫中，讲说因明，"此布达拉宫，后时似为寺院之形相"④。此后，楚布噶玛巴和格鲁派祖师宗喀巴及其弟子⑤都曾在布达拉进行讲经活动。也就是说，当时布达拉宫只是一处宗教活动场所，供宗教人士讲经和朝拜所用。

由此可见，吐蕃政权瓦解后，西藏社会长期动荡不安，布达拉宫屡遭破坏，规模逐渐缩小，之后也很少有典籍提及到它。《阿底峡尊者传》中，在公元11世纪阿底侠大师进拉萨时，将拉萨描绘得惟妙惟肖，并且书中提到，阿底峡尊者⑥到红山时就远远望见大昭寺的金碧辉煌⑦，而对于身边路过的布达拉却只字不提，这说明当时的布达拉宫已经是一片荒凉景象，沦为寺院性

---

① 巴卧·祖拉陈瓦著，周润年译注.贤者喜宴·噶玛岗仓史[M].西宁：青海人民出版社，2017：405.
② 巴卧·祖拉陈瓦著，周润年译注.贤者喜宴·噶玛岗仓史[M].西宁：青海人民出版社，2017：411.
③ 公元十二世纪时，噶当派格西琼布扎色曾在布达拉山讲经。
④ 根敦群培著，法尊法师译.白史[M]，西北民族学院研究所，1981：12.
⑤ 卢秀璋主编，冯金牛、次旺仁钦、廖大伟副主编.清末民初藏事资料选编（1877—1919）[M].北京：中国藏学出版社，2005：796.记载："第二辈根登嘉穆错……二十岁……在布达拉、色拉、札什伦布各大寺登讲经之座。"
⑥ 阿底峡为印度名僧，对佛教在西藏的复兴起过重要作用，此后成为噶当派的祖师，被尊称为"觉沃杰"（尊者之意）。
⑦ 格西著，法尊法师译注.阿底峡尊者传[M].兰州：西北民族学院研究所,1981.

质的布达拉宫,地位远不及大昭寺。至17世纪五世达赖喇嘛重建布达拉宫白宫的前二十年,布达拉宫仅存部分房屋和围墙。在吐蕃时期布达拉宫庞大的建筑群中,被保留至今的吐蕃建筑目前只有曲杰竹普(法王洞)和帕巴拉康(圣观音殿)两座佛殿。

第四章 17世纪以后的布达拉宫

公元17世纪40年代之后,布达拉宫的演变过程是比较清晰的,很多历史文献资料对这一时期的布达拉宫都有详尽的记载。17世纪40年代,格鲁派第五辈达赖喇嘛阿旺·洛桑嘉措在吐蕃王宫的旧址上重建了布达拉宫,有了我们今天看到的布达拉宫白宫的大部分建筑。五世达赖喇嘛圆寂后,第司·桑杰嘉措为安放五世达赖喇嘛灵塔,主持修建红宫,从此布达拉宫有了白宫和红宫两大主体建筑。后经历辈达赖喇嘛的增建,至1934年,十三世达赖喇嘛灵塔殿竣工,布达拉宫达到今天的规模。目前,布达拉宫占地面积为40万平方米,建筑面积13万平方米,主楼红宫为十三层,高115.703米,是由红宫、白宫和其山下附属建筑组成的规模庞大的建筑群。

第一节 布达拉宫的重建

1642年,五世达赖喇嘛·洛桑嘉措在青海蒙古酋长固始汗的军事支持下建立西藏甘丹颇章地方政权。为巩固新政权,五世达赖喇嘛决定在原吐蕃王宫的旧址上重建布达拉宫,拉开了近代以来布达拉宫重建的序幕。

一、重建白宫

对于白宫的重建,各种版本的五世达赖喇嘛传记都有详细的记载。1645年3月25日,五世达赖喇嘛阿旺·洛桑嘉措召集蒙古酋长固始汗和第司·索朗绕登等人于拉萨红山,共商重建布达拉宫白宫的大计,准备在原吐蕃王宫的基础上修建新政权的权利中心,决定保留松赞干布时期所建的法王洞和帕巴拉康两座殿堂，其他吐蕃建筑均推倒重建。3月26日，第司·索朗绕登正式主持修建布达拉宫相关事宜。1647年7月，白宫主体工程基本完工。1648年4月，外围工程竣工。5月初，东大殿、大藏经殿、密乘乐园大殿的壁画开始绘制①。

  此次重建，除了兴建白宫，还在周围建有四个城堡，即天王堡（藏文音译"拉旺窖"）、凯旋堡（藏文音译"玉阶窖"）、福足堡（藏文音译"杰布窖"）和地母堡（藏文音译"丹玛窖"）。在宫前山下修筑了方形城墙，城墙正南筑有南大门，东、西两侧分别筑有两个大门，并在东南角、西南角修建了角楼。

  1652年，五世达赖喇嘛赴北京朝觐清朝顺治皇帝。顺治皇帝授予五世达赖喇嘛金册，并赐金质"西天大善自在佛所领天下释教普通瓦赤喇怛喇达赖喇嘛"②之印，此次册封确认了达赖喇嘛的名号，确立了五世达赖喇嘛在西藏的政教地位。五世达赖喇嘛朝觐顺治皇帝的壁画绘制在布达拉宫红宫西大殿的墙壁上，是研究西藏地方与中央关系的重要史料。1653年，五世达赖喇嘛返回拉萨时，布达拉宫白宫重建工程全部竣工。甘丹颇章地方政权机构便从哲蚌寺甘丹颇章宫迁至新落成的布达拉宫。布达拉宫遂成为甘丹颇章地方

---

①西藏自治区文物管理委员会编料．布达拉宫简介[M]．拉萨：西藏人民出版社，1992：15．
②1409年，宗喀巴倡导宗教改革，创立格鲁派，逐步发展成为藏传佛教影响最大的教派。1542年，拉萨哲蚌寺法台、格鲁派重要领袖根敦嘉措圆寂，寺院认定今西藏拉萨市堆龙德庆县的一名幼童为其转世灵童，经报请西藏地方政权同意后，于1547年被迎往哲蚌寺坐床，取法名索南嘉措，时称哲蚌寺活佛。1578年，应蒙古土默特部首领俺答汗（明朝封"顺义王"）之请，索南嘉措前往青海相会。俺答汗称索南嘉措为"圣识一切瓦齐尔达喇达赖喇嘛"（指在显宗和密宗两方面都获得最高成就、学识渊博犹如大海一样的上师），从此开始有达赖喇嘛称号。索南嘉措被认作是第三世达赖喇嘛，开始追认根敦珠巴为第一世达赖喇嘛、根敦嘉措为第二世达赖喇嘛。在明朝顺义王俺答汗的建议下，三世达赖喇嘛向明朝宰相张居正致函要求敕封。1587年，明朝万历皇帝派使节正式敕封索南嘉措为"朵儿只唱"（意为"金刚持"），赐印，准许进贡，这是达赖喇嘛世系首次受到中央政府的封赏。1652年（清顺治九年），第五世达赖喇嘛阿旺·洛桑嘉措率众自西藏起程，前往北京朝觐。1653年1月抵京，顺治皇帝会见，待以殊礼，在拉萨布达拉宫内保存完整的顺治皇帝接见五世达赖喇嘛壁画，生动记载了这一重大历史事件。1653年5月，五世达赖喇嘛请辞获准离京，行至代噶（今内蒙古岱海）时，顺治帝派出礼部尚书罗郎丘、理藩院侍郎席达礼等官员，携带汉、藏、满、蒙四种文字的金册、金印前往，册封五世达赖喇嘛为"西天大善自在佛所领天下释教普通瓦赤喇怛喇达赖喇嘛"，正式确立了达赖喇嘛的宗教地位和名号。此后，达赖喇嘛须经中央政府册封，启用印信，成为历史定制。

政权的权力中心和达赖喇嘛的冬宫①。

五世达赖喇嘛时期修建的白宫建筑，被一个名叫约翰·格鲁伯的德国传教士以素描形式描绘下来。1661年4月13日，德国的约翰·格鲁伯与比利时的阿尔伯特·德·奥维尔带着大清帝国护照和测量仪器，从北京出发，10月8日经过西宁，三个月后抵达拉萨。在拉萨停留期间，格鲁伯绘制了布达拉宫白宫尚未完工时的外景图素描②，是保存至今的清朝早期布达拉宫的珍贵图片资料。

二、扩建红宫

1682年③，五世达赖喇嘛阿旺·洛桑嘉措在布达拉宫圆寂。1690年④，第司·桑杰嘉措主持修建五世达赖喇嘛灵塔及灵塔殿，并据此大规模扩建红宫。据载，对于五世达赖喇嘛灵塔殿的设计，第司·桑杰嘉措原设想按照时轮法规来修建，即：三层金顶，在天窗上建筑幢形佛堂，佛殿中央供奉释迦牟尼十二岁等身像，五部佛环绕金刚持。但鉴于法王洞为法王松赞干布的修行住所，五世达赖喇嘛也曾在圣观音殿内修行，且根据佛事占卜结果，此处应安放原有建筑为好。因此，在实际施工中，包括法王洞、帕巴拉康两座殿堂在内的北部殿宇原封未动，东、西庭院部分则大规模扩建⑤。

历史上，五世达赖喇嘛圆寂后，第司·桑杰嘉措匿丧长达十四年之久。直到1693年，红宫扩建工程举行隆重的落成典礼。因此，为纪念红宫落成的纪念碑也由于匿丧原因以无字碑的形式出现，该无字碑至今屹立在布达拉宫。1694年，为供养五世达赖喇嘛阿旺·洛桑嘉措灵塔，第司·桑杰嘉措在布达拉宫内举行了隆重的小昭法会。

红宫可以考查的历史见于第司·桑杰嘉措所著的《南赡部洲唯一庄严目

---

①达赖喇嘛冬季居住在布达拉宫，夏季居住在罗布林卡，所以布达拉宫被称为达赖喇嘛的冬宫，罗布林卡为达赖喇嘛的夏宫。
②[美]约翰·麦格雷格著，向红笳译.西藏探险[M].拉萨：西藏人民出版社，1989.
③藏历十一绕迥水狗年二月二十二日。
④藏历十二绕迥铁马年。
⑤布达拉宫维修过程中，发现东庭院地垄内和西庭院（藏文音译"德央努"）底层存有涂刷过白灰的旧墙，证实白宫南壁以东至东庭院南部是修建红宫时扩建的。

录》详细描述了布达拉宫红宫扩建工程。该书共十三章，即（一）论圣地。（二）专为之念至高无上。（三）世至高无上。（四）工匠及工艺。（五）设计至高无上。（六）立所依超凡性。（七）物至高无上。（八）总持至高无上。（九）论善住。（十）祭祀至高无上。（十一）功德至高无上。（十二）功勋至高无上。（十三）功效至高无上。

据载，红宫扩建工程耗银达二百一十三万多两。扩建红宫时，清朝康熙皇帝专门派遣了114名汉族、满族和蒙古族工匠进藏，协助扩建该工程。另外，尼泊尔也派出一些工匠参加了此次修建。每日工地的工匠达七千余人。

在红宫扩建工程中，木料的陆路运输主要使用木轮马车，横渡拉萨河时则用传统的牛皮船。砌石时一般采用大石块间小石块的砌筑方式，并注重明显收分。红宫的东、南墙相接为尖角，西、南墙相接为圆角，两侧远看对称而近看不一。在木结构的装饰形式和风格上，突破了过去柱头上仅能叠置十三层的做法，在重要的部位上叠层多达十七层。金顶斗栱结构采取象鼻三排、斗三排、象鼻五排、象鼻七排、猪鼻八排等，这些数据均与时轮法规相吻合。

据第司·桑杰嘉措《南瞻部洲唯一壮严目录》记载，当时布达拉宫的主要殿堂有：灵塔殿、世袭殿、菩提道次第殿、持明殿、西有寂圆满大殿、供养室、法王殿、圣观音殿、药师殿、上师殿、响铜殿、坛城殿。十三个寝宫，分别为噶当吉宫、大乐光明宫、普贤追随宫、三界圣伏宫、聚妙欲宫、希奇汇集宫、广财丰盛宫、福足如意室、聚具乐宫、吉祥庄严宫、福足庄严宫、殊胜三界宫、无量宫，前后马道，东、西庭院、圆满汇集道、北行解脱道、快乐日轮楼、大自在天楼、希奇聚乐楼、神奇庄严室、如意室、上供品、密乘乐园殿、丰盛室、观望室。另外，还新修了百余间房屋[①]。

三、五世达赖喇嘛之后布达拉宫的增建及维修

五世达赖喇嘛时期白宫和红宫的修建，奠定了延续至今的这座布达拉宫的基本轮廓。其后，历代达赖喇嘛的扩建又增加了五个金顶和一些附属建

[①] 姜怀英，噶素·彭措朗杰，王明星编著.西藏布达拉宫修缮工程报告[M].北京：文物出版社，1994：18.

筑，同时也拆除了原来的部分建筑，改变了原有建筑（如几个灵塔殿所处的殿室、红宫西侧部分僧舍等）的部分结构和形式。据傅崇兰著《拉萨史》载，到了乾隆年间，布达拉宫高13层，115.4米，东西宽360米，南北长110米，占地面积41公顷，与目前布达拉宫的规模相差无几。

（一）七世达赖喇嘛时期（1708—1757年）

七世达赖喇嘛时期，在布达拉宫内设立秘书处（由原来的三界胜伏宫改建）和僧官学校。在原吉祥庄严宫新造三座大坛城，改名为坛城殿（即现在的轮朗康）。

1757年，七世达赖喇嘛格桑嘉措圆寂。摄政第穆诺门汗·德来嘉措主持修建了七世达赖喇嘛格桑嘉措的"吉祥光芒"灵塔及灵塔殿。在红宫上师殿北侧和圣观音殿西侧，推平个别宫室，从西北角的墙基伸出，修建了由十六根高柱支撑的部分悬空的灵塔殿。在这座灵塔殿的底部，南侧为五世达赖喇嘛灵塔殿，北侧正好是法王洞转经道的西侧部份。为了修好七世达赖喇嘛灵塔殿，又保住底部殿堂无损，新的灵塔殿采取了从底部顶支撑柱子，从而稳固边墙的办法。具体的作法是：在五世达赖喇嘛灵塔殿北部支撑两根立柱，在法王洞内插通一根立柱。在法王洞插通立柱时，为保存原构件，仅将插通处的椽子木锯开，让立柱穿过，其余部份原封未动。在法王洞内，由于新添的立柱位于中间，挡住了位于洞内正面中部的法王松赞干布的塑像，只好挪动西侧的其他塑像，松赞干布塑像自此偏于西侧，原来放置主尊塑像的地方则新加上了一尊五世达赖喇嘛的铜质镀金坐像。为修筑七世达赖喇嘛灵塔殿，稳固灵塔的荷载，灵塔底部下面的法王洞转经道全部用石块填死。

第七世达赖喇嘛的灵塔塔门朝东，为菩提塔，木质结构，外裹金皮，耗黄金498公斤，塔身上镶嵌珠宝，有金刚钻、红宝石、绿宝石、翡翠、玛瑙、珍珠和天珠等近万颗。塔内安葬七世达赖喇嘛格桑嘉措的法体，并有各种经文和多种珍贵文物。灵塔的佛龛内供奉观世音像[①]。

（二）八世达赖喇嘛时期（1758—1804年）

[①] 姜怀英，噶素·彭措朗杰，王明星编著. 西藏布达拉宫修缮工程报告 [M]. 北京：文物出版社，1994:77—78.

八世达赖喇嘛时期，将布达拉宫东部八世达赖喇嘛降白嘉措常住的噶丹平措吉宫改为丹珠尔佛堂。1800年（藏历铁猴新年），该殿内塑造了高达3.66米的铜质镀金弥勒佛像，故改名为弥勒佛殿。

1804年（藏历木鸡年），八世达赖喇嘛降白嘉措圆寂。摄政大札丹贝贡布于1805年主持修建八世达赖喇嘛的"妙善光辉"灵塔及灵塔殿。按照排序，这座灵塔殿应建于七世达赖喇嘛灵塔之东，但此处恰好是布达拉宫的早期建筑——圣观音殿，只好移至圣观音殿东侧，在推平部分宫室后修建。

八世达赖喇嘛灵塔塔门朝南，为菩提塔，木质结构，外裹金皮，耗黄金174公斤。塔身上镶有金刚钻、红宝石、翡翠、玛瑙、珍珠和天珠等千余颗，塔内安葬八世达赖喇嘛的真身法体及经书和多种珍贵文物，塔瓶的佛龛内供奉六臂护法神。该塔通高9.4米持地宽4.55米。

（三）九世达赖喇嘛时期（1805—1815年）

1815年（藏历十四绕迥木猪年），九世达赖喇嘛隆多嘉措圆寂。按照经师赤庆·阿旺年扎和甘丹夏孜·强穷群配的旨意，由夏扎·顿珠多吉、第珠玉卡瓦·强白德来等主持修建九世达赖喇嘛隆多嘉措的"三界喜悦"灵塔及灵塔殿。这座灵塔殿位于八世达赖喇嘛灵塔殿东侧。

九世达赖喇嘛灵塔塔门朝南，为菩提塔，木质结构，外裹金皮，耗黄金112公斤。塔内安葬九世达赖喇嘛隆多嘉措的真身法体。塔身镶有各种珠宝。塔内藏经书及各种文物珍宝。塔瓶佛龛内供奉六臂护法神。塔高7米，持地宽4.15米。

（四）十世达赖喇嘛时期（1816—1837年）

1826年（藏历火狗年），布达拉宫红宫中央七层大窗内个别地方出现变形等情况。当年，由摄政策门林主持，维修了白宫西日光殿的喜足绝顶宫（藏文音译"噶丹扬孜"）、神足欲聚宫（藏文音译"平措堆吉"），并对红宫秘书处内的下沉部位作了支顶木柱的处理，同时还新修白宫的旺堆吉宫。

1837年（藏历火鸡年），十世达赖喇嘛楚臣嘉措圆寂。由经师阿旺群配和噶伦·顿巴主持修建了十世达赖喇嘛的"欲界庄严"灵塔。此塔先安放于红宫的上师殿内,其后由于重量超载,下面枋、椽出现断裂现象,故于十三世达赖喇嘛八岁那年,由摄政公德林主持迁移至五世达赖喇嘛灵塔殿内。

十世达赖喇嘛灵塔塔门朝东,为菩提塔,木质结构,外裹金皮,耗黄金110公斤。塔身上镶有金刚钻、红宝石、绿宝石和珍珠等几千颗。塔内安葬九世达赖喇嘛隆多嘉措的真身法体,还藏有经书以及各种文物。灵塔的佛龛内供奉千手千眼观音像,塔为尊胜塔,通高7米。

(五)十一世达赖喇嘛时期(1838—1855年)

1855年(藏历十四绕迥木兔年),十一世达赖喇嘛克珠嘉措圆寂。由摄政热振呼图克图·阿旺益西楚臣主持,噶伦·夏扎·旺秋杰布负责修建了"利乐光芒"灵塔,并放置在世袭殿内。

十一世达赖喇嘛灵塔,位于今红宫世袭殿内(冲绕拉康),为菩提塔,塔门朝南,为木质结构,外裹金皮。塔身上镶有金刚钻、右旋海螺以及各种珍宝上千颗。塔内安葬十一世达赖喇嘛克珠嘉措的真身法体,还藏有经书以及各种文物。灵塔佛龛内供奉松赞干布像。塔体通高6.9米,持地宽3.55米。

(六)十二世达赖喇嘛时期(1856—1875年)

1875年(藏历木猪年),十二世达赖喇嘛赤烈嘉措圆寂。由摄政达扎·晋仲·阿旺贝丹、噶伦·夺卡瓦大喇嘛洛桑萨丹主持修建了十二世达赖喇嘛赤烈嘉措"寿施光芒"灵塔,并安放在五世达赖喇嘛灵塔殿内。

十二世达赖喇嘛灵塔,为尊胜塔,塔门朝东,为木质结构,外裹金、银、铜皮。塔内安葬十二世达赖喇嘛赤烈嘉措的法体。塔身镶嵌各种珠宝,还藏有经书及各种文物。灵塔塔瓶的佛龛供奉观世音像,塔座佛龛内供奉天王像。塔体通高7.25米,持地宽3.76米。

(七)十三世达赖喇嘛时期(1876—1933年)

1882年(藏历十四绕迥水马年五月一日),红宫殊胜三界殿一带开始维修。康熙皇帝长生禄位和乾隆皇帝画像临时从殊胜三界殿迁至弥勒佛殿。当年藏历十月二十五日维修竣工[①],1919年(藏历十五绕迥土羊年),红宫后

[①]西藏政协文史资料委员会.西藏文史资料选辑Ⅱ[M].北京:民族出版社,1989:21.

门印经楼进行维修，同时还对狭窄的藏经阁进行了扩建。

1922年，十三世达赖喇嘛在布达拉宫顶层上建造了东日光殿，作为处理政教事务和日常起居的场所。

1923年（藏历水猪年）年初，布达拉宫僧官学校突发火灾，造成多处损失，十三世达赖喇嘛命人立即动工修缮了上下各层楼房和所殃及之处①。1923年5月，按照人畜头数收取赋税，作为修葺布达拉宫的基金。将白宫东头的上中下层楼房全部拆除，扩建寝殿及配房、膳房走廊和宫后部上端的达果加布印画院②。1924年（藏历木鸡年二月份），在布达拉宫前侧的"雪奇惹"处，修建了"雪域利乐宝库印经院"。1929年（藏历第十六绕迥土蛇年），布达拉宫时轮殿圮缺严重，十三世达赖喇嘛发令维修了红宫时轮殿③。

1933年（藏历水鸡年十月三十日），十三世达赖喇嘛阿旺土登嘉措圆寂，由摄政热振·土登降白益西丹增嘉参和噶伦·森门主持修建了"妙善如意"灵塔及灵塔殿。因这座灵塔殿已无适当位置来依制选址，只好在拆除部分僧舍后修造于红宫西侧。十三世达赖喇嘛灵塔殿的通道则利用了五世达赖喇嘛灵塔殿南部上方的回廊，其门置于红宫的内回廊。

十三世达赖喇嘛灵塔，为菩提塔，塔门朝南，为木质结构，外裹金皮，耗黄金589.69公斤。塔身上镶有各种珍宝，其中，大的有2厘米左右，中的由1厘米左右，小的0.2厘米左右的金刚钻和青金石共一百余颗，0.2—1厘米的珍珠两万七千四百五十颗，蓝宝石、红宝石、绿宝石、翡翠、玉、玛瑙、松耳石、红珊瑚、琥珀、鹏吐石、水晶石和右旋海螺等上万颗。灵塔内安葬十三世达赖喇嘛的真身法体，还藏有释迦牟尼的舍利、全套的甘珠尔和丹珠尔经以及多种珍贵文物。灵塔塔瓶佛龛内供奉铜质镀金的千手千眼观音像，塔座佛龛内供奉六臂护法神。塔体通高12.97米，持地宽7.83米。

综上，至1934年十三世达赖喇嘛灵塔殿修建完成，白宫和红宫的主要殿堂全部完工，布达拉宫达到了今天的规模。

①西藏政协文史资料委员会.西藏文史资料选辑Ⅱ[M].北京：民族出版社，1989:200—201.
②西藏政协文史资料委员会.西藏文史资料选辑Ⅱ[M].北京：民族出版社，1989:201.
③西藏政协文史资料委员会.西藏文史资料选辑Ⅱ[M].北京：民族出版社，1989:209.

其中，白宫主要建筑49处，分别为：南酥油库、北酥油库、白宫三排梯、门厅、果品库、仓库管理局、白宫四层（从东大殿开始）：东有寂圆满大殿、金银库、供品库、供品室、主管供品僧舍、东大殿前厅、十八楼梯抱厦，白宫五层：主内库、净厨房、北立付室、堪布仓、立付局、马鞍库、茶叶库，白宫六层：经师办公室、上立付室、经师住处、摄政宫、雪嘎、本息收发室、噶厦（极乐室）、书房，白宫七层：西日光殿、福地妙旋宫、禅定室（护法殿）、开果室（护法殿）、吉祥乐集宫（寝宫）、福足欲聚宫、喜足绝顶宫、侍从室、孜嘎、东日光殿、喜足光明天宫、书房、观戏阁、永固福德宫、护法殿、长寿尊胜宫、寝宫、净厨室、象鞍库、轿子库、椅垫库。

红宫部位主要建筑38处，分别为：红宫三排梯、门厅、内引室、观静室（吠陀堂），一层（从西大殿开始）:西有寂圆满大殿、南赡部洲唯一庄严灵塔殿（五世达赖喇嘛灵塔殿）、世袭殿、菩提道次第殿、持明殿；二层：药师佛殿；三层:法王洞、普贤追随殿、响铜殿、时轮坛城殿、释迦能仁佛殿、无量寿佛殿、秘书处、释迦百行殿,四层:圣观音殿、妙善光辉灵塔殿（八世达赖喇嘛灵塔殿）、三界喜悦灵塔殿（九世达赖喇嘛灵塔殿）、勒佛殿、坛城殿、殊胜三界殿、长寿乐集殿（噶当基宫）、妙善如意灵塔殿（十三世达赖喇嘛灵塔殿）、上师殿、吉祥光芒灵塔殿（七世达赖喇嘛灵塔殿）；顶层：金瓶室（灵塔本尊殿）、利乐殿（红面狱主殿）、十尊殿、战神厅、顶阁（神装库）、供养室（休息室）、经书库、服装库、药房、旺康楼。

山上附属建筑30处，分别为：东庭院、西庭院、僧官学校、大自在天楼、虎穴圆道、皮革库、旧山冈、密乘乐园殿、护法殿、大净厨房、旧僧舍、新僧舍、下僧舍、防霜室、时轮静室、大唐卡库、蕃雄唐、东圆堡、西圆堡、天王堡（东大堡）、凯旋堡、福足堡、地母堡、北行解脱道、圆满汇集道、后印经楼、亚溪楼、马底、马道圆场、前后女儿墙。

山下附属建筑11处，分别为：黄舍房、护法庙、无字碑、玛基康、东印经院（喜足欲聚印经院）、西印经院（雪域利乐宝库印经院）、雪巴列空、监狱、南大门、东大门、西大门。

西藏和平解放后,中央加强对布达拉宫科学维修和保护管理,布达拉宫的管理工作走上了越来越精细化的道路。据最新布达拉宫房间统计数据显示:无字碑以上建筑群总计735间、无字碑以下建筑群总计471间,布宫建筑群总计1206间,打破了过去所谓的"999+1"间的传说。布达拉宫房间及地垄数量具体统计如下:

布达拉宫房间及地垄等数量统计表[①]

建筑群总计	房间	地垄	过道门厅	院子	柱子	梯子	阳台	门				窗				采光口				通风口				面积
								东	南	西	北	东	南	西	北	东	南	西	北	东	南	西	北	
无字碑以上建筑群总计	735	745	195	0	1650	96	37	159	194	155	135	173	650	89	187	16	170	12	33	19	100	69	33	35707.55
								643				1099				231				221				
无字碑以下建筑群总计	471	102	92	30	1273	46	11	137	190	125	145	176	367	141	110	67	88	9	14	1	3	0	2	31094.8
								597				794				178				6				
布宫建筑群总计	1206	847	287	30	2923	142	48	296	384	280	280	349	1017	230	297	83	258	21	47	20	103	69	35	66802.35
								1240				1893				409				227				

---

①布达拉宫管理处维修科2018年的统计数据。

第二节 建筑风貌

雄伟壮丽的布达拉宫是西藏地区现存最大最完整的宫堡式建筑群，是集藏式建筑技术与艺术之大成，代表着西藏建筑的最高成就，历来为中外人士所称颂，堪称藏民族智慧的结晶，也是西藏地方和祖国内地各兄弟民族交往交流交融的历史见证。优美而又独具匠心的建筑、华美绚丽的装饰与天然美景间的和谐融洽，使布达拉宫在历史和宗教特色之外平添几分风采，它的宫殿布局、土木工程、金属冶炼、绘画、雕刻等方面均闻名于世，体现了以藏族为主，汉、蒙、满各族能工巧匠高超技艺和西藏传统建筑艺术的伟大成就。布达拉宫的建筑形制和整体建筑结构具有西藏早期宫堡、城池建筑和后期寺院以及"宗"的特点，在建筑表现形式上充分结合建筑的体量、形制、质感、尺度、比例、结构和色彩等手段，主体建筑群依山而建，起基于山腰，巧妙利用地形就地取材，总体布局不强调均衡对称，而是追求建立纵向延伸的空间序列结构，塑造独特的层楼叠阁、鳞次栉比、厚重深沉的建筑艺术形象。

一、布达拉宫是藏式宫堡建筑的经典之作

布达拉宫建立在拉萨河平原中央的红山之上，它是藏式传统宫堡建筑居高而建、依山而筑的典范。布达拉宫的建筑结构具有浓郁的民族风格和地域特色，它是勤劳勇敢的西藏人民根据自身条件和环境建造宫殿的经验总结，同时也是各民族人民进行文化、技术交流的智慧结晶。

（一）功能设置

布达拉宫内设有大殿[①]、扎康（僧侣居所）、扎仓（学习和修法场所）、卧室、演出场地、展佛台、佛塔、转经廊、印经院、藏经阁、厨房、马厩、库房、监狱、军事碉堡、围墙、山门等，这与西藏传统寺庙的功能设置相仿。

[①] 藏语称为"措钦"是寺庙的核心建筑物，无论其高度建筑面积建造的精美程度所处的地理位置均是该寺庙其他建筑物所不可比拟的。

（二）形制

布达拉宫的选址、四角的碉楼、女儿墙、墙垛设置，均仿照江孜宗堡、桑珠孜宗等宗堡建筑而建。17世纪重新修建的布达拉宫，仍然是一组宫堡式建筑，它与西藏早期的宫堡式建筑一样，都是依据天然地形，就地取材。这种建筑又是战时的坚固堡垒，对于瞭望敌情、指挥作战、或攻或守，都是理想的建筑形式。同时，这种建筑还具有冬暖夏凉、适宜居住的特点，是适应西藏高原地区气候特点的建筑样式。

（三）建筑材料

布达拉宫整体上用石料、泥土和木材砌筑而成，建筑取材均是西藏传统建筑的常用材料，与传统藏式民居的取材相仿。

（四）楼层结构

布达拉宫白宫和红宫的主体部分均为四合院样式的楼层结构，附属建筑雪巴列空仿照贵族府邸和官府等西藏庄园建筑样式。布达拉宫的红宫、白宫等主要建筑，平面均为"回"字形。外围一圈楼房装修向内，中部是天井庭院或纵横排列的柱网，中部凸起形成天窗阁，也有用屋顶覆盖天井的做法。宫门、角楼等防御性建筑，平面呈长方形或方形。东、西、南宫门的平面均为长方形，东、西角楼的平面呈方形。南宫门外围置一圈敦厚的石墙，前后墙中间辟宫门，内侧有门廊，宫门中间横砌一道挡墙，挡墙的下部距地面1米左右的墙上砌出一排八字形箭孔，进出宫门只能从挡墙两端绕行通过，后墙内设有半环形暗道，前墙屋顶置有击石孔，防卫森严。第二层分隔三间，内部纵横排列柱网。东、西宫门底层平面为三道横墙形式，中间一道横墙开门，第二、三层有横墙四道，中间是走廊，两侧辟为房间。除此之外，布达拉宫内的法王洞还存在暗层结构，在17世纪重建时将殿堂的基础抬高了1.6米，保留并突出了这座古老的殿堂。

（五）采光和通风口

布达拉宫在顶上开天窗，用于采光通风。另外，广泛适用于西藏牧区的牦牛毛毡子也应用于布达拉宫的各大门厅和回廊外，以保护墙体和壁画，起到了防水、通风、防紫外线照射的作用。

（六）红宫顶上的怪兽

布达拉宫红宫顶上的怪兽与民间建房习俗有关。在西藏，房屋建造开工之前需要按照惯例进行占卜，并依照藏历择吉日破土动工。房屋的选址方位需要遵守天文学的星象学说法。根据星相说，地下有一个大力神变龙，它仰着身子与时间同步运行。动土时挖在它的肚子上最好、最平安。若挖在头部和尾部上，它会跳起来动怒就不好了，就得选一个好地方即大力神变龙的肚子上或胃上[①]。所以，红宫顶上四周的怪兽均只伸出头颅，而肚子位置为布达拉宫红宫建筑，表明红宫建筑选址的吉祥方位。

（七）阿嘎土、白玛草墙、门窗梁柱、屋檐斗拱、楼层设计等传统藏式建筑技艺

布达拉宫不仅仅局限于建筑艺术与技术本身，而且囊括了其他传统工艺的许多艺术成分在内，并使之与传统建筑融为一个有机的整体。

1.墙体

布达拉宫所有建筑的外墙几乎都是厚重的石墙。平顶、高层、厚墙是布达拉宫建筑结构的一个重要特征。西藏的古代先民"依山居业，垒石为室"，有许多人练就了一身高超的砌石技术，以此恰如其分地控制墙体的收分，造出平整光洁、坚不可摧的宏伟建筑。石墙用块石、片石、碎石和湿土垒砌。每层块石之间用片石填充，内填不规整的块石和碎石。白宫的内墙、部分地垄和隔墙为夯土墙，红宫主要殿堂内的隔墙为柽柳编笪墙，天窗阁后壁和左右侧壁是牛粪泥坯墙。布达拉宫的夯土墙分层夯筑的层次不明显，亦未发现早期夯土墙中常用的柽柳和石片夹层[②]。

2.阿嘎土

布达拉宫所有建筑的屋顶和地面均用当地开采的阿嘎土做表层封护材料。阿嘎土的主要成分是碳酸钙。施工前，要将大块的阿嘎土捣碎，然后再

---

① 张显宗. 西藏民居[J]. 民俗研究, 1995(3):56.
② 姜怀英、噶苏·彭措朗杰、王明星编著. 西藏布达拉宫修缮工程报告[M]. 北京：文物出版社, 1994：34.

将土料筛选分级：3—4厘米径粒的为粗阿嘎土，2—3厘米粒径的为中阿嘎土，1—2厘米粒径的为细阿嘎土，1厘米以下粒径的为粉状阿嘎土。施工时，先在盖顶劈柴或短木棍上铺设一层6—8厘米厚度的卵石垫层，再铺10—12厘米厚的泥土，并踩踏结实，待泥土基本干燥后再铺筑阿嘎土。铺筑阿嘎土的顺序为：先铺粗阿嘎土，夯打找平后，再按中、细、粉状阿嘎土的顺序，依次铺筑。夯实后的阿嘎土层厚度约为6—8厘米。最后，用磨石将屋顶表面磨光，并涂抹无机涂料。阿嘎土具有坚硬、光洁、美观的良好效果，但也有渗水的缺陷，需要按照严格程序改良使用。在西藏干燥少雨的自然环境下，目前使用的阿嘎土严格按照操作程序，分级配料施工，勤于维护，保持排水通畅，仍然是一种坚固耐久、适合藏式平顶建筑使用的理想建筑材料，广泛应用于西藏的古建筑中。

3.白玛草墙

布达拉宫顶部外墙和女儿墙①，大面积使用柽柳树枝垒成墙，藏语一般称为白玛草墙。柽柳是一种野生落叶小乔木，老枝呈红色，在西藏又被称为观音柳。白玛草墙的砌筑方法是，先将柽柳枝条除梢去皮晒干，用湿牛皮绳捆绑成手臂粗细的束结，然后上下用木钉固定，再砌置于墙体外侧，最后刷上赭紫色和白色涂料。白玛草墙上面用盖顶木椽、石板和阿嘎土墙帽封檐，草墙的内侧用块石垒砌，加上外侧的白玛草，墙体的总厚度为60—80厘米。白玛草墙一般装饰有日月星辰和铜皮鎏金的各种图案。

白玛草墙被视作权力和地位的象征，它在西藏庄园建筑上的使用有着严格的等级规定。旧西藏地方政府的庄园可铺设三层白玛草，内设监狱，有权过问当地政务的大庄园可铺设二层白玛草，受宗政府或大寺院直接领导的庄园可铺设一层白玛草，商人和没有官职的领主的宅院、附属某个大庄园和寺院的庄园都不允许装饰白玛草墙。布达拉宫宫内建筑绝大部分都有白玛草檐墙，红宫东侧设有4层白玛草檐墙，通高6.4米，也就是说整个红宫上部都包

---

①平顶周围的矮围墙，建筑学上称女儿墙或埒埆。布达拉宫的女儿墙高低似无定制，红宫屋顶的女儿墙高2米，白宫屋顶的女儿墙高1.4米。

裹在白玛草墙之内，白宫的白玛草墙高达4.5米，登山道路外侧的女儿墙也使用了白玛草，足见布达拉宫的显赫地位。

4.承重结构

布达拉宫的建筑基本上是土、木、石混合结构，主要承重结构形式有"墙体承重结构"和"墙柱混合承重结构"两种。

（1）墙体承重结构

具体作法是用通长的梁和檩条架设楼层和屋面，将每层屋面的荷载通过梁、檩传到墙上。建筑内的柱网位置与下面的地垄内纵横墙的坐标位置上下对应，使柱子恰好落在地垄墙上。该承重形式通常用于面积较小的碉楼或附属建筑上，如布达拉宫的地垄、东圆堡和虎穴圆道等建筑，均为墙体承重结构。随着后期的扩建和维修，也存在殿内承重墙与下方地垄错位的现象，如，白宫东大殿后两排柱子就没有完全落在地垄墙上。此处下面共有六道纵向的地垄墙，而上面是八行十六根柱子。这样以来有的柱子就落在两道地垄墙的中间，或压在地垄墙的边缘。

（2）墙柱混合承重结构

墙柱混合承重是藏式传统建筑普遍采用的结构方法，适用于各种平面组合的建筑，小至民居，大到寺庙、宫殿，也是布达拉宫最基本的结构形式。墙柱混合承重即外墙和墙内柱子同时承重，大梁横向铺设，外纵墙和内柱承受大梁传下的荷载，檩条纵向铺设，外横墙和大梁承受密铺椽子传下的荷载[1]。

（3）地垄建筑

因布达拉宫依山而建，为使房屋基础坚固或增加建筑底层面积，土木石结构的地垄建筑也是布达拉宫承重结构非常重要的一部分。地垄在地基上纵横起墙，其上架设梁木构成下房，地垄的墙体除白宫北侧上层地垄为夯土墙外，其余均为石墙。墙上分层铺设不甚规整的杨木椽子，椽子上铺盖参差不齐的木棍或劈开的树枝，其上再铺卵石、泥土。

---

[1] 姜怀英、噶苏·彭措朗杰、王明星编著.西藏布达拉宫修缮工程报告[M].北京：文物出版社，1994：28—30.

5.木结构和柱式

布达拉宫的木结构分为檩椽结构、柱梁椽结构和近似抬升的结构，其中又以柱梁椽结构为主。藏式建筑的檩、椽，实为一体，即柱上架梁，梁上铺椽，不用檩条过渡。藏式建筑，若室中不立柱，则房间深度只有一椽之长，称作"一椽房间"。布达拉宫的一椽房间，只用于部分地垄、碉楼和僧舍，椽长1.5—2米。其余建筑均有数量不等的柱子。例如，红宫的五世达赖喇嘛灵塔殿有立柱16根，世袭殿和持明殿有立柱各20根，七世达赖喇嘛灵塔殿有立柱10根，上师殿有立柱16根，五世达赖喇嘛灵塔殿享堂有立柱44根；白宫的东大殿有立柱44根，其西侧二、三层库房分别有立柱28根和35根，东、西日光殿的经堂分别有立柱16根。这些柱子大多数纵横成网，柱子间距2.5—4米。这个尺度超过了藏式民居"柱间2米"的规格。

布达拉宫的建筑，除了东大殿、西大殿、灵塔殿和部分佛殿的柱子比较大，其余房屋的梁、柱长度与开间尺度基本相等。柱子形状有方形、多边形、亚字形和梅花形。亚字形柱是由一根方柱和镶贴在柱子四面的方木组合而成。梅花形柱是由五根细圆木组成，外面包裹三至四道金属柱箍。布达拉宫建筑中使用的柱子均有显著收分，柱径与柱高之比为1:6至1:12.5。其中，五世达赖喇嘛灵塔殿柱高5.3米，柱径0.51米，径高之比为1:10.4；享堂回廊柱高3米，柱径0.45米，径高之比为1:6.7；享堂中间的八根长柱高6.5米，柱径0.52米，径高之比为1:12.5；殊胜三界殿、秘书处、坛城殿柱高2.4米，柱径0.3米，径高之比为1:8。柱头以上用大斗、垫木和弓形肘木承托大梁。弓形肘木的作用与替木相近，但结构完全不同。其构件之间用暗销相连，对尺度、比例也有严格的限定。大斗上宽应略大于柱头直径，垫木宽应小于大斗上宽，弓形肘木宽应小于垫木宽，大梁宽应略大于弓形肘木宽。梁宽20—35厘米，梁高27—40厘米左右，梁的高宽之比约为1:1.22。弓形肘木长度约为柱网中距的89%（西大殿），这样就极大提高了梁的承载力[①]。

[①] 姜怀英、噶苏·彭措朗杰、王明星编著.西藏布达拉宫修缮工程报告[M].北京：文物出版社，1994：30—31.

6.门窗形制

布达拉宫的门窗形制，同样表现出浓郁的藏式传统建筑风格和特点。红宫和白宫的两座外门、白宫东大门、达赖喇嘛寝宫和各座灵塔殿以及重要佛殿的大门都雕刻、彩绘得极为华丽。菩提道次第殿和时轮殿的占地面积只有100平方米左右，而大门宽却为5—6米。布达拉宫许多僧舍、居室的内门高度仅有1.6米左右，只能低头进门。这种违背常规的做法反映出西藏多神崇拜和对鬼神恐惧的极为矛盾的思维特点。这些大门一般均为双扇板门，也有四扇和六扇的做法。门壁周围装有门框、门楣、门槛和门枕。门板上置有半球形门环座和仰月千年环扣，还钉有精致的门箍。这些金属构件大多是铜质鎏金的工艺精品。门楣以上依次由狮头梁、挑梁面板、挑梁、椽木面板和椽木共五层重叠而成。在围墙的门上还覆盖屋顶状的门檐。七世、八世达赖喇嘛灵塔殿和上师殿的门上还置有斗拱挑檐的装饰。

布达拉宫的窗户，有通间或贯通几间的落地大窗，也有大量狭窄的小窗户。大小悬殊，做法各异。比如，红宫正面的六层大窗各宽8.15米，高3.3米，而大窗两侧的十个小窗宽仅1米，高1.9米。落地大窗由上下槛、抱柱、窗间抱柱和格扇构成。抱柱和窗间抱柱断面为17.5×17.5厘米，共有十根。格扇宽64厘米，由大边、仔边、榫头、裙板和棂子组成，格扇里面还有一道活动板门。小窗下起槛墙，一般不作榻板，亦无窗扇，仅在外侧置有上下槛和抱柱构成的窗框，内侧安装板门。

二、布达拉宫是西藏社会的艺术表征

建筑艺术一向被称作是空间表现艺术，它以独创的想象造成某种意境，引起人们的联想和想象，从而产生心理共鸣[①]。在遍及西藏高原的无数藏传佛教建筑中，耸立在拉萨红山上的布达拉宫最令人倾倒。布达拉宫作为藏传佛教"后弘期"的一座宫堡式建筑，它的形制、风貌反映了西藏佛教建筑的基本规范，集中表现了超越人间的宗教建筑和与现实生活密切相关的宫殿建筑的情调。从某种意义上讲，布达拉宫不仅仅是一座建筑物，它几乎囊括了

---

① 于乃昌.西藏审美文化[M].拉萨：西藏人民出版社,1999：132.

西藏建筑文化的所有精华，它不仅体现了藏民族的建筑审美情趣，而且集中表现了西藏人民的审美观。

17世纪重建的布达拉宫，既是达赖喇嘛的驻锡之地，又是"政教合一"的权力中心，其在建筑规模、建筑形制和建筑布局上既要满足使用功能又最大程度地突出了政教合一制度的统治权威。在旧的封建农奴制度体制下，布达拉宫首先要满足统治阶级的统治需要，强调并突出了军事防御的功能，它依山建宫，主殿雄踞红山之巅，四座碉堡（天王堡、福足堡、地母堡、凯旋堡）拱卫左右，城墙、宫门固若金汤。在这种需求上，布达拉宫与公元14世纪开始出现在西藏的"宗"建筑的军事防御功能相似，都建在山势较高、山路险峻、易守难攻的山头上，其周围建有碉堡，建筑下面有地道、暗道。从政教合一制度的角度，布达拉宫满足了统治者的统治要求，它依照佛教想像中的世界图像设计，把佛教幻境转化为现实净土，设立各种统治机构和实用功能，内部设有有经堂、佛殿以及监狱等，在空间布局上主次分明、等级森严，红宫和白宫构成了整个布达拉宫建筑群的主体和灵魂，其他各类建筑犹如众星捧月簇拥左右，建筑布局具有明显的象征意义。

布达拉宫运用尺度、比例来增强艺术感染力和审美形象。布达拉宫体量的悬殊对比和尺度的反差夸张，具有显示佛教建筑审美意境的特殊意义。如，布达拉宫殿堂的无限展开的立面与开凿在立面上瘦小的窗户构成强烈对比，更加夸大了殿堂的崇高和深邃。布达拉宫整体庞大的殿堂与坐落在周围的密如蜂巢的低矮昏暗的僧房构成对比，更加渲染了佛法的神威和佛界的庄严。布达拉宫厚重的墙壁和狭窄湿暗的甬道、过廊构成对比，强烈地造成凝重、沉寂、滞涩的气氛。布达拉宫殿堂之内开阔恢宏的空间跨度与排列如林的圆柱构成对比，在若断若续、若分若合、若开若闭的层次繁复的组合中，令人产生变化多端的刺激，而柱子一般比较粗大，柱距就相对比较狭窄，使人感受到一种深奥莫测、惊异恐怖的情绪。布达拉宫建筑排列组合与西藏传统建筑风格一致，把主体建筑红宫、白宫放置在整个建筑群的高处和最突出、最核心的位置，突出了整个建筑群的主体形象。同时，配合周围附属建筑群的高层、厚墙、平顶的建筑形式，建筑群的整体风格厚重雄壮，艺术感染力倍增。

布达拉宫在建筑色彩的使用上受到了审美习惯和宗教观念的普遍影响。布达拉宫建筑色彩十分丰富，总体上以白、红、黑、黄四色为立面色彩的主色调。外墙内壁、檐部屋顶、梁柱斗拱、门窗装饰、壁画雕塑等色彩各异，十分鲜明，极富特色。白色是布达拉宫建筑中大量使用的色彩，是一种纯洁之色，引申意义多代表吉祥的、纯洁的、忠诚的、正直的意思。而红色是用法限制最多、等级要求较为严格的色彩，一般喇嘛的住宅禁止使用，布达拉宫内庄严神圣的灵塔殿和护法神殿等则多涂成红色。随着红色在寺院中的大量使用，以及寺院政治、经济地位的大幅度提升，以致建立政教合一制度，红色成为代表权力和等级的专用色。布达拉宫的门边、窗套涂黑色①，是布达拉宫建筑立面色彩的一大特点。布达拉宫的部分建筑使用黄色，它是一种高贵的、用法较为严格的色彩，一般用于金顶、宗教器物镏金装饰和寺院、宫殿等重要建筑外墙。黄色是中国古代封建王朝中皇室的专用色，清朝皇帝穿黄袍，坐黄轿，走黄道，连居住的宫殿也涂以黄色。藏传佛教格鲁派是西藏佛教中影响最大的一个教派，该教派特别推崇黄色。黄色是一种活佛袭用的颜色，活佛戴黄帽，穿黄色长袍，坐铺有黄色垫子的活佛椅。那些受过清朝皇帝册封的大活佛，可穿黄马褂，外出时可乘坐黄缎八抬大轿。因此，在重要建筑上使用黄色，既有西藏传统习俗，又有中原文化的影响②。

三、布达拉宫建筑体现了多元文化的综合特点

不断吸收外来文化的养分，从而使其自身的的文化得到充实完美，是一种文化成熟并不断向前发展的标志。自7世纪以来，来自祖国内地以及南亚地区的建筑艺术随着吐蕃政权的建立而传入西藏，后经长期的吸收整合，完美地融入了西藏传统建筑中，形成了独具西藏地方特色的建筑文化。同时，布达拉宫也把藏民族的建筑文化辐射到祖国内地地区和印度、尼泊尔等国，把

---

①门窗套采用黑色在民间说法很多，一是指阎罗王的角是黑色的，二是指魔天鬼神胡须是黑色的，三是指凶悍的护法神是黑色的，故黑色有威严震慑之意，采用黑色门窗套可以避邪驱魔。
②徐宗威主编.西藏传统建筑导则[M].北京：中国建筑工业出版社，2004：478—479.

这种多元文化的整合特性体现得更为充分和完美。

（一）外来建筑文化对布达拉宫建筑的影响

外国建筑文化较大范围地输入西藏地区，并对西藏建筑产生一定影响，应在公元7世纪中期松赞干布建立吐蕃政权之后。在此之前，虽有少量外来建筑文化的渗入，但是没有对西藏传统建筑的发展产生大的影响，而且历史记载也很少[1]。从7世纪至14世纪，西藏建筑吸收周边印度、尼泊尔佛教文化的成分，逐渐形成了日渐成熟的本土建筑文化。同时，由于西藏特殊的地理位置，是沟通我国西藏与中亚、南亚及西域、中原文化传播的桥梁，佛教文化在这里从不同途径获得丰富的养分，并在西藏得到充分的发展。前文提到，布达拉宫的修建具有明显的尼式建筑风格，且有尼泊尔的工匠参与修建，所以吐蕃时期的布达拉宫保留着西藏与周边国家和地区交往交流的印记。

我国内地及其他民族建筑文化的输入对西藏建筑文化的影响与国外建筑文化输入的影响相比较，有如下突出特点：一是延续时间长，其下限时间一直到新中国成立及其以后；二是文化的输入特别是建筑文化的输入绝不仅仅是佛教建筑文化艺术，它包括佛教建筑及其文化、宫式建筑、城池建筑，乃至民居建筑和其他建材制造技术；三是受影响的程度是由东向西渐进的，首先是四川、云南、青海和甘肃藏族聚居区，其次是卫藏，再次是阿里等西部地区；四是随着历史的不断发展，内地及其他民族的建筑文化输入的影响逐渐加强，与国外建筑文化输入的影响相比较，呈现反比状态；五是在内地及其他民族建筑文化输入的影响中，内地建筑文化的影响是占主导地位的[2]。西藏昌都卡若遗址的考古发掘证明，早在新石器时代，西藏远古时期的建筑文化，就已存在与我国南方濮越系统的民族和西北氐羌系统的民族之间的文化交流[3]。

布达拉宫的修建始于内地较大规模的建筑文化的引进和传入时期。641年，文成公主下嫁吐蕃，中原地区的农具制造、纺织、缫丝、建筑、造纸、

---

[1] 杨嘉铭、赵心愚、杨环.西藏建筑的历史文化[M].西宁：青海人民出版社，2003：203—204.
[2] 杨嘉铭、赵心愚、杨环.西藏建筑的历史文化[M].西宁：青海人民出版社，2003：206.
[3] 杨嘉铭、赵心愚、杨环.西藏建筑的历史文化[M].西宁：青海人民出版社，2003：207.

酿酒、制陶、碾磨、冶金等生产技术和历算、医药等科技知识陆续传到吐蕃，为西藏经济社会发展创造了良好的条件。布达拉宫法王洞内至今保留的吐蕃时期的塑像以及殿内的壁画具有明显的内地特征，也印证了自唐文成公主时期，中原文化的传入对西藏佛教绘画技艺的深远影响。文成公主入藏后，拉萨的大昭寺和小昭寺的修建均与文成公主相关。小昭寺由文成公主主持建造，大昭寺的建筑选址也由文成公主依据汉历观测法推算，其建筑结构部分所采用的梁架、斗拱和藻井，特别是人字大叉梁的运用等，均体现出唐代内地的建筑遗风。710年，金城公主进藏，进一步加强了西藏与唐王朝的联系。赤松德赞时期，西藏兴建了第一座藏传佛教寺庙桑耶寺。该寺由吐蕃、内地、尼泊尔和印度工匠共同修建，乌孜大殿的第二层为汉式建筑，在桑耶寺的红、黑、绿塔和王妃拉康等建筑物中，使用了仿内地制造的砖和瓦，充分表现了内地建筑对西藏建筑的影响。一直到清代及民国时期，内地建筑文化对西藏的影响力度较吐蕃政权时期更为突出。17世纪扩建布达拉宫时，不仅拨付黄金白银，还派来内地工匠修建，整个建筑充分体现了藏、汉建筑艺术的合璧。诸如歇山式屋顶、木构架梁和斗拱、殿堂内的部分内地风格的壁画等，尤其是布达拉宫的歇山式金顶，是在吸纳汉式屋顶建筑风格的基础上，与西藏建筑相融合的产物，集中体现了西藏建筑中对内地歇山式屋顶的运用及融合，成为吸收内地建筑艺术的典范。

（二）西藏传统建筑文化在国内的传播

元代以来，由于历代中央王朝在对西藏的施政，均对藏传佛教采取扶持政策，加之西藏与祖国内地以及我国的一些少数民族地区的文化交流日益频繁，促进西藏传统建筑文化开始向我国的一些少数民族地区和内地传播，其中主要是藏传佛教寺庙建筑。其中，在少数民族地区较为突出的是今内蒙古自治区和云南丽江市，在内地较具代表性的是今山西五台山、北京市、河北承德市以及辽宁沈阳市等地。这些地区的藏传佛教寺庙建筑，不仅仅是藏传佛教在这些地区传播的基地，更重要的是成为西藏各民族和祖国内地交往交流交融的历史见证和缩影。

受布达拉宫建筑文化影响较为明显的是承德避暑山庄。承德避暑山庄是清代建造的我国历史上最大的皇家园林，它除了供清代皇帝避暑消夏外，同时也是处理重大政事的地方。山庄自1703年动工兴建，至1708年初步建成，之后又经乾隆皇帝进行大规模扩建和改造，先后历经80余年，直到1790年才大功告竣。外八庙的经营时间，大体上与避暑山庄同步，是自1713年至1780年间陆续建造的。共为11座寺庙，分别为溥仁寺、溥善寺、普乐寺、安远寺、普宁寺、普佑寺、须弥福寿寺、普陀宗乘庙、殊像寺、广安寺、罗汉堂。当年的11座寺庙中，因分属八个"下处"管理，习惯上称之为"外八庙"。据文献记载，当时我国漠南、漠北、青海、新疆（包括巴尔喀什湖以南广大地区）的费古族、维吾尔族、哈萨克族、柯尔克孜族和西藏、四川等地的藏族以及台湾的高山族等边远地区的兄弟民族上层人物，都曾来避暑山庄朝觐。承德外八庙是清朝中央政府在治理西北边疆和管理西藏地方的过程中应运而生的。

清乾隆三十二年（1767年）开始兴建的承德普陀宗乘庙，系仿西藏布达拉宫"都纲法式"而建。"都纲"或"都康"，是藏文音译，意为藏传佛教寺院内的大殿或经堂。为兴建普陀宗乘之庙，清乾隆十三年（1748年），乾隆皇帝派两名官员、一名画师、一名测绘师前往西藏布达拉宫测绘和临摹。其后，果然神同形异地将西藏著名喇嘛教建筑在承德再现，使之成为独具特色的藏式寺庙和藏、汉建筑群体组合的成功范例。布达拉宫的都纲法式，最重要的特点是在整体布局上巧妙地利用自然地形，将大小不同、类型各异的建筑自由散置，层层相叠，并在其中达到主次分明的营造效果。具体地讲，耸立于红山之上的布达拉宫主体建筑红宫和本场气势磅礴，既表现出对黄教教主达赖喇嘛的崇敬，也是佛教在人间的象征。

但是，布达拉宫的都纲法式并不能完全代表西藏的都纲法式。例如，从清康熙五十二年（1713年）至乾隆四十五年（1780年）陆续修建的承德外八庙中，就有三种西藏寺庙形式，即依照布达拉宫样式而建的普陀宗乘庙，仿桑耶寺而建的普宁寺和按照扎什伦布寺样式而建的须弥寿之庙。在外八庙中，规模和影响较大而建筑形式直接与西藏建筑有直接关系的寺庙有3座，分别为普陀宗乘庙、须弥福寿庙和善宁寺。普陀宗乘是藏语"布达拉"的汉译，其建筑形式是按西藏布达拉宫的形制建造的；须弥福寿庙是外八庙中建造时间最晚的一座寺庙，是六世班禅从日喀则专程到承德为乾隆60岁生日祝寿、乾隆皇帝下令"肖其所居"而建的。由于历代班禅居住于扎什伦布寺，故仍以扎什伦布为名，汉译为"须弥福寿"。普宁寺的建筑法式则基本仿照西藏的第一座藏传佛教寺庙桑耶寺，其主体建筑大乘之阁及其四周的一组建筑均是据桑耶寺的佛教宇宙观修建，大乘之阁代表宇宙中心之须弥山，其余四周的建筑分别有红、黄、黑、白4塔，代表月亮和太阳的"日殿"和"月殿"，还有象征"四大部洲"和"八小部洲"的众多建筑物。

　　承德外八庙融合了我国汉、藏等民族的建筑艺术，独创了一种集我国汉式传统建筑和藏族及其他少数民族建筑有机结合的新的格调，并成为承德避暑山庄不可分割的一个重要组成部分。外八庙在建筑艺术上所取得的成就，在世界上都享有很高的声誉。具体地讲，主要有以下几个方面的特点：一是在建筑布局上充分利用地形特点。从总体来看，外八庙与山庄构成众星捧月之势，并与山庄交相辉映。从局部来分析，各寺庙中的每一建筑物都充分利用建筑物高低起伏的变化，以显示出建筑物强烈的节奏感和时空感。特别是各寺的主体建筑物，一般都依山势建在最高处，以突出其主体位置，给人以崇高、神圣之感；二是大部分寺庙的建筑物都采用了中轴线对称或局部对称的手法。三是融园林建筑的手法于寺庙之中。四是在建筑材料上除使用砖、木、石等大宗建材外，还大量使用了琉璃瓦和镏金铜瓦，增强了寺庙的华丽感。五是在建筑造型上极其丰富多彩。这些建筑普遍具有殿、阁、楼、亭、廊、塔、台等建筑造型，类型极其丰富，琳琅满目。六是各寺庙的主体建筑造型独特，艺术感染力强。七是注重和谐统一的建筑色彩使用。在建筑色彩上，大面积使用红、黄、绿、白、黑等单色或间色，不仅对比十分强烈，而且从强烈对比中又寻求和谐与统一。

第三节 政教权力的中心

目前，学界对政教合一制度的概念有不同的看法，《世界知识大词典》对政教合一制度的定义是：宗教领袖与政治领袖同为一人，教权和政权由一人执掌的制度。《藏传佛教源流及社会影响》认为政教合一制是寺庙上层喇嘛与世俗封建主阶级相互勾结，把政权与神权紧密结合在一起，形成僧俗农奴主阶级联合专政的制度[1]。根据东嘎·洛桑赤列先生所著《论西藏政教合一制度》一书中所提到的恩格斯的政教合一观[2]，西藏的政教合一制度是西藏的最高政治首领与宗教首领为同一个人担任的一种制度。

从西藏"政教合一"制度的产生、发展和消亡的过程来看，它是在佛教西藏化漫长的历史过程中逐渐形成的一种独特制度。它大致经历了吐蕃政权和分裂割据时期的萌芽阶段、元朝时期萨迦政权的确立阶段、明朝帕竹政权的发展阶段，以及清朝甘丹颇章地方政权的完善和消亡阶段。在西藏政教合一制度发展史上，萨迦派、帕竹噶举派、格鲁派在元、明、清不同时期各领风骚，藏传佛教寺院组织从和西藏某一个或几个贵族家族结合，发展为西藏共同的寺院组织格鲁派达赖喇嘛系统和班禅喇嘛系统。1642年，甘丹颇章地方政权建立，标志着西藏政教合一制度的初步确立。这种政教合一制度有着较为完善的法律制度、职官体系和组织机构，大体奠定了此后三百年西藏政教合一制度的基本模式。

旧西藏政教合一的封建僧侣贵族专政体制，建立了从噶厦[3]（即西藏地方政府）到基巧（相当于专区）、宗（相当于县）、错、定（相当于乡、村）等一整套的政权组织。噶厦下设有许多办事机构，如"玛基康"（藏军总司令部）、"拉恰列空"（财政局）、"孜恰列空"（布达拉仓库）、"扎其列空"（藏币铸造和电机局）、"协尔康"（法院）等。噶厦的核心机构

---

[1] 丁汉儒等. 藏传佛教源流及社会影响[M]. 北京：民族出版社，1991：90.
[2] 东嘎·洛桑赤列著，郭冠忠、王玉平译. 论西藏政教合一制度[M]. 拉萨：西藏人民出版社，2008：1—2.
[3] "噶厦"，藏语音译。"噶"系命令之意，"厦"系房屋。意为发号施令的房宅，即西藏地方最高政权机关。

是"孜康",管全藏的土地、牛羊、户籍的清查,审计地方政府的财政收支,负责俗官的培训和升迁任免,发布文书、政令等。孜康设四品俗官孜本4名。达赖身边设重要机构"译仓"①,负责主要僧官的培养任免和大寺院主持人任用的建议,遵照达赖的指令发布文书训令等。译仓设四品僧官仲译钦波(相当于秘书长)4名。遇有重大事件,受噶厦的委托,召开由4名仲译钦波和4名孜本参加的"仲孜会议"或全体官员会议,研究处理方案,上报达赖批准。政府各级官员,完全由上层僧侣和世俗贵族担任。其官阶遵循明、清官制,设置由一品至七品的官阶。一品官仅达赖喇嘛一人,二品官为摄政和司伦等,三品官为噶伦、总堪布。小三品、大四品为扎萨和台吉等。四品僧俗官分别称为堪穷、仁希。扎萨和台吉以上贵族官员的子弟,一出生就获得四品官阶,称"色囊巴",十七八岁就可出任藏政府的重要职务。中小贵族的子弟经俗官学校学习后,即可进入藏政府内任职。僧官,大部分由贵族出身的僧人担任。有了官职,就有了直接统治百姓、进行敲诈、勒索、盘剥农奴的权力。所以僧侣、贵族们为谋取官职而不择手段,卖官鬻爵现象司空见惯。各地寺庙中的上层僧侣,包括活佛、堪布等,本身就是披着宗教外衣的农奴主。他们常干预、操纵当地的政治、经济,是西藏社会统治集团的成员之一。

噶厦为统管西藏全区政教事务,还设立基巧级(相当于专区级)的地方行政机构,即那曲"绛基"总管,山南"洛基"总管,拉萨"雪列空"(相当于基巧级行政管理机构),工布"基巧"总管,阿里"噶本"总管,"卓木基巧"即亚东总管,日喀则"藏基"总管,昌都"多麦基巧"总管。班禅额尔德尼在西藏原来管理的辖区有拉孜、昂仁、彭措林、岗巴4个宗和60多个谿卡,人口10多万,属寺200多个。五世班禅受清朝政府册封后,在扎什伦布寺内设立囊玛岗(内务处),下设若干机构,管理下属的宗谿。囊玛岗是仿照噶厦而设置的,也是一个政教合一的政权机构,只是规模小些,设置简单些。1923年,九世班禅被迫逃避内地,组织了班禅堪布会议厅。1931年,噶

---

① "译仓",意为秘书处,系藏政府保管文件的机构。

厦强行接管了班禅辖区的宗豁及其对属民的管辖权。直至1951年《十七条协议》签订后，班禅的固有地位及职权才得以恢复。

从清朝开始，在中央政府扶持下，西藏地方政府逐步建立起一支常设武装力量——藏军。藏军本质上是西藏统治阶级的工具。此前，藏军为清朝武装力量驻藏的一部分，曾抵抗过森巴、英军等外敌的入侵，在辛亥革命之后成为分裂主义势力对抗祖国统一的武装力量。1912年以来，藏军主要兵力布防于藏北及金沙江一线，对抗中央政府，破坏祖国统一。藏军总司令（马基）为三品或小三品官，代本（相当团长）为四品官。玛基和代本都必须由贵族担任。农奴出身的士兵，最高只能升至如本（相当营长）。藏军总玛基康下辖若干团。清朝时期藏军定额仅有4个团，共3000人。民国初年扩展到11个团，约8000人。西藏和平解放前夕，在分裂主义势力操纵和帝国主义的支持下，藏军一度扩充到16个团，9000余人。藏军按英国操典训练，主要装备是第二次世界大战前后的英式步兵武器。

综上，1751年以后的政教合一制度，除了以三俗一僧的四位噶伦取代第巴一职和在原有机构、官职的基础上增设了某些机构、官职之外，其基本架构没有变化。清朝正式任命七世达赖掌管西藏地方政权，格鲁派各大寺院上层僧侣直接进入地方政府机构，形成政府内的僧官系统，他们以政府法令的形式多次提高寺院组织的地位，使格鲁派寺院系统成为具有行政、民事、军事、司法、经济管理职能的自上而下的独立体系。而作为甘丹颇章地方政权政治中心的布达拉宫，此时也达到了历史上最辉煌、最耀眼的顶峰。

罗丹曾经说过："整个法兰西就包涵在巴黎的大教堂中。"于乃昌先生基于此，认为"以藏传佛教作为统治思想的封建农奴制的'政教合一'统治的旧西藏，就包涵在拉萨的布达拉宫中"[①]。布达拉宫建筑各部分的职能正是这一论断的具体体现。

一、白宫——行政中心

1642年，五世达赖喇嘛得到蒙古和硕特首领固始汗的支持，建立起甘丹

---
① 于乃昌.西藏审美文化[M].拉萨：西藏人民出版社，1999：147.

颇章地方政权,拉萨再度成为西藏政治中心。据《五世达赖喇嘛传》记载,五世达赖执掌政教大权后,经师赤钦·衮曲群佩等大小官员们建议说:"根据历代王朝的制度,如果没有一个各宗谿的首府,政权就不会巩固。谿卡贡噶央孜宫①,离拉萨的三大寺较远,最好在早期布达拉宫的遗址上修建一座新的宫殿"②。根据此建议,1645年3月25日,五世达赖喇嘛发令重修布达拉宫,由第巴·索南热登主持施工③。1652年,五世达赖去北京觐见清朝顺治皇帝,次年受册封,正式确立为西藏地方的政教首领。当他回到拉萨时,白宫已竣工,五世达赖即从哲蚌寺下的甘丹颇章移居布达拉宫。由此可见,重建后的白宫就是作为甘丹颇章新政权的行政中心之用。

从历辈达赖喇嘛的传记来看,自从五世达赖喇重建布达拉宫,其后历辈达赖都将政权中心设在布达拉宫,在布达拉宫处理一切政教事务,并设立了一整套完整的行政管理体制。例如,在原有藏巴汗的古代法律十六条的基础上,删去了其中第一条英雄猛虎律、第二条懦夫狐狸律、第十六条异族边区律,制定新的法律十三条,并且在内容上做了新的解释;将以前萨迦掌管西藏地方政权时期所设置的十三种官职保留下来,并且设立了噶伦(原西藏地方政府的四位大臣之官名)、代本(藏军军职)、称本(管司法之官员)、称仁托唐巴(旧时手工业管理人员)、仔本(原西藏地方政府孜康——审计局的负责人)、涅仓(负责管理仓库者)、密本(旧时负责管理拉萨市区的行政人员)、杂涅(旧时负责管理草料的官员)、新涅(旧时负责柴薪的官员)、冲本(旧时负责经营商业的官员)、色译巴(宣旨钦差,传递君主命令的官员)、佣堆巴(收粮官,旧时将物资存入永备仓库的官员)、噶尔居巴(收仓员,旧时将物资存入永备仓库的官员)、宗本④、谿堆(庄园头

---

①指帕竹政权首府乃东的贡日噶布宫殿。
②五世达赖喇嘛阿旺·洛桑嘉措著,陈庆英、马连龙、马林译.五世达赖喇嘛传[M].北京:中国藏学出版社,2005.
③傅崇兰.拉萨史[M].北京:中国社会科学出版社,1994:157.
④宗:本意是"碉堡"、"山寨"、"要塞"。古代的宗,一般是各大、小酋长的驻地,到了14世纪,帕竹政权新建13个宗级地方行政机关。和平解放前夕,西藏设147宗(包括相当于宗级的谿卡)。宗本,即西藏宗政府,相当于县政府。

人，常住在庄园为领主办事的主要人员）等官职。同时，还设立了噶厦（原西藏地方政府）、译仓（秘书处）、仔康（管理财政收支的机关）、雪巴列空（总管拉萨郊区、政法、专为布达拉宫服役的事务机关）、细康列空（管刑事案件机关）、朗仔厦列空（司法机关）、孜差德列空（专管达赖喇嘛及时收支财务的机关）、雪拉让强佐列空（专管发放高利贷和宗教开支的机构）、拉萨涅仓列空（拉萨管理仓库的机关）、杂涅列空（管草料的机关）、糌协列空（管糌粑的机关）等行政机构①。这些机构大都设在白宫和"雪"②地方。

从西藏传统艺术审美色彩上来讲，白色象征和代表着正义、善良、高尚、纯洁、祥和、喜庆等较为稳固普遍的文化观念。而白色的对立色——黑色，则是自然地被认为恶魔的形象，以黑色象征和代表邪祟、罪恶和灾祸③。因此，通体白色的布达拉宫白宫正是甘丹颇章地方政权正义、崇高和吉祥的象征。

二、红宫——宗教中心

五世达赖喇嘛时期，格鲁教派确立了在西藏的优势地位，尤其是得到清政府的扶持，形成了格鲁派达赖喇嘛系统和班禅喇嘛系统与全体贵族统治西藏的局势，格鲁派的发展达到鼎盛时期④。1751年，清朝正式任命七世达赖掌管西藏地方政权，格鲁派各大寺院上层僧侣直接进入地方政府各级机构，形成政府内的僧官系统。他们以政府法令的形式多次提高寺院组织的地位，使格鲁派寺院系统成为具有行政、民事、军事、司法、经济管理职能的自上而下的独立体系。规定世俗贵族参政必须信奉格鲁派，还广建若干属寺，对其赐予土地、农奴，并令各地按量长期供给格鲁派寺院宗教活动费用，对僧人免除一切差税。许多佛寺还拥有僧人武装，往往以军事力量干预社会政治生活。文化教育上，"舍寺院外无学校、舍喇嘛外无教师"，寺院组织几乎

---

①东嘎·洛桑赤列著，郭冠中、王玉平译.论西藏政教合一制度[M].拉萨：西藏人民出版社，2008:76—77.
②藏语意为下方的意思，是指在布达拉山下的附属建筑部分，即现在的布达拉宫雪城。
③宗政.藏族的白色崇拜析源[J].西藏民俗，1998（4）.
④才让、牛宏.西藏佛教[M].兰州：甘肃人民出版社，2005:131.

长期垄断了西藏的教育，从精神上控制了西藏人民，对藏民族心理和性格的形成产生巨大的作用①。布达拉宫红宫作为宗教领袖达赖喇嘛的宗教活动场所，此时在人们心目中的地位无疑是至高无上的。

于乃昌先生说："如果说7世纪的布达拉宫，作为宫堡建筑，政治的象征，主要显示了人间奴隶主至高无上的权力和所向披靡的武功，那么，五世达赖重建的布达拉宫就由人间变成佛域，整座建筑就是一座神权的偶像崇拜"②。因此，由灵塔殿、佛殿和经堂等殿堂组成的，用于宗教用途的红宫，自重建以来，就成为布达拉宫最神秘的部分。再加上红宫是政教合一的领袖人物——达赖喇嘛的经堂，更增加了红宫的神秘色彩。

综上所述，17世纪以来扩建的布达拉宫由白宫和红宫两大主体建筑组成。首先，红宫为历代达赖喇嘛的佛堂和灵塔殿，它位于整座建筑的顶点和中心，自然是对雪域佛法至高无上的表达。二是西藏社会"政教合一"制度的抽象标识。红宫自然象征了须弥佛土境界，即宗教；白宫及"雪"内的噶厦政府的监狱、印经院、作坊、马厩等附属设施，是西藏政治的中心。"政教合一"的体现主要在色彩、布局层次、功能分布三个方面。在色彩上，整个布达拉宫外部主题色彩为红白两色，以红色代表宗教，白色代表政治；在布局层次上，教在上而政在下，即红宫在上，白宫在下，白宫合抱红宫；在功能分布上，红宫主要是宗教活动场所诸设施，而白宫则为西藏地方政府的办事机构③。另据《拉萨史》记载："清代拉萨市的一切重大政教活动和全藏盛行的各种节日的举行，或在布达拉宫内，或在红山后的龙王潭及其附近活动"④。布达拉宫在当时已经成为甘丹颇章地方政权政教合一的政权中心。

三、主要建筑的使用功能

公元7世纪的吐蕃兴盛时期，赞普松赞干布在拉萨红山上修筑了九层宫室。17世纪中叶，五世达赖喇嘛在统治青海的蒙古酋长固始汗的扶持下，建

---

① 董莉英.西藏政教合一制度产生、发展与衰亡[J].西藏民族学院学报，1999:20.
② 于乃昌.西藏审美文化[M].拉萨：西藏人民出版社，1999:148.
③ 杨嘉铭、赵心愚、杨环.西藏建筑的历史文化[M].西宁：青海人民出版社，2003:129.
④ 傅崇兰.拉萨史[M].北京：中国社会科学出版社，1994：158.

立了甘丹颇章地方政权。为巩固其政权，由第司·索朗绕登主持，在松赞干布所建宫城的遗址上建起一座宫殿，同时还建有碉楼、暗道和城墙等。整座城堡既能瞭望指挥，又能坚固防守。当时，白宫周围四堡的名称为天王堡、地母堡、福足堡和凯旋堡，突出地表现了巩固政权的性质。公元17世纪末叶，摄政第司·桑杰嘉措为修建五世达赖喇嘛灵塔殿，紧靠台北兴建了红宫及其配套建筑。红宫建筑功能与白宫显然不同。红宫在建筑布局和装饰等方面，更加重视藏传佛教的仪轨，形成了独具特色的"都纲法式"。

追溯历史，公元13世纪中叶，元朝皇帝忽必烈拜藏传佛教萨迦派高僧八思巴为帝师，授八思巴为"灌顶国师""大宝法王"。自此以后，西藏"政教合一"的制度初步形成。清朝初年，五世达赖喇嘛建立甘丹颇章地方政权后，清朝顺治皇帝册封五世达赖喇嘛为"西天大善自在佛所领天下释教普通瓦赤喇怛喇达赖喇嘛"。此后，清朝又授权七世达赖喇嘛建立噶厦机构，统一管理西藏政教事务，"政教合一"制度得以加强和完善。在噶厦机关设置之前只有噶伦。藏历第十三饶迥铁马年（1750年），即发生珠尔默特那木札勒事件的次年，七世达赖喇嘛格桑嘉措亲政后，上奏乾隆皇帝，正式设置了噶厦机关，并任命多仁·贡布欧珠热旦、多卡夏仲·次仁旺杰、顿巴·斯却次旦和孜准达汗尼玛杰布四人为噶伦。噶厦成立之时，达赖喇嘛亲临祝愿，赐新制"斯西德吉"印，宣布由此始，噶厦正式行使职权，负责办理西藏地方政府的政治、经济、文化和军事等内外事务。其中，重大政务和重要官员的任免，须禀报达赖喇嘛恩准。对所属各机关、各总管和各县、庄园的正常收支、执法等情况，依照权限范围，由主管人员共同商定，加印办理。官员任免、驮骑证明、杀人抢劫和其他未决悬案的处理、粮款支出、物资管理、建设项目的上马等，凡涉及政府的内外文武事务，均须经噶厦批准。有关边界和军事等重大事务，由噶伦和基巧堪布[①]（高级僧官职务）共同商酌后，

[①] 基巧堪布为达赖喇嘛的近侍，三品僧官，是八世达赖喇嘛强白嘉措所设，其主要职责是统管达赖喇嘛全体近侍人员、为达赖喇嘛日常生活服务、接转臣民向达赖喇嘛的禀奏。在日常政务中，其权力与噶伦相同。遇重大问题，与噶伦共同商议，并在总管各教派寺庙的布达拉宫译仓列空任职，办理堪布、铁棒喇嘛、执事和僧官的升迁任免事宜，与噶厦共同负责管理布达拉宫内达赖喇嘛储存金、银、绸缎等仓库的工作。

交八位仲译钦莫（秘书长）、孜本（孜康负责人）联席会议商定办理。如该联席会议仍不能决断，则须提交西藏官员大会，即三大寺堪布、执事、扎萨和台吉代表、八位孜仲、总司令、孜大堪卓（礼宾僧官）、南卓堪穷（西藏礼宾僧官）、警卫团长、僧俗官员（含较高一级和普通官员）代表研究决定，或提交全藏大会决定，即让全体僧俗官员、驻拉萨的扎什伦布寺所属百姓头人、各代本（相当于团长）、丁本（相当于排长）以上官员、领政府薪饷的僧俗职员、各寺喇嘛、大小执事、普通僧人代表、前后藏各大部落和康区的头人及藏北代表等研究，制定实施方案，禀报达赖喇嘛恩准。噶厦雪设三名七品秘书，其职责是转发因公外出人员所需驮马证明；签发各县、各庄园所辖寺庙每逢冬至、夏至为达赖喇嘛消灾、祝福等佛事活动时的通知；登记各种庆典中的盘碟、器皿、供品、仪仗人员名单和布施供果等，草拟宗、豁官员任免文书和路途证明，由噶厦呈报达赖喇嘛盖印；代表噶厦处理一些零星事务，如帐篷出入库、赤热巴坚时所创建的乌香多寺的供施、抗霜祈雨的巡视以及工作手册中规定的各项工作。另外，在噶厦的工作人员中，设有藏汉翻译人员一人和由哲蚌寺吉索（总管寺庙公共财物收支的机构）指派的负责维修噶厦房屋的管理人员1人①。

在这种历史背景下重建和扩建起来的布达拉宫，作为西藏政教合一制度的最高权力中心，自然要适应政、教两方面的需要，红宫为佛事活动场所，白宫为历世达赖喇嘛的驻锡地和西藏地方政府噶厦的办事机构。此外，为满足这两种需要，还设有僧官学校、尊胜僧院、僧舍、玛基康、印经院和监狱等。

综上，布达拉宫曾长期处于拉萨的政治、宗教、文化的核心位置。它是西藏人民所创造的历史与文化的结晶，记载着藏汉民族团结协作的历史丰碑，成为西藏各族人民维护祖国统一、反对分裂的重要阵地，也成为了现代藏民族走向开放和未来的名片。布达拉宫内珍藏8座达赖喇嘛金质灵塔，5座精美绝伦的立体坛城以及瓷器、金银铜器、佛像、佛塔、唐卡、服饰等各类文物约7万余件，典籍6万余函卷（部），几乎囊括了藏民族在文化、艺术、

---

① 《西藏自治区政协文史资料》编辑部.西藏文史资料选辑Ⅱ[M].北京：民族出版社，2007:282.

宗教、科学等领域的所有精华，被誉为"世界屋脊的文化艺术宝库"。一千多年的变化发展，无疑使布达拉宫成为了一个西藏历史文化的"博物馆"，并在西藏文明史中占据重要位置。

据载，光红宫三年扩建，所用的民工的详细数据为：根据红宫三年内建成的计划，每年向各宗摊派乌拉民夫。第一年从日喀则和山南地区所属7个地方征调民夫。并向14处贵族庄园及寺院摊派，共支乌拉民夫5707名。第二年从山南和拉萨附近18个地方征调民夫，共支乌拉民夫5737名。各工种技工不在其数。修建红宫时除了从各地征集民夫5700余人外，还有石工、木工、铸造工等各种技工1760余人。画师有勉唐派画师洛扎·丁曾洛布等164人，钦孜派画师桑昂卡·次培等72人，共计236人。泥塑工有群培等35名。木工有总技师堆乃萨娃·加样旺布为首的描绘工、雕工、刻字工等各工种共260名。石工有总技师甲门达吉等共计376名。另外，还有铁匠、铜匠、金匠、涂壁工、船夫、裁缝工、制皮工、磨色工等。康熙皇帝特派修建金顶的汉族工匠老魏等共9人，还有尼泊尔金匠总技师恩度桑等工人共计184人，蒙古族搓线女工朗克等9人。每天参加这一浩大工程的有7700余人；施工点和材料来源为：巴康和左母然两处为铸造佛像点；拉萨噶丹康萨为木工施工地点；拉章索康处为缝纫厂；加日康萨为研磨颜料处；曲墨林卡为乌拉民夫及工头宿营地；岗布佣和夺底、堆巴、拉隆（拉萨以东蔡公堂附近）、迪热等处为采石场；帕崩卡为供红土点；拉萨东北侧查耶巴为供阿嘎土地点；拉萨河南岸哲地方供片石；布达拉宫东侧草地供土；岗布佣地区为采优质石条点；夺底为采金、银、铁矿石点；大型梁柱木材从觉热和工布地区运往拉萨；一般木料从拉萨近郊砍伐；从岗布佣和迪热采来的巨石条，以及工布和觉热运来的白杨和松木，部分用木筏和吹涨了的组合牛皮气包皮筏运往工地，大部分木料由拉萨河便桥运送对岸，然后用人力、马车、牲口驮运至工地。当时，拉萨河至布达拉宫施工地点那种繁忙嘈杂的景象，在红宫司西平措大殿楼顶画廊描绘的修建场面中可见一斑；所花费的经费为：红宫建筑材料、工头工人们的工资、塑造神像及法器和佛事活动费用共计二百一十三万四千一百三十六两银子。建造五世达赖喇嘛灵塔所用经费，仅金子一项，就是十一万九千零八十二两。灵塔镶嵌的珠玉珍宝及塔内所装藏物等费用达一百零四万一千八百二十八两银子。在《五世达赖喇嘛灵塔目录志》中，修建红宫时，工人、工头和民夫等人的酬劳等作了详细的记录，其中各工种总工头们每人每月九藏克（藏族古时计量单位）青稞，一腔羊肉，两个羊头，两升盐，两升油，茶叶三斤半，酥油七斤三两。乌拉民夫们每日除几次茶汤外，无分文工资，口粮均自备。

因此，在追溯布达拉宫的不可亵渎的神圣历史地位的同时，我们也不难发现：布达拉宫这座宏伟建筑的修建耗费了难以统计的人力、物力和财力。毫不夸张地说，一座布达拉宫的创建史，也是一部劳动人民的血泪史。

第五章 布达拉宫建筑文化遗迹

布达拉宫是西藏的标志性建筑,也是中华民族古建筑的精华之作。纵观布达拉宫的变化发展史,它跨越西藏社会自吐蕃至今一千余年的历史时期,见证着自公元七世纪以来西藏重大历史事件的变化和发展过程,蕴含着中华民族特有的精神价值和思维方式,展现着中华民族旺盛的生命力和创造力,凝结着各民族的智慧,是全人类文明的瑰宝,留下了众多珍贵的历史文化遗迹。

第一节 白宫建筑及其文化遗迹

一、德阳夏——东庭院

德阳夏坐落在白宫东侧,面积为1300余平方米,是旧西藏地方政府在布达拉宫内举行演出等大型活动的场所,专供达赖喇嘛及高级僧俗官员所用,是布达拉宫内最大的一座庭院。东庭院南北两侧为旧时的官房,东侧为僧官学校,西侧为进入白宫的三排台阶。庭院入口处悬吊的两具马皮鼓是旧西藏布达拉宫内的报时鼓,每晚21:00点击鼓后,布达拉宫内禁止走动和大声喧哗。庭院南侧有四层地宫,是旧西藏地方政府的重要库房,主要存贮大量茶叶。目前,东庭院及其周围的僧官学校、官房等建筑辟为布达拉宫管理处的办公用房。

在旧西藏,每年盛夏时节西藏各地的民间艺术团体,在此或歌舞,或表演藏戏向达赖喇嘛献艺，更为隆重的是每年藏历十二月二十九日举行的跳神——密宗黑帽舞，观看者拥挤不堪，达赖喇嘛及僧俗官员在白宫十二层正面大窗自上而下观看，重要外宾从东侧僧官学校靠东庭院的两层大窗观看，整个跳神持续一整天。另外，1994年，布达拉宫第一期维修工程竣工大典也是在东庭院内举行的。

二、孜罗扎——僧官学校

僧官学校位于布达拉宫东庭院东侧，面积为2158平方米，是一座四层的藏式碉楼，由七世达赖喇嘛格桑嘉措于1754年创建。

旧西藏，有私塾、官办和寺院三大教育形式。其中，官办学校起步较晚，分为俗官学校和僧官学校，其学生绝大部分是贵族子弟和富商子弟。创办官办学校的目的是为西藏地方政府培养各级僧俗官吏。

布达拉宫僧官学校[1]藏文音译孜罗扎，创办于1754年，校址原在罗布林卡，1788年迁至布达拉宫。因布达拉宫内的僧职人员必须通过孜罗扎的学习，所以又被称为"达赖的大学"或"达赖的政治大学"，由噶厦地方政府的"译仓"（秘书处）管辖。布达拉宫僧官学校学制不定，开设藏文、文法、公文格式、数学、蒙文、礼仪、正字法、书法训练、梵文、诗词等课程。老师一般由孜仲和山南敏珠林寺的高僧担任。学员来自三大寺、四大林及部分家庙，每期30人，既有贵族子弟，也有平民子弟，但大多数是贵族、富商子弟，享受公费学习，毕业后由"译仓"择优任用。

西藏的俗官学校名为"孜康罗扎"，坐落在大昭寺东侧，是七世达赖喇嘛格桑嘉措于1751年创办的，由噶厦地方政府的"仔康"（审计处）管辖。学校开设算术、书法、公文程式等知识，学制五年。学员大多来自受过私塾教育的贵族子弟，学员毕业时被授予"夏堆巴"，是西藏地方最低级的新官员名位，该资格认证是他们之后竞选地方各级俗官的必备条件。

客观上讲，西藏的僧官学校和俗官学校虽然已具备学校雏形，但算不上

---

[1]另一所僧官学校在日喀则，由七世班禅丹贝尼玛（1781—1853年）创建，名为"衮思"（遍观）学校。学校开设藏文、诗韵等课程，基本上与孜罗扎的教学内容相同。教师的俸薪和用品都由寺院方面供给。学员主要来自班禅的青年随从、富家子弟和扎什伦布寺。第九世班禅时期学校得到很大发展。

现代学校。西藏现代意义上的学校始于20世纪初张荫棠"查办藏事"时期。张荫棠上书清廷,提出治藏建议和西藏地方善后问题二十四款,积极倡导兴办教育,推广汉语言文字。1907年,驻藏大臣联豫上书朝廷,要求设立初级小学堂,得到经学部同意。1908年,设立了藏文传习所和汉文传习所。1909年,创办陆军小学堂。同年5月,已有"初级小学堂、藏汉文传习所及陆军小学堂等各类学校16所之多"。这些学校采取了新的教学方法,教学内容也在传统的藏文课的基础上,增加了各种科学技术知识,已接近现代学校教育,对西藏近代教育事业的发展无疑是一个很大的推动。

这一时期,西藏的局势动荡不安,各种矛盾加剧。十三世达赖喇嘛出走祖国内地和国外,亲眼目睹祖国内地和国外先进的文化科学技术,以及近代的建设。他深受启发,回藏后,采取发展教育和宣传科学的措施。1912年,派出芒种·喜饶贡桑、果卡哇·索朗贡布、强俄巴·仁增多吉、吉普·旺堆诺布4名贵族子弟去英国学习地质勘探、军事技术、机电、地形测绘等科技知识;派藏医学家擦珠·洛曼去日本留学。1914年,派桑顿·班丹曲旺、定恰·多杰坚参等人去印度学习军事技术;1921年,派雪仲吉苏循巴赴印度学习电报电话专业技术。十三世达赖喇嘛还下令在各宗创办藏文小学,规定凡藏族子弟不分贵贱,愿意者都可以进校学习。由于种种原因,藏文小学没有坚持办下去,但是十三世达赖喇嘛兴办教育推动了西藏教育,特别是科技教育的发展。

1924年,英帝国主义出于其政治目的,在江孜设立了英文学校,因三大寺的反对,只办了三年,1926年停办。1944年,创办了拉萨英文学校,仍未坚持下去。这一时期,在拉萨还建立了舞蹈学校、藏文楷书学校、藏文珠扎学校和电报业务学校等。

九世班禅在祖国内地期间,曾计划修建进藏公路,架设电台,分置邮电,兴办小学,教授藏文,再进而加授中文及科学常识,按期选派青年前往祖国内地深造。国民党政府同意班禅提出的方案,专门拟定"西藏建设初步计划",准备在西藏设立五所小学。遗憾的是因九世班禅在返藏途中病逝,兴办教育的计划落空。鉴于西藏没有现代化教育，1937年国民党政府设立了国立拉萨小学，隶属教育部蒙藏教育司。拉萨小学建立初期，有汉族、藏族、回族学生，也有尼泊尔驻藏官员的子女及商人子弟，主要教授藏文、汉文、历史、算术、地理、习字、音乐等。1942年，在邢肃芝校长的领导下，学校有了很大发展。学生从当初的不到百人增加到300多人，教职工达到20多人，在原有基础上增设了特别班和幼儿班。1947年，根据教育部意见，将原有班级调整为六个班，学制六年。1949年，由于受英帝国主义的挑拨，西藏发起"驱汉事件"，拉萨小学因此而停办[①]。

新中国成立后，在中央人民政府的大力支持下，各地区创办了各级各类学校，替代了寺院教育的主导地位，正式确立了西藏现代教育。教育的目的不再是为三大领主服务，而是为广大劳动人民服务。1950年10月，获得解放的昌都率先创办昌都小学，成立了由僧俗人员包括汉藏两个民族的学者组成的办学董事会。1951年5月23日，中央人民政府与西藏地方政府签订的《关于和平解放西藏办法的协议》就有"依据西藏的实际情况，逐步发展西藏民族的语言、文字和学校教育"的规定。1952年8月15日拉萨小学开学，第一校长由十四世达赖的副经师赤江·洛桑益西担任，董事会成员中除了西藏工委、西藏军区负责人外，还有擦瓦赤珠活佛等佛教界高僧，教师中有噶厦政府派来的僧俗官员，及三大寺的部分格西。教学内容除藏语文、数学、政治、自然常识外，专设宗教知识课，并按照寺院教育的做法，每天晨诵"文殊菩萨颂"等佛经。同年，筹办日喀则小学，校长由班禅经师嘉雅活佛担任，教师中僧人占了一定比例，佛学自然也就纳入了教学内容。这一时期，在西藏其他地区相继创办了多所包括公办、民办学校在内的小学，聘请一部分僧人授课。同时，举办各种干部培训班，学习文化、政治、军事、专业知识和技术。原来的官办学校、私塾和寺院教育多数依然存在，保持着原来的教学形式、内容和方法。一部分私塾随着现代学校建设高潮的到来逐步转为学校，但基本保持原来的教学内容。

---

① 次旺俊美主编.西藏宗教与社会发展关系研究[M].拉萨：西藏人民出版社，2001:459—468.

1956年，西藏第一所中学拉萨中学建成，共设5个初中班，3个初中预备班，两个师资短训班和1个喇嘛经学班。次年，经学班停办，调整了其他班。这一年，统战部资助银洋5000元，宗教界自筹3000元，在拉萨开办江阳医学院和喇嘛针灸班，共招收50名僧人，由汉族密悟法师和贾题韬居士负责授课。1958年，西藏公学（后发展为西藏民族学院，即现在的西藏民族大学）正式开学，成为新中国成立以后在内地创办的第一所西藏高等院校。

1959年3月，西藏上层反动集团为了维护封建农奴制度，发动了分裂祖国的武装叛乱。在党中央的领导下，叛乱很快被平息，并实行民主改革，彻底废除了西藏的封建农奴制度，为西藏民族教育事业的发展提供了优越条件。在以"民办为主、公办为辅"的办学方针指导下，创建了上千所民办小学，在校人数达到四五万人。从此，西藏学校教育彻底取代了传统的寺院教育，宗教僧侣不再干预教育，西藏的教育事业完全摆脱了宗教的羁绊，西藏现代学校教育真正走上了健康发展的道路①。

三、松格果觉——白宫门庭

松格果觉是布达拉宫白宫正面的入口处。白宫门庭呈四方形，内为四柱八梁的藏式建筑结构。柱间雕有莲花、八药师像等造型，雀堤中央雕制虎、狮、鹏、龙四兽。周围墙壁绘有极精美的壁画，其中，门庭入口两侧墙壁绘有吉祥回文诗，分别为宗喀巴赞颂词和六字真言图。东壁绘有从律经引用的僧人生活用具的样品、唐初长安城示意图和吐蕃婚使智闯"五难婚使"图等。西壁绘有四大天王像；北壁绘有吐蕃松赞干布时期布达拉宫正面全景图②以及文成公主进藏图③，大昭寺奠基开工和阿底峡尊者入藏宏法图等；南壁绘有五世达赖喇嘛晚年封桑杰嘉措为第司的藏文朱匣体告全藏文书，并盖有金汁的五世达赖喇嘛双掌印。

---

① 次旺俊美主编.西藏宗教与社会发展关系研究[M].拉萨：西藏人民出版社，2001:486—488.
② 为五世达赖喇嘛修建布达拉白宫时，临摹拉萨大昭寺金科梯西面反映松赞干布时代布达拉宫规模的壁画。
③ 壁画分上下两部分：上方是描绘7世纪中叶，唐朝文成公主进藏时，用车躬送释迦牟尼塑像（现大昭寺的主供佛）和各地举行迎接仪式的热烈场面；下方描绘尺尊公主修建拉萨大昭寺时，由文成公主算卦选址和山羊驮土填湖的情景。

1.藏语回文诗

藏语回文诗在藏语中称作"贡桑阔罗"，意为尽善妙轮，是藏语修辞学中有趣的一种诗文形式。藏文回文诗有九种修饰法，即拜达跋圆形回文诗、嘎玛诺难作回文诗、嘎玛易作方形回文诗、一世达赖喇嘛根敦珠巴难作回文诗、五世达赖喇嘛同韵难作回文诗、拜岗巴回文诗、九字难作回文诗、九字易作回文诗和班禅丹贝旺秋新创吉祥式回文诗①。回文图案诗可以从图案的纵、横、斜、顺向、逆向，或者从中心向上下、左右、顺逆各个方向诵读，均可构成完整的诗句，读出优美的诗文。因其形式变化多样，句义也随其变化而变化，绝妙无穷。其中，绘制在寺院的回文诗内容大都是对寺院或经堂主尊神灵的礼赞颂扬。

白宫入口北侧的为方形回文诗，所填文字属藏传佛教中的六字真言颂文。白宫入口南侧的为圆形回文诗，所填内容为宗喀巴的回文诗。

2.四大天王

东方持国天王，绘制于白宫东门门厅西壁南侧，身高2.5米，宽2.3米，身白色，手持琵琶。"持国"的意思是以慈悲为怀，保护众生，持国天王掌管佛国中心须弥山周围四大部洲中的东胜身洲。

南方增长天王，绘制于白宫东门门厅西壁北侧，身高2.5米，宽2.3米，身青色，手握宝剑。"增长"的意思是能让众生增长善根，护持佛法不受侵犯。增长天王掌管佛国中心须弥山周围四大部洲中的南赡部洲。

西方广目天王，绘制于白宫东门门厅南壁西侧，身高2.5米，宽2.3米，身红色，左手持宝塔，右手握长蛇。"广目"的意思是能以净天眼观察世界，保护众生。广目天王掌管佛国中心须弥山周围四大部洲中的西牛贺洲。

北方多闻天王，绘制于白宫东门门厅北壁西侧，身高2.5米，宽2.3米，身黄色，左手握吐宝鼬，右手持法幢，身后披彩云，降魔护财，又称施财天。"多闻"的意思是以福德之名闻于四方。多闻天王掌管佛国中心须弥山周围四大部洲中的北俱卢洲。

---

①彭措朗杰.中国西藏文化之旅——布达拉宫[M].北京：中国大百科全书出版社，2010：33.

3.吐蕃婚使智闯"五难婚使"图

位于白宫东门门厅东壁北侧，高1.72米，宽1.8米，描绘的是公元7世纪中叶吐蕃赞普松赞干布派大臣禄东赞赴京城长安向唐太宗请娶文成公主时，太宗皇帝五试婚使的有趣故事。

据《新唐书·吐蕃传》记载："太宗贞观八年，始遣使者来朝，帝遣行人冯德遐下书临抚。弄赞闻突厥、吐谷浑并得尚公主，乃遣使赍币求昏，帝不许"①。于是，赞普发兵攻唐，吐蕃大败。松赞干布派大相噶尔·东赞域松携带银币一百枚、一件珍宝制成的衣服、一头饰以璎珞之大象、半升金沙等礼品②前往长安求亲。

因此时前去求亲的还有印度、大食、冲木格萨尔王、霍尔王等地的使臣，所以唐太宗出了五道难题让使臣们比试，哪方使臣能顺通过测试，便将文成公主嫁予谁，这便是历史上的"五难婚使"的故事。第1道题是要求把一根很细的丝线，穿过一颗有九曲孔道的明珠。禄东赞把丝线系在一只蚂蚁的腰部。蚂蚁带着丝线，爬过明珠的九曲孔道，轻松把丝线穿了过去。第2道题是把一百匹母马和一百匹小马驹放在一起，要求辨认出哪匹马驹是哪匹母马所生。禄东赞把母马和马驹分开关了一天，断绝了马驹的饲料和水。第二天，再把它们一起放出来。饿慌了的马驹分别奔到自己的母亲那里去吃奶。它们的母子关系也就明晰了。第3道题是令各使者各领一百只羊、一百坛酒。要将羊杀了，剥皮、吃光肉、揉好皮、喝完酒。其他使节有的肉没吃完便醉倒了，有的皮没揉好便累倒。只有禄东赞令随从们慢慢地小碗喝酒，边吃边喝边揉皮子，最后完成皇帝交给的"任务"。第4道难题是拿出一百根头尾一般粗的木棒，令使臣辨认头梢。禄东赞将木棒推进水里，头重尾轻，重的沉下，轻的浮在上面，认得一清二楚。最后一道难题是让使臣从五百位宫女中辨认出哪个是文成公主。聪明的禄东赞打听到邻居的女儿是文成公主的侍女，便通过邻居了解到有关文成公主的生活情况。得知文成公主喜欢用一种

---

① 刘煦.旧唐书·吐蕃上[M],卷一九六,吐蕃上,北京：中华书局,1975:5221.
② 达仓宗巴·班觉桑布著,陈庆英译.汉藏史集[M].西宁：青海人民出版社,2017：81.

味道独特的香，而这种香味恰巧也是蜜蜂所喜欢的。于是，在辨认那天，禄东赞抓来一只蜜蜂，顺着蜜蜂飞往的方向，找到了文成公主。至此，5道难题全部被禄东赞团队解答出来，唐太宗心想，吐蕃大臣尚且如此聪明，首领也绝不会呆笨，最后决定将文成公主许配给了吐蕃松赞干布，并陪送不计其数的珍宝、本尊释迦牟尼佛像、占卜历算之书六十种、医药、十八种工匠、各种谷物种子、众多男女侍从等。

唐太宗诏令唐代著名人物像画家阎立德和阎立本兄弟俩所绘的《太宗步辇图》和《文成公主降蕃图》，真实记录了这一重大历史事件。可惜，《文成公主降蕃图》早已失传，仅《太宗步辇图》尚存北京故宫绘画馆，成为唐蕃友好画卷中的珍品。

4.文成公主进藏图

位于白宫东门门厅北壁东侧，高0.3米，宽0.6米，描绘公元7世纪中叶唐朝文成公主进藏时，用马车运输释迦牟尼12岁等身塑像和各地举行迎接仪式的热烈场面。

唐贞观十四年（640年），松赞干布派禄东赞到长安求婚，唐太宗同意以宗室女文成公主嫁与松赞干布。贞观十五年（641年），唐朝派江夏王李道宗护送文成公主。文成公主入藏时携带众多嫁妆入藏，《贤者喜宴·吐蕃史》记载如下．

"金玉所制之大告身、经典文书三百六十部、各种食品三百六十种、饮料调制法多种所穿之坚硬甲三百六十件、锐利武器多种，以上诸物为护持（松赞干布）之生命均赐予你；所载饰物三百种、玉片装饰之金鞍等等，为使王政美好这些均赐予你；绣以狮子、百鸟之五彩绸缎大垫，其上装饰以日月、彩虹、野兽、森林、大象及珍宝，这些为使（松赞干布）王惊奇均赏赐予你；如是，尚有诸种极稀罕之神变器物，执行寺庙十四种法规之措施，诸种字典和辞典、语法及咱纳嘎（tsa—na—ka）等等，以上之众多制度论典均赐予你；务农及改良土壤方法（或译耕地技术）之书籍、所施诸种众多之善行、掌握挤奶放牧之发展牲畜方法、算数及其书籍，这些出于爱戴亦均赐予女儿你；三百卷之汉地五行图经、能显示善业及罪业之镜鉴，这些出于爱戴，我亦均赐给女儿你；制造绝美之特殊工巧技艺六十种，这些出于爱戴，我亦赐予你；治疗四百零四种病之药物、百种观察法、五种诊断法、六部配药法、四部配药法等等。①

文成公主入藏时，随带有官员、译师、医生、工匠、和尚等500余人。唐以释迦牟尼像（12岁等身像）、珍宝、经书、经典360卷做嫁妆，并给以多种食物、珠宝、玉器以及卜筮典籍300种，营造和工技著作60种，能治404种疾病的药方100种，医疗器械6种，医学论著4种，还赠送大批绸帛、衣物和农作物种子，以及造酒、碾磨、纸墨等生产技术。从此，中原地区生产技术和科学知识传入吐蕃，吐蕃的药材、马匹运进中原。松赞干布还派聪慧青年到长安学习，并聘请内地儒生到吐蕃做文案官员，推进唐朝与吐蕃经济和文化交往。

贞观二十三年②，唐太宗卒，唐高宗即位。松赞干布派专使前往长安致祭，唐高宗授予松赞干布"驸马都尉"之职，封爵"西海郡王"，继之又赐封为"賓王"。松赞干布上书表示："天子初即位，若臣下有不忠之心者，当勒兵以赴国除讨"。唐高宗对松赞干布的忠心大为赞赏，下令树立松赞干布石像，与其他功绩斐然的王公将相的石像一起置于唐太宗陵旁，以示对他的奖赏。当时，唐朝对吐蕃实行了自商周以来逐渐制度化的、针对一些民族实行羁縻统治的和亲、会盟、封授等形式的和亲政策，这也表明唐朝对吐蕃在政治上已有一定的羁縻关系。后来，吐蕃又多次请婚大唐，唐朝将金城公主嫁予赞普赤德祖赞。823年，唐蕃互派大臣在拉萨会盟，立甥舅会盟碑，唐朝与吐蕃的羁縻关系进一步发展。

842年，吐蕃在宫廷争斗和奴隶大起义中崩溃，所辖地区处于分裂状态，群雄割据，互不统属，这种混乱局面与唐朝自安禄山叛乱到五代十国的

---

① 巴卧·祖拉陈瓦著，黄颢、周润年译注.贤者喜宴·吐蕃史[M].西宁：青海人民出版社，2017：176—177.
② 649年。

混乱局面相一致。960年，北宋王朝建立。宋朝开国不久，踞邈川、青唐（今青海省乐都、西宁）一带湟水流域的原吐蕃部落首领唃斯罗和凉州（今甘肃省武威）的藏族六谷部首领潘罗支归顺宋朝，称臣纳贡，助宋抵御西夏东犯，得到朝廷的封赏。继河陇各族自西汉由中央管理后，青海、甘肃东部藏族地区也陆续归附北宋管理，成为藏族与祖国各民族联系的天然纽带，将卫藏与中原紧密联接在一起。通过开展茶马互市，农牧业产品交换，藏汉经贸往来日益增长，进一步建立了藏汉两族人民经济上相互依存的关系。

公元13世纪初，成吉思汗以其强大的军事力量在中国北方崛起，先后攻略甘、青，灭西夏。1229年，其继位人窝阔台汗将甘、青藏族地区作为封地划归其子阔端。1240年，阔端兵临西藏。藏传佛教萨迦派首领萨班·贡噶坚赞与各地政教首领商定，遵照阔端的邀请，携其侄八思巴和恰那多吉北行，于1247年在凉州（今甘肃武威县）与阔端见面议定：西藏归附蒙古汗国，西藏官民皆为大汗之臣民；蒙古汗国确定萨迦派在西藏的佛教领导地位；其后又授予萨迦派势力管理西藏地方之权，从此西藏地方由萨迦政权统一管理。萨班致函西藏各政教首领详细阐述了上述议定内容。萨班·贡噶坚赞于1251年病故于凉州，八思巴继承了萨迦派教主职位。1271年，忽必烈建立元朝，任命八思巴为帝师兼领主管全国佛教和藏区事务的宣政院，八思巴成为元朝中央政权里的高级官员。元朝确定宣政院所管之藏区为全国十二省中之一省，宣政院多次派员赴藏清查户口，确定卫藏为十三万户，每万户设一名万户长。万户长以上的重要官员均经宣政院或帝师提名，呈皇帝委任。元朝在藏区驻军、划区、设治、委任官员、颁印、定税、建立驿站、立法审判，对藏区政教首领拥有至高无上的统辖权。随着中国各民族地区空前大统一的元朝的建立，西藏地区也纳入了元朝中央政府的有效管辖范围，成为元朝的一个行政区域，由此也带来了西藏地方内部社会政治的统一[①]。

5.五世达赖喇嘛告全藏文书

位于白宫东门门厅南壁中部，高2.5米，宽2.4米，是五世达赖喇嘛晚年

[①]《解放西藏》编委会.解放西藏史[M].北京：中共党史出版社，2008:11-12.

写下的一份诰书，内容为五世达赖喇嘛任命摄政第巴·桑杰嘉措管理西藏相关事宜，嘱托全藏僧俗众人要像对待五世达赖喇嘛本人一样对待桑杰嘉措，并向卫拉特蒙古等施主发函通告，将文书用金汁书写在布达拉宫白宫门廊内，还用生有吉祥轮纹的双手盖上手印，将政教大权尽行交付予桑杰嘉措。

1924年，十三世达赖喇嘛维修白宫东区寝宫时，特命画师次仁嘉吾等人按照五世达赖喇嘛期的壁画内容，重新绘制了门庭壁画，并用金汁加盖了十三世达赖喇嘛的掌印。有了我们今天看到的手掌印和诏书。

文书的具体内容为：

遵照皇帝敕封"西方胜善净土之佛祖、地上一切佛教之法王巴札尔达惹达赖喇嘛"谕，特致天下众生三围、四如、六岗等西藏境内僧俗人等、蒙古四十大部、卫拉特四部、青海湖边驻牧之王及王族等一切上中下之属：

奉天承运统驭大地之丹增法王，以其耿耿忠心及坚韧不拔精神之力，将自在佛宗喀巴大师之教推举于至高无上之地。水马年，将以桑珠孜大官为主的全体百姓及汗王本人族系作为无遮大供施，尽皆永远贡献出来。因本人无暇兼顾政教二务，故任命数辈第司负责统摄世俗政务。仲麦巴·桑杰嘉措此人不但系第司·赤列嘉措之侄，且有若干密阅新掘藏书内预言其将为藏地首领。故，自木兔年始吾即多次命其任第司。但因其恳切推辞，不得不允其请。经卜卦，卦相显示朗杰扎仓管事罗桑锦巴为第司一职的最佳人选，遂任其为第司。他为人清廉，对政教事务恪尽职守。本望他继续任职，但鉴于任职年限已满，他担心出现动乱，故恳切请辞。吾又卜卦二三次，并向白海螺头巾之大梵天神请示，结果与其所请相符，故准其辞职。任命新第司已成为大势所趋。他人皆不堪任此职，便以过去卜卦所得预言等现象为由，再次向仲麦巴·桑杰嘉措恳切劝说。他则不置可否，拖延时光。吾便以'养白海螺为除鳄鱼'之谚开导，不容其推辞，于是他只得领命。但是，又请求以后某时准其辞职。本来，他真正出家为上，但遍智根敦嘉措以前之噶当派历史，并非唯一可资效法之本。自甘丹颇章政教二制得以发扬之初的甲、僧二第司迄于今朝，除第司罗桑锦巴外，无一人居守梵行。尤其是目前，我派已超过帕竹和藏巴第司曾有过的势力，成为东部打箭炉以远的主人。为了管理，需要军事、法律等各种严厉措施，仅凭梵行一条来衡量是否严守戒律，其难亦大矣。吾任其为司库，直至其不能履行职责为止，是因我无暇应付世间俗务，令其做我代理而已。其所做与吾所为毫无区别，众人不得说长道短，皆须遵命而行。若于吾与第司之间挑拨，则会严重祸及为公之心。故不得弄虚作假，奸诈狡猾。一旦第司因年龄原因而卸任时应与以往卸任第司同等对待，满足其各项意愿。

在圣域（即印度）称为'斯达巴'，在我藏地称为'顿珠'，于文殊师利皇帝国度称为'已未'，按五行计为土羊年，五月上弦第二胜日（藏历五月十二日）书于四缘之门俱开之布达拉宫"。①

四、措钦夏司西平错——东大殿

措钦夏司西平错位于白宫第四层中央，总面积达670平方米，建于1645—1648年间，是白宫内面积最大的大殿。1650年，五世达赖喇嘛从哲蚌寺迁入布达拉宫后，在此举行了第一次新年仪式，自此，东大殿成为西藏地方政府（甘丹颇章）举行重大活动的主要场所，这里曾举行过自七世以来历代达赖喇嘛的坐床典礼和亲政大典，是宣读皇帝诏书、任命高级官员的场所。

东大殿殿北中央设有达赖喇嘛宝座，上方悬挂清同治皇帝御笔"振锡绥疆"金字牌匾。大殿四周绘有极精美的壁画，其中有藏民族人类起源传说、藏民族文化及宗教的产生以及发展过程、吐蕃政权简史、金城公主进藏图、一至四世达赖喇嘛的肖像等，这些壁画多是依照五世达赖喇嘛授意创作的，并由当时全藏最著名的画师——后藏人曲印加措为首的众多著名画师利用三年才绘制完成。

五、极乐室

位于白宫第六层南侧西端，室门朝北，窗户朝南，室内为二开间，是西藏噶厦地方政府的办公地点。

噶厦是原西藏地方政府的最高权力机构。1751年，七世达赖喇嘛格桑嘉

---

① 旺加. 寻踪世界文化遗产——布达拉宫[M]. 拉萨：西藏人民出版社，2015：18.

措上奏清朝乾隆皇帝，正式设置噶厦地方政府机构，并被赐予大印。从此，噶厦统管西藏的政治、经济、文化和军事等各项事务达二百余年。清朝时，驻藏大臣曾直接领导该机构，统一管理全藏政务。此机构由1名僧官噶伦和3名俗官噶伦共同组成，内设2名噶仲（噶厦秘书）和3名噶准（噶厦传达官）分别负责，行使职权。噶厦下属的主要办事机构有僧官组成的秘书处和俗官组成的人事审计处。其直属机构有玛基康、财政部门、立付局、粮务部门、农业局、建设局、拉萨市政府、拉萨专区、法院、社会调查局、邮电局、藏医院等。

六、孜嘎

孜嘎即孜森穷嘎，位于东日光殿和西日光殿门口的过道上，是达赖喇嘛的传呈机构，由接待宾客、传达命令的官员大卓尼（四品僧官）负责。该机构由五品僧官16名、赤巴堪庆达尔罕职位的侍卫1名、六品僧官3名组成。其主要职责是传达达赖喇嘛的各项政教指令和对各级僧俗官员的任免令。僧俗重要官员因事外出，均需经过该机构向达赖喇嘛禀报或辞行。西藏各机构、各地总管、宗本、豁本等经摄政宫、噶厦、秘书处禀报达赖喇嘛的呈文，均需经大卓尼呈送达赖喇嘛。大卓尼还有权检查噶厦及其所属机构官员遵守工作制度的情况，并直接禀报达赖喇嘛。

七、森琼尼伟夏——东日光殿

森琼尼伟夏——东日光殿因建于白宫顶层（第12层）东侧，采光较好，被称作东日光殿。该殿建于1922年，为十三世达赖喇嘛时期的建筑，是白宫最晚落成的建筑。东日光殿坐北朝南，总面积398.71平方米，殿内有议政厅、会客厅、习经厅、寝室、传达室等建筑，是第十三世达赖喇嘛晚期和十四世达赖早期起居生活和从事政治、宗教活动的主要场所。

1.措钦甘丹朗赛——东日光殿议政厅

措钦甘丹朗赛——东日光殿议政厅是十三世和十四世达赖召集西藏地方政府四品以上官员处理政教事务的地方，也是达赖喇嘛举行高层小规模宗教活动的地方。

殿内平台中央设有达赖喇嘛法台宝座，西侧上方悬挂十三世达赖喇嘛的画像，平台北侧佛龛内供有宗喀巴师徒三尊像及其他各类佛像。平台东侧隔扇内设有达赖喇嘛专用洗手间，西侧隔扇内是达赖喇嘛存放文书资料室。大殿正东面的窗台是达赖喇嘛向德阳夏（东庭院）广场观看跳神、歌舞的观戏阁。殿内铺满满蒙式黄底兰花地毯，柱前陈设大型花瓶。四周墙壁绘有非常精美的壁画，其中东墙绘有四周环绕众多僧俗服侍人员的十三世达赖喇嘛像和中原风格的印度金刚座图；南壁西侧绘有《俱舍论》中描述的须弥山①、四大洲②、八小洲等佛教宇宙形状图，中间画有金刚持佛刹土。南壁东侧绘释迦牟尼佛四大宏业之一的大神变图；西壁北侧绘有连环画形式的香巴拉国九十六座城市图③，表现了香巴拉国盛行时轮等佛教元素。旁边还画有勉唐画派传承风格的释迦牟尼在吉祥哲蚌大宝塔④讲解时轮根本续的场面。西壁南侧绘有中原风格的五台山景色图。北壁绘有释迦牟尼神变图等⑤。

（1）五台山

五台山位于山西省五台县东北部，距山西省会城市太原230公里，海拔2890米，又名清凉山，佛书中所说南赡部洲五大圣地之一，传为文殊菩萨讲经

---

① 须弥山梵语，意译"山王"，为佛教中记载的世界中心和最高最大的山。须弥山呈长柱形，上下俱大，中腹内收，四面分别由东白银、南琉璃、西水晶、北黄金四宝构成。周围咸海又被铁围山围住。每一个这样的世界，各有一个太阳、月亮和无数星星组成。
② 四大洲：世界中居住人类的地方有四处，名四大洲，分布于须弥山四方的咸海中。我们这种人类居于南赡部洲。佛教认为须弥山南面蓝色的琉璃，光射南方，故南赡部洲的海水，变成蓝色，海洋的蓝色光反射到空中，天空就变为蓝天了。四大洲旁侧各有两个中洲。各方四大洲和八中洲形状各不相同。东胜赡身洲呈半圆形，南赡部洲呈三角形，西牛货洲呈正圆形，北俱卢洲呈正方形。
③ 直径0.7米。据《西藏王臣记》记载，香巴拉开国之君月贤王在迎奉《时轮金刚经》回国途中，在玛拉雅大林内创建圆满坛城（即曼陀罗）。从此，香巴拉国迦罗波都城的所有众生都享有金刚乘的缘分，依次登上无畏狮子宝座的国王共33位。图中所绘的曼陀罗再现了香巴拉这个雪山环列，状如八瓣莲花，花瓣之间河水周匝流布，时轮佛经盛传各方的理想世界。
④ 吉祥哲蚌大宝塔：据说释迦牟尼当初应香巴拉法王达哇桑布之请，在吉祥哲蚌大宝塔讲述了《时轮根本续》等经典。此佛塔位于印度东部的阿都迦雅。由37根雕有四大天王的宝柱和四周绘有金刚界坛城的大门等组成，高约400米，四周有上百座小塔。西北和西南两处有尊者菩提庙和观世音菩萨庙，东北和东南两处有救度母佛堂。内周绘有生动的释迦牟尼生平经历画，围墙上筑有约2米高的排列整齐的小白塔。藏地大学者布顿·仁钦珠绘有世称"具德哲蚌佛塔"的著名唐卡。
⑤ 壁画直径0.26米，相传释迦牟尼在世时，曾于藏历某年1月的上半月，每日显示种种神通变化，以制伏众多邪魔外道。此图描绘释迦牟尼显示神变。

说法的根本道场，是中国佛教四大名山之一。山顶有五个高台：中台金山如狮子神威，东台水晶山如大象咆哮，南台阿州山如骏马躺卧，西台红宝山如雀齐屏，北台蓝宝石山如共命鸟交错。

历史上很多到中原地区传法的藏传佛教高僧，如，八思巴、噶玛噶举第三世黑帽系活佛让迥多吉、大慈法王释迦益西、章嘉呼图克图、十三世达赖喇嘛等都曾在此留居和传法。

据《清凉山志》记载，早在58—75年（东汉永平年间），五台山已有寺庙建筑。隋唐时期，五台山就盛名远播，吸引了佛教僧人前往朝圣观光。"唐龙朔年中，频敕西京会昌寺沙门会赜共内侍掌扇张行弘等，往清凉山（五台山）检行胜迹……赜等既承国命，目睹佳祥，具已奏闻，深称旨。于是，清凉圣迹，益听京畿，文殊宝化，昭扬路……赜又以此山图为小帐，述略传一卷，广行三辅云。"《五台山图》问世后于中唐时期最早传到日本。不久，又传到西北敦煌，并绘制于敦煌石窟的壁画上。关于吐蕃派使到五台山求取《五台山图》事，汉文《旧唐书》《新唐书》《唐会要》等均作了简略记载。在藏文史料中，记载较详的当推《拔协》，其中记述了吐蕃使臣桑西等人为求《乎尔加经》前往五台山。在五台山求得佛经后，还到"德乌山（五台山）"顶的文殊菩萨殿中求取寺院图样。

自元代起，藏传佛教高僧及信徒到五台山朝拜者日益增多。元代，在五台山进行佛事活动的代表人物一是益西仁钦；再就是大名鼎鼎的萨迦第五祖大元帝师八思巴；还有噶玛噶举黑帽系第三世活佛让迥多吉也曾到五台山朝山布道，致使五台山逐渐成为藏传佛教在中原的一大中心。明、清两朝，藏传佛教在五台山得到了空前的发展和繁荣。1406年，噶玛噶举黑帽系第五世活佛却贝桑颇应诏前往南京，次年，来到五台山"建大斋，资荐大行皇后"。1423年，萨迦派上师昆泽思巴应诏去南京之后，又到五台山云游朝拜。1414年，格鲁派创始人宗喀巴的弟子释迦益西也曾到五台山传扬佛法。清顺治年间，世祖诏命高僧阿旺罗藏前往五台山，敕封为"扎萨克"大喇嘛、"总理五台山番汉僧人"。至新中国成立时止，历任五台山"扎萨克"大喇嘛共19

任。清代，曾经前往五台山圣地的藏传佛教高僧还有第三世章嘉活佛若必多吉和第十三世达赖喇嘛等。章嘉·若必多吉作为雍正、乾隆两朝国师，到五台山的次数最多，时间也最长，后圆寂于五台山，乾隆皇帝特令予以"金顶玉葬"。至今，其灵塔仍矗立于镇海寺的永乐院中。1908年初，十三世达赖喇嘛到五台山，在此处停留时间达半年之久。十三世达赖回到西藏后，在其扩建的金色颇章的格桑德吉二楼，令画师绘制了五台山图，以表达对五台山的怀念之情。

五台山寺庙林立，汉系佛教寺庙与藏传佛教寺庙并存，故有黄庙和青庙之分，黄庙即指藏传佛教寺庙。据统计，清世宗雍正时，五台山仅规模较大的藏传佛教寺庙就有26座，僧人千余之多。到民国时仍有"黄衣僧（指藏传佛教僧人），大寺六七，中小数十，总计僧徒约三四千人"。据妙舟法师所撰《蒙藏佛教史》载，五台山主要藏传佛教寺庙为文殊寺、镇海寺、寿宁寺、普乐院、罗睺寺、台麓寺、金刚窟、涌泉寺、七佛寺、三泉寺、善财寺、普恩寺、慈福寺、十方堂。在上述寺庙中，规模和名声最大的当数位于灵鹫峰的文殊寺（又称喇嘛宫），"此寺位于台怀镇海拔1789米的灵鹫峰上，红墙黄瓦，金碧辉煌，气势宏伟，规模巨大。该寺占地45亩，殿堂400余间，最盛时有千余僧人"。

（2）四大部洲

佛教所说，人类居住的地方有四处，名四大洲，分布于须弥山四方的咸海中。四大洲旁侧各有两个中洲。各方四大洲和八中洲形状各不相同。东胜身洲呈半圆形，南赡部洲呈三角形，西牛贺洲呈正圆形，北俱卢洲呈正方形。

2.森琼达旦白孜——东日光殿会客室

东日光殿会客室是东日光殿采光最好的宫殿，是达赖喇嘛会见贵宾的地方。殿内设有达赖喇嘛的宝座及贵宾坐席，宝座上方悬挂上师会供唐卡一幅，殿北佛龛内供奉有长寿三尊佛像（无量寿佛、白度母、尊圣佛母）及其他精美造像，南墙上画有西方乌仗那赫如嘎坛城图等勉唐派和钦孜派传承风格的壁画，以及圣僧图。

1956年5月6日，陈毅副总理率中央代表团参加西藏自治区筹备委员会成立大会时，亲临布达拉宫，在此会见了十四世达赖。对于陈毅副总理的此次西藏之行和布达拉宫的会见，《西藏文史资料选辑Ⅱ》收录的魏克撰写的《毛主席派来的亲人》，详细介绍了陈毅副总理参加西藏自治区筹备委员会的经过。其中提到，5月6日，陈毅副总理在达赖喇嘛陪同下，参观了布达拉宫。参观中陈毅副总理说："布达拉宫是祖国伟大的古建筑，应该认真保护。"达赖喇嘛对陈毅副总理说："五世达赖喇嘛曾在政治上统一了西藏，七世达赖喇嘛在宗教上有很深的造诣。"陈毅笑着对达赖喇嘛说："你十四世达赖领导全西藏人民在自己的家乡建成社会主义，西藏的政治和宗教都将得到发展。"陈毅副总理向释迦牟尼等佛像和历代达赖喇嘛的佛塔献了哈达①，并与十四世达赖共同探讨了西藏的发展和贯彻中央对西藏的路线、方针、政策，以及民族、宗教等方面的问题。

（1）无量寿佛

又称长寿佛，一头二臂，身红色，顶有肉髻，戴五佛宝冠，上披天衣，下着绸裙。身佩珍宝璎珞，具足一切报身佛的种种庄严，双手持定印而持长寿宝瓶，两足金刚跏趺安坐于莲花座上。无量光与无量寿为同一人，无量光是法身佛，长寿佛或无量寿佛是报身佛，他是莲花部部主，其功德是保证生命不受侵害，令众生长寿无病。

（2）白度母

藏语称"卓嘎"，因在面、手、脚处共具七目，又称七眼佛母。白度母一头二臂，身白色，头戴五佛冠，发黑色，三分之二挽髻于顶，三分之一成两绺披于两肩，右手置膝持花，左手当胸，以三宝印捻乌巴拉花茎，花开敷于左耳际，花有三朵，一含苞，一半开，一全开，三朵表三宝，身着五色天衣绸裙，具耳环、手钏、指环、臂圈、脚镯和三宝珠璎珞，双跏趺坐于莲花座。额上之目观十方无量佛土，尽虚空界无有障碍。其余六目观六道众生，

---

① 《西藏自治区政协文史资料》编辑部．西藏文史资料选辑Ⅱ[M]．北京：民族出版社，2007：355—362．

凡被其观者尽得解脱。

（3）尊胜佛母

简称尊胜母，藏语称"那迦玛"，是一尊女身相菩萨，有三面八臂，中面和八只手臂都是白色无瑕，表熄灭灾难。三面额上各尊胜母左脸黄色，表增福延寿，右脸蓝色，表降伏魔障。两手着金刚交杵，一手拿绳索。右侧第一只手托着一尊小化佛，第二只手持箭，三只手的掌心向外作予愿印。左侧第一只手臂上扬，第二只手持一弓，第三只手生一眼，头上绕有发髻，戴花冠托一只净瓶，瓶中长有一朵青莲花[①]。

（4）圣僧图

象征师君三尊的圣僧图，是萨迦班智达贡噶坚赞在桑耶寺讲经说时，念诵并希望后人能铭记尊者先贤的恩泽和业绩而绘制的。中央为莲花生大师，莲上宝剑寓意断愚痴，表示文殊菩萨的化身赤松德赞。赤松德赞与莲花生大师虽为施主与福田关系，但本体相同，故以所依和能依的师徒形式来表现。因赤松德赞是莲花生大师心传弟子——君臣二十五位中的首席弟子，故以剑置莲蕊之状绘制。莲柄右侧的双头黄鸭表示堪钦希瓦措（大亲教师寂护）和迦玛拉希拉（莲花戒），他俩虽然讲经说法的方式不同，但所持的观点和教派思想一致，故画成一身双头相。又因两位堪布都是着褐黄色法衣僧人，故以黄鸭表示。左侧的双头鹦鹉表示噶瓦·拜则和焦若·鲁坚赞两位译师，他们虽思想一致，传法的方式却不相同，因此画成一身双头像。鹦鹉能操鸟语与人语，译师也通晓印藏双语，故以鹦鹉比喻译师。上述图案绘于海中，则有风水上的意义。因有桑耶寺日后会有火灾的授记，班智达希望此图能禳此患，所以圣僧图同时又是"镇火图"[②]。

（5）上师绘供唐卡

唐卡是流行于西藏地区的一种卷轴画，通常绘于布帛与丝绢等上，多呈长方形。唐卡按质地作法可分彩绘（纸面、绢面和布面）、织锦、刺绣、缂

[①] 旺加.寻踪世界文化遗产——布达拉宫[M].拉萨：西藏人民出版社，2015（12）:28.
[②] 旺加.寻踪世界文化遗产——布达拉宫[M].拉萨：西藏人民出版社，2015（12）:28—29.

丝和贴花唐卡。唐卡的题材十分广泛，可以说是反映西藏文化的百科全书。唐卡的主要画派有勉唐派、钦孜派和噶玛嘎赤派。此唐卡悬挂在达赖喇嘛坐榻上部，高1.7米、宽0.9米，质地为布料。画面描绘众上师排坐成一棵如意树的形状，树上共有357位藏传佛教格鲁派的上师像。

3.森琼平措贡司——东日光殿护法殿

森琼平措贡司——东日光殿护法殿是达赖喇嘛专用的护法神殿，是祈祷本尊护法神的求神处。殿内设有佛龛，龛内供奉达赖喇嘛本尊六臂依怙神、乃琼护法神，吉祥天女护法神等银铜质像。佛龛一侧设有达赖喇嘛打坐参禅的宝座，墙壁上悬挂垂帘护法神像唐卡，墙壁上绘有汉式风格的八大得道者图，靠窗一侧设简易卧床。

（1）乃琼护法神像

乃琼护法神像高0.36米，宽0.15米，质地为药泥，为公元十八世纪左右的西藏工艺。乃琼护法神像，右手持黑色牛毛绳幢，左手持弓，顶戴用五颗人头和莺羽装饰的纯金头盔，胸前戴明镜，颈上戴珊瑚念珠，立于地面。

乃琼护法神即乃琼多吉扎丹，赤松德赞时期被莲花生大师封为护法神，后来又被各教派的上师和大多数寺院封为护法神，是历代达赖喇嘛的护法神，尤其是从五世达赖喇嘛开始，被封为西藏地方政府的护法神。地方政府凡遇非常重要事情，都需向护法神请示，他是所谓红黑两位护法神中的红护法神[1]。

（2）吉祥天女护法神像

吉祥天女护法神像高0.52米，宽0.35米，质地为镀金红铜，为公元十八世纪左右雪如愿场工艺。吉祥天母像肤呈深蓝色，一面双臂，右手持金刚杵装饰的棒，左手持盛满真言芥子和鲜血的颅碗。张口露齿，囫囵吞吃人尸，愤怒的脸上有三只红红的眼睛，头发向上竖起，眉毛和胡须像在燃烧。顶戴用纯金打造的五颗人头的天冠，饰耳环和五十颗湿人头的项链。身着湿虎皮裙，用两条蛇做腰带。在翻腾的大海中，骑着桔黄色的白额骡子，用罗刹的

---

[1] 平措次旦编.西藏珍贵文物造像源流[M].北京：中国旅游出版社，2006.3：201.

头骨做鞍子，鞍子前端挂一个疾病袋子，鞍子末端挂一只彩色的线球，腰间插一鳞文板，红色的包袱和黑白骰子筹码挂在鞍子前端，头顶打着孔雀羽毛的宝伞。右边是塌鼻兽面随从，左边是狮面随从。从五世达赖喇嘛开始，吉祥天母成了历代达赖喇嘛的主要护法神。同时又是西藏甘丹颇章政府红黑两个护法神之一的黑护法神。地方政府凡遇大的事情，就在吉祥天母像前占卜，请求赐予吉凶预兆①。

（3）大威德金刚唐卡

大威德金刚唐卡悬挂在护法殿达赖喇嘛宝座上部的宗喀巴唐卡旁边，高0.72米，宽0.53米，质地为布料。画面中央为藏传佛教密宗的独雄本尊大威德金刚像。密宗教法说："有伏恶之势，谓之大威；有护善之功，谓之大德。"在藏传佛教中有明王中的大威德，有菩萨中的大威德，有迦楼罗中的大威德。这幅唐卡描绘的是文殊菩萨化身的大威德金刚像。

（4）十一面观音唐卡

十一面观音唐卡悬挂在护法殿北壁西端，高0.62米，宽0.42米。十一面千手千眼观世音菩萨是藏传佛教的怙主。十一面千手千眼观世音有叠生的四个头，头部顶层为红色的无量寿佛相，八只主臂，中间两臂双手合十，右侧各手依次持佛珠、施无畏印和法轮印，左侧各手依次持莲花、宝瓶、弓箭等，其余各手均施与愿印。后千手千眼呈扇形，组合成多重圆形的身光②。

4.森琼其美朗杰——东日光殿寝宫

寝宫入口处设有达赖喇嘛的僧官坐位，宫内靠西设有达赖喇嘛的宝座，靠窗设有经师坐位，北侧设有木雕藏式柜及佛龛，龛内供奉长寿三尊佛铜鎏金像，配戴纯金质冠。坐榻背后墙壁上绘有宗喀巴像，周围绘阿底峡尊者、俄·勒贝西饶、仲敦巴·杰瓦穷乃等像，里间为达赖喇嘛卧室，按比丘僧传统陈设。

此宫及其套间内既是达赖喇嘛起居生活的寝宫，又是学习知识的主要场

---

① 平措次旦编.西藏珍贵文物造像源流[M].北京：中国旅游出版社，2006.3：202.
② 彭措朗杰编著.布达拉宫：汉英对照[M].北京：中国大百科全书出版社，2012.1：52—53.

所。达赖喇嘛的日常活动由内侍系统管理。其中，基巧堪布（达赖喇嘛的近侍总管）由一位三品僧官担任。其主要职责是统管达赖喇嘛的全体内侍，转送奏文和批文。在日常政务中，基巧堪布与噶伦的权力相同。达赖喇嘛的膳食，由司膳堪布（三品僧官）负责，下辖司膳堪穷、厨师等二十余人。达赖喇嘛寝宫、禅室的服饰和器具等，由司寝堪布（三品僧官）负责，下辖管理员和轿夫等二十余人。达赖喇嘛寝宫、禅室的经书、法器以及佛事活动等，由司祭堪布（三品僧官）负责。司祭堪布还直接管理尊胜僧院的法纪。

（1）顿巴奔西——和睦四瑞

和睦四瑞寓意和睦与幸福。西藏群众常在室内墙壁上装饰和睦四瑞图案，用以寄托这个美好的愿望。关于和睦四瑞，还有一个美丽的传说。据说，在一个叫迦湿地方的茂密森林中，鹧鸪、兔子、猴子、大象和睦友好地生活在一起。有一天它们觉得需要分出长幼，年轻的应该尊敬年长的。鹧鸪指着一棵尼枸卢陀树问大家，到底是谁最早看见它的。大象说，它第一次看到这棵树时树跟自己一般高。猴子说，它第一次看到这棵树时树也已长得像自己一般高了。兔子说，它第一次看到这棵树时，树才长出两片叶子，它曾舔过叶子上面的露水。鹧鸪说这棵树是它吞下的种子在此排泄后所生。于是大家便分出了长幼，越后说者越大，也就越应受到尊敬。当遇到危崖深涧时，它们按鹧鸪、兔子、猴子、大象的顺序一个骑在一个背上而共同渡越。后来鹧鸪又说："我们仅知尊敬礼让是不够的，还应该戒除杀生、偷盗、邪淫、妄语及饮酒"。于是大家又按照鹧鸪教导的五条戒律和睦生活着，并四处教化调伏森林中其它飞禽走兽。由此，当地风调雨顺，树木花果一片繁茂。当地首领得知此事后，也率众效仿。之后，整个南赡部洲人也都仿效而行，整个世界一片祥和。

（2）次仁南乘——六长寿

六长寿是指长寿岩、长寿水、长寿树、长寿老人、长寿鹤、长寿鹿。六长寿之首为长寿岩：从前中原大地上有个叫清净乐土园的地方，幽静而令人神往，风景如诗如画，其中央有座混沌初开时形成的酷似右旋螺的石山，它对世间的灾难视若无睹，巍然屹立。此山被无量寿佛加持，高耸入云，无凡夫俗子行走踩蹋的烦恼，只有无量寿圣水流淌不息。第二是长寿水：因受长寿老人的加持，背靠着形似白海螺的石山山湾中，有一眼能免除生老病死、具有八种功德的寿泉，为养育众生而永不停息地流淌着。第三是长寿树：长寿树即无忧树，其树根深叶茂枝繁，硕果累累，是众生乘凉的好去处。若被其树荫遮蔽或能品尝它的一个果实也会长生不老。第四是长寿老人：长寿老人居住在长寿岩旁边，在此幽静的地方修炼千年，获得无量寿如意妙果，超脱了土、水、火、风四大种的制约而得自由自在。他的胡须眉毛洁白如海螺，面容白里透红，着汉式修持者装束，右手拄以长寿瓶装饰的手杖，左手捧着千年一熟的一颗仙桃。第五是长寿鹤：长颈高腿，羽毛黑白相间的两只丹顶鹤，在长寿老人的庭院中，常行财施和无畏施，招来各种美丽的飞禽，深得众鸟尊敬。第六是长寿鹿：距长寿老人居所不远处，像镜子般平坦的绿草地上，雄鹿和母鹿在一起嬉戏，悠闲自在地享受着那里的水草。由于受长寿老人的加持，真正享受无生老病死的快乐。因此称六长寿[①]。

八、森琼尼伟努——西日光殿

西日光殿建于1645年，为五世达赖喇嘛时期的建筑，是自五世达赖喇嘛以来历代达赖喇嘛起居生活和从事政治、宗教活动的主要场所。位于白宫顶层西面，座北朝南，采光面积很大，从早到晚，阳光灿烂，故称西日光殿。殿内陈设考究、古玩珠宝、民族工艺品、造像唐卡等。

1.措钦索朗烈吉——西日光殿大厅

措钦索朗烈吉是西日光殿中面积最大的大厅，是自五世以来历代达赖喇嘛举行议政和达赖喇嘛与清中央驻藏大臣会晤以及甘丹颇章地方政权发布政令、任命官员等重大政治活动的场所，也是每年藏历3月8日达赖喇嘛举行更换夏装仪式和在节庆日给朝拜群众摸顶赐福的场所。宫内四周墙壁挂满以白度母为主的寿佛三尊唐卡，北侧平台中央设有达赖喇嘛法台宝座和五世达赖喇嘛老身相一尊；宫内雕梁画栋，布满绫罗装饰，地面铺满藏式纯毛"百花

[①] 旺加.寻踪世界文化遗产——布达拉宫[M].拉萨：西藏人民出版社，2015:30—32.

争艳"地毯。平台东侧座东向西吉祥如意寝宫为达赖喇嘛起居处；平台西侧为达赖喇嘛供养的护法神殿；大厅西侧为旺康，为达赖喇嘛诵经地和内库。

2.森琼平措堆吉

森琼平措堆吉是西日光殿壁画最多的寝宫之一。该宫内设有达赖喇嘛的床榻和精致的佛龛及精美的佛像，其中有一尊十三世达赖喇嘛银像(高0.5米)，其胸前有一小佛龛，龛内供有宗喀巴的一颗牙齿。

3.森琼甘丹扬孜

森琼甘丹扬孜是西日光殿中采光最好、陈设最考究的宫殿。这里是达赖喇嘛与噶夏(西藏地方政府)、益仓(达赖喇嘛秘书处兼统领宗教事务机关)的官员共同议政的地方。宫内辅满了"百花争艳"藏式纯毛地毯，周围设置精致的佛龛，龛内供奉极其精美的佛像、佛塔，嵌满名贵宝石。宫内还设有达赖喇嘛宝座及向官员赐坐的英式沙发等。

九、摄政宫和雪嘎

摄政宫位于白宫第6层东侧中间和南侧，宫门朝西，宫殿窗户朝东，是历届摄政的住处。摄政一般是在前任达赖喇嘛圆寂、新任达赖喇嘛尚未执政时期行使西藏最高政教权力的人。摄政下面设有传达机构雪嘎。该机构是在1757年七世达赖喇嘛圆寂后，由第穆诺门汗·德来嘉措活佛任摄政时创建的。雪嘎由尼准（四品僧官）负责，内设五品俗官8名、侍卫2名、联络员（一般僧官）1名。其主要职责是把地方各级的呈文报送摄政审批，再由尼准下达至噶厦执行。在摄政执政时期，各级僧俗官员、各寺堪布与执事等在上任前和离任后以及外出、返回时，均需经该机构向摄政禀报或辞行，并将详情报内政部门备案。

十、立付局

立付局位于白宫第5层回廊的南侧，房门朝北，窗户朝南，现为布达拉宫的经书库房。该机构是收支物资的部门，位于第五层回廊东侧的北立付室和第六层回廊西侧的上立付室均属立付局。此机构由2名四品僧官、1名四品俗官负责，内设俗官孜仲1名、管理小吏的头人1名、其他工作人员20余名。

其主要职责是收管日常所需的金银财物和生活用品。其物资来源有每年派员赴阿里地区征收的黄金千余两，到昌都、阿坝地区征收的茶叶、绸缎、铜等，至藏南、藏北征收的农牧税等，还有信教群众对达赖喇嘛的供品等。按照有关规定，地方政府日常支出的三分之一由该机构负责。同时，布达拉宫的房管、大的佛事活动皆由该机构负责。

十一、仓库管理局

仓库管理局位于白宫三排楼梯入口处内的过道南侧，房门朝北，现为布达拉宫管理处的一般仓库。该机构由4名五品僧官负责，设1名文书，还有20余名农奴。该机构每年从原地方政府粮库以及部分宗、豁卡收取粮食和钱款，负责支付布达拉宫各殿的供品和一些佛事活动所需物品，每年一次性地按等级发给布达拉宫100多位官吏以及房管人员、清洁工、门卫等粮饷。另外，该机构还负责提供每天早茶时所需物品。

十二、主内库

主内库是原西藏地方政府设在布达拉宫内的金、银库房，现为布达拉宫管理处的仓库。主内库位于白宫第四、五层西侧。从五世达赖喇嘛起，按规定每年把原地方政府的金、银适量入库。其金、银的主要来源为原地方政府的造币厂、立付局等上交入库的黄金，西藏的羊毛、食盐、皮革、药材等土产品的税收，原地方政府的人头税以及拉萨地区的房费等。每年约有40万两白银入库。大、小昭会时原地方政府需要布施的金银从此库支付。出入库时，由噶厦、堪布仓、秘书处的要员共同监督，并将结果呈报达赖喇嘛。

第二节 红宫建筑及其文化遗迹

红宫位于白宫西侧。因外墙涂刷铁红色，得名红宫。红宫有三十八座殿堂。除六世达赖喇嘛外，五世至十三世达赖喇嘛的八座灵塔皆安放于红宫内。另外，还有20余座佛殿。红宫是举行佛事活动的场所，经书典籍和佛教艺术品都集中于此。红宫内的圣观音殿，是寻找历辈达赖喇嘛灵童时进行占卜确认和选任历届摄政时举行占卜的地方，也是佛教信徒朝拜的主要殿堂。红宫内南侧最高处的殊胜三界殿，自清朝乾隆皇帝以后，每逢藏历新年，历辈达赖喇嘛都要在此向清朝皇帝牌位和清朝乾隆皇帝画像朝拜。红宫内的西有寂圆满大殿，是五世达赖喇嘛灵塔殿的享堂，也是历辈达赖喇嘛举行重大佛教仪式的场所。

一、强康——弥勒佛殿

强康——弥勒佛殿位于红宫最高层东面，原为八世达赖喇嘛·江白嘉措的寝宫森琼·甘丹平措。八世达赖喇嘛晚年于1800年塑造了一尊铜鎏金弥勒佛，亦称未来佛，藏语称甲瓦·强巴，供奉在此宫内，遂改为佛殿，更名弥勒佛殿或强巴佛殿。

该殿主供一尊铜鎏金弥勒佛像，佛像左边佛龛内供奉银质寿佛三尊(藏语称：次拉朗松)即中间无量寿佛、左边白度母、右边尊胜母；弥勒佛像右边佛龛内依次供奉铜鎏金地藏王、顿珠卓玛女神、不动王、松赞干布、银质善逝佛塔、药泥质时轮主供奉尊。佛殿西侧中央设有八世达赖喇嘛法台宝座，宝座左边佛龛内供奉铜鎏金聚光女神像，宝座右边经书架内供奉宗喀巴大师著作全集。

四周经书架内供奉用八种"宝物"即用金、银、铜、铁、松石、朱砂、青金石、海螺八种珍贵天然矿物制成墨而书写的西藏最古老、最珍贵的纳塘版八宝《丹珠尔》大藏经全套共225部，同上质地的五世达赖喇嘛和六世班禅大师著作全集各一套，累计经典270部。

1984年6月19日，因电线短路，引起火灾事故，造成了主供弥勒佛颈部以上包括佛冠严重损坏，烧毁经书135部，约13500张八宝《丹珠尔》大藏经，倒塌部分建筑。事故发生后，中央人民政府非常重视，并拨专款，按照"整旧如旧"的原则，原样修复了佛像、经典和建筑。

1. 八宝《丹珠尔》经全集

《丹珠尔》又称《注疏部》，是古代印度高僧所作对佛法的论述。丹珠尔包括经律的阐明和注疏、密教仪轨、五明杂著等。以德格版为例，共有

3461部，212卷帙。分为18类，即：赞颂、续部、般若、中观、经疏、唯识、俱舍、律部、本生、书翰、因明、声明、医方明、工巧明、修身部、杂部、阿底峡小部集、总目录。其中，印度和中国学者的论著译成藏文的总称为丹珠尔（丹珠尔即翻译的论），但是在丹珠尔的后半部分也收有我国藏族学者所著的许多论著，主要是前宏期的论著。为不使西藏学者所造的一些伪劣论著掺杂在丹珠尔中，以前西藏的译师们曾进行了厘定。最初编制藏文全套丹珠尔与编制纳塘甘珠尔是同时进行的。在藏历第六饶迥木狗年（1334年），由夏鲁古尚贡嘎顿珠任施主，邀请布敦·仁钦朱校订整理了全套丹珠尔，存放于夏鲁寺的金殿之中。此后大部分丹珠尔都是以纳塘和夏鲁寺的丹珠尔为蓝本刻印的。五世达赖喇嘛圆寂后，第巴·桑杰嘉措召集卫藏所有学者用金汁抄写了全套丹珠尔，现仍存放于布达拉红宫西大殿的佛殿中。此后，在藏历第十二饶迥火蛇年（1737年），德格土司丹巴次仁刻印了一套丹珠尔，放在德格印经院，称为德格丹珠尔；又在藏历第十二饶迥铁鸡年（1741年），颇罗鼐索南多杰刻印了一套丹珠尔，放在纳塘寺，称为纳塘丹珠尔；与此同时，按照乾隆皇帝的旨意，在北京会聚汉、藏、蒙三个民族的译师学者，把全套丹珠尔翻译成了蒙文；在藏历第十三饶迥初（公元十八世纪中叶），卓尼（甘肃省甘南州的一个县）土司刻印了一套丹珠尔，放在卓尼寺，称为卓尼丹珠尔。

强康殿这套成书于1801年纳塘版八宝《丹珠尔》经全套共225函，3400余部，分为18大类，即赞颂、续部、般若、中观经疏、唯识、俱舍、律部、本生、书翰、因明、声明、医方明、工巧明、修身部、杂部、阿底夏小部、总目录。大藏经全套，由《甘珠尔》和《丹珠尔》组成。《丹珠尔》经容纳了各方面的学科，故称为西藏文化的百科全书。

对于强康佛殿内的纳塘版《丹珠尔》的刻板，《琉璃明镜》记载如下：

藏历第十二饶迥铁鸡年三月二十七日（1741年），总管藏政的郡王颇罗鼐·索朗道吉主持，开始刊刻《丹珠尔》，仅历时一年零十个月二十五天，于藏历水狗年十月二十五日（1742年）完成，全套共计225函，供奉在纳塘寺，故称为纳塘版。此版本所参照的蓝本是《丹珠尔·第司手抄本》。普布觉·阿旺向巴为此版本编写了名为《佛教论典所译藏文目录—吉祥梵音》之目录。

遵照颇罗鼐郡王之旨令，刊刻此版本的施主主要由南方不丹首领承担。据统计刊刻此版本先后支出费用达白银七万二千一百六十二两五钱，折合成粮食计一百四十五万七千二百五十藏克。此版本是刻版工期最短的《丹珠尔》刻本，印板在"文化大革命"期间被毁，在后藏纳塘寺仅剩有数百页的印板。京广济寺和拉萨布达拉宫等处收藏有此印本。1995年西藏佛教协会策墨林活佛和达扎活佛二位主持，在尼木县组织刻板工匠重新刊刻《丹珠尔·纳塘版》，现已完成一百多函，此《丹珠尔》之编序和函数与上述之北京版相同[①]。

2. 强巴——弥勒佛像(亦称未来佛)

强巴——弥勒佛像塑造于1801年，耗铜万余两，铜鎏金质强巴佛坐于莲台宝座，双手呈法轮常传印，头戴纯金五佛冠，身披天衣，胸饰上嵌勒子(天珠)、白琉璃等天然珍宝百余颗，背身铜鎏金六波罗密多。佛教认为强巴即弥勒是继承释迦牟尼佛位的未来佛，亦称"未来佛"。相传强巴弥勒出生于婆罗门家庭，后为释迦牟尼之弟子，成为随佛八弟子之一，而先佛祖入灭，上升至兜率天宫内，经4000岁(相当于人间五十六亿七千万年)当降临人间，在龙华树下成佛，弘传佛法。藏传佛教尊其为慈悲氏佛，故名甲瓦·强巴。

二、伍孜加毗——金顶群

金顶群是布达拉宫一处独特景观，位于海拔3750余米的布达拉宫主楼红宫之巅，这里共有7座金顶，均为铜鎏金制成。自东至西依次为九世、八世达赖喇嘛灵塔殿金顶、布达拉宫主供佛殿金顶和七世、十世、五世、十三世达赖喇嘛灵塔殿金顶。其中五世、七世、八世、九世、十三世达赖喇嘛灵塔殿金顶为歇山式金顶，金顶上装点着宝瓶、共命鸟、鳌头等饰物；主供佛殿(圣观音殿)和上师殿金顶为六角式金顶，金顶上装点着宝瓶、火焰宝、摩尼等饰

[①] 布楚、尖仁色著. 琉璃明镜[M]. 北京：中国藏学出版社，2012：100.

物。每一座金顶的最顶端部位还安装有三眼火焰似的锋利铁叉,是古代藏式高层建筑避雷装置。整个金顶群气势宏大,金碧辉煌,具有强烈的艺术效果。所以,王以忠写的《随陈毅进藏日记》记述了他1956年4月28日访问朗杰扎仓和药王山的经历,提到了他登临布达拉宫金顶时的感触:"登上布达拉宫之顶,隐藏在柳林中的拉萨市,非常清楚地展现在眼前,绿色的拉萨河静静地沿着南面的青山向西流去。这一切如画的山水,真使人陶醉,忘记了浑身的疲劳。如果说西藏是世界的屋脊,我认为,拉萨就是世界屋脊上的美丽花园"[①]。

三、轮朗康——坛城殿

轮朗康——坛城殿位于红宫高层南侧,面积130平方米,原为达赖喇嘛的寝宫之一森琼·平措归巴。七世达赖喇嘛格桑嘉措于第十三饶迥土蛇年(1749年),按照宗喀巴大师生前对坛城的见解,开始建造了这三座大型立体密宗坛城,用以供奉密宗"桑弟杰松"三佛,此殿由此改名为轮朗康。三座坛城之中为三十二尊密集金刚坛城,东为六十二尊胜乐金刚坛城,西为十三尊大威德金刚坛城。坛城是密宗本尊居住的宫殿,为密宗观修之用。1752年乾隆皇帝听说拉萨修建坛城,便为坛城建造了八座金质牌坊,并用汉文"大清乾隆年制"字样,送至拉萨,分别安装在两座坛城的四道门上。殿北佛龛内供奉有合金、铜质等各种质地的佛像和佛塔百余尊。

轮朗康内壁画面积约为50平方米,是1756年由七世达赖喇嘛亲自安排,召集西藏各画师所绘。壁画从东壁开始,沿顺时针绘有德罗巴、纳若巴等古印度高僧和萨迦派、噶举派等藏传佛教各教派高僧大德的传记。南壁绘有释迦牟尼佛和印度金刚座、拉萨三大寺等各大古刹和佛土胜景、释迦牟尼三转法轮以及三次结集佛祖在世时所说教言的情景。西壁绘有古印度大佛学家六庄严、二殊胜等的简历和赤松德赞时期因对佛教修行的认识不同而展开的"顿渐之争"场景及阿底峡大师等高僧大德的传记。北壁绘有七世达赖喇嘛小传。轮朗康内的壁画技艺超群,用色和谐,为钦孜派和勉唐派画师所

[①] 参见《西藏自治区政协文史资料》编辑部. 西藏文史资料选辑Ⅱ[M]. 北京:民族出版社,2007:182.

绘。

　　坛城源于印度佛教密宗，系密宗本尊及其眷属聚集的道场。相传古印度密宗修习"密法"时为防止"魔众"侵入，逐筑方圆的土坛，安请诸尊于此以祭供。

　　这里供奉的胜乐、密集、大威德三尊藏传佛教密宗主要修行的坛城，其坛为铜鎏金，城为纯金打造，外部嵌以各种天然珠宝。显得富丽堂皇，高雅精致。三座坛城前牌楼是乾隆皇帝所赐，书有"大清乾隆年制"。这里的每座坛城中都有密宗(密乘)本尊与眷属。每一座坛城是一种旨在方便禅定修习的辅助手段，是一个帮助修习者在观照本尊界情境时的一个象征性观修对象，是为了方便恢复修习时精神集中的标本。从结构上讲，坛城的中心是一个本尊宫殿，其门向四方开放。宫殿(城)是根本(人体)，其门是根(感官)，眼根(视觉)位于东方，耳根(听觉)位于南方，鼻根(嗅觉)位于西方，舌根(味觉)位于北方。坛面共有三道图案，从外到内第1道半旋涡形象火山，象征无明之燃料；第2道金刚，表达了觉之圆满和不动永恒之特征；第3道莲花曼，表达了心灵上的再生。另外，东侧胜乐坛城和西侧大威德坛城坛面外延设有山石、树木、火焰、野兽、遍布死尸，代表着"108——墓地"，意为密宗修行的最大"敌人"即邪恶。

　　四、萨松朗杰——三界殿

　　此殿位于红宫最高层南面，面积122平方米，是红宫主楼外观正中七层大窗的至高点。原为十七世纪中叶兴建红宫时达赖喇嘛的寝宫之一。殿内供奉有银质十一面观音、数千余尊珍贵合金佛像、佛塔等。特别是殿内供奉有两件反映清中央政府与西藏地方关系史、反映祖国统一发展史的重要历史文物。一件为1721年清康熙皇帝派专使赐给七世达赖喇嘛的一块以藏、汉、满、蒙四种文字书写的"当今皇帝万岁万万岁"金字长生禄位。另一件为乾隆皇帝着僧装的唐卡画像，是1762年八世达赖喇嘛·江白嘉措举行坐床典礼时清乾隆帝派专使喀尔喀·才旦嘉、阿嘉呼图克图活佛携带入藏赐给八世达赖喇嘛的。八世达赖喇嘛于1798年命噶伦夏扎·顿珠多吉主持制作佛龛，升高房顶新制雕龙佛龛以供长生禄位和皇帝画像。除上述两件历史文物外，该殿北侧还供奉有乾隆赐给八世达赖喇嘛的朱砂字满文《丹珠尔》大藏经全套，西侧设有七世达赖喇嘛法台宝座。八世达赖喇嘛(1798年)以后，历代达赖喇嘛、驻藏大臣、西藏地方政府高级官员在每年皇帝寿辰时到此殿行大礼，以及达赖喇嘛转世"灵童"的金瓶掣签，达赖喇嘛与新任驻藏大臣的会面、达赖喇嘛与班禅大师讲授经文等活动均在此进行。

1.千手千眼观音像

千手千眼观音又叫大悲十一面观音。观音菩萨曾在诸多佛前发誓：一定要度脱所有众生，令皆成佛，决不反悔！如或反悔，头碎千块！后便勤勉度化众生。但众生似乎变得越发野蛮，数量未减反增，于是倍感艰难，不自觉中心生退怯。霎时，头碎千块。无量光佛见状，心生怜悯，加持将千块碎颅聚合成为十一面，并开示不能寂化者，可以怒斥，鼓励继续不懈利乐众生。释迦牟尼佛时代，该佛倒驾慈航，示现菩萨相而佐释迦佛度化众生。

该佛像呈法身八手，前二手合掌；后六手各持法器；报身四十手；化身九百五十二手，分五层作孔雀开屏状，以上合千手之数，千手中各有一眼，是为千眼。十一面中三面三层共九面呈慈悲相，第四层一面呈嗔怒相，第五层一面呈佛相。十一面千手千眼之喻意：千眼喻意观音菩萨观照一切，无所不察；千手喻意观音菩萨法力深广，无所不能。十一面中的十面象征菩萨修行所依次地十个阶位即"十地"，佛相一面象征终到第十一阶即"佛地"。

1903年，十三世达赖喇嘛命人耗银10000两塑造了该塑像。此时正值英军侵略西藏之际，该像的塑造旨在祈愿西藏人民早日获得胜利，救西藏人民于水火。

近代史上，英国发动了两次入侵中国西藏的战争，妄图从西藏打开侵略中国西南的门户。1865年，英国把不丹纳入殖民势力范围，西藏已是咫尺之遥。而此时沙皇俄国也正为实现南下印度洋战略积极活动，矛头直指中国西北、西南地区。俄国的举动让英国找准了入侵西藏的时机。1874年，英国派柏郎率"远征队"从缅甸出发，到中国云南探测通往内地的路线。驻北京的英国使馆派翻译马嘉理前往接应。1875年2月21日，探路队在腾冲蛮允山寨与景颇族群众发生冲突，马嘉理开枪打死多名群众，愤怒的山民将马嘉理及其随员击毙，将探路队逐回缅甸，是谓"马嘉理事件"。英国即以此作文章，立即给清政府施加压力。1876年9月13日，李鸿章被迫与英国公使威妥玛签订《烟台条约》《入藏探路专条》，除赔款、谢罪外，允许英国人开辟印藏交通。西藏入口由此向英国敞开。

1884年，英国派武装队伍闯入西藏，1886年又派大批军队集结西藏亚东以南边境。西藏噶厦地方政府派藏军在热纳宗隆吐山建卡设防。英国借口藏军侵入锡金境内，要求清政府下令藏军限期撤离。清政府惧怕战事，要求藏军撤卡撤兵。西藏噶厦地方政府对清政府的做法很不满，驻藏大臣文硕也坚持热纳宗属中国领土，支持西藏抗英。1888年3月20日，英军悍然向驻守隆吐山的藏军发动进攻，被藏军击退。3月21日清晨英军再次进犯，藏军毙伤英军约百人。3月25日，英军又大举进攻，藏军伤亡重大，被迫撤至亚东帕里等地，隆吐山失守。清政府将文硕革职，任命升泰为新的驻藏大臣，并派总税务司英国人赫德之弟赫政充任助手。但西藏噶厦地方政府仍组织僧俗民众1万多人开赴前线，在6月至10月间同英军数次作战，力图收回隆吐山。升泰下令藏军待命帕里，不许反击，隆吐山之战终告失败。英军越过则里拉山口，深入亚东仁青岗、春丕等地。第一次侵藏战争结束。

战争结束后，清政府派升泰赴亚东与英方会谈。1890年和1893年，清政府与英国先后签订《藏印条约》《藏印续约》，承认锡金归英国保护，开放亚东为商埠，英国在亚东享有治外法权以及进口货物五年不纳税等特权。从此，英国侵略势力伸进了西藏。

由于西藏人民的坚决反对，上述条约不能完全实施。1895年开始亲政的十三世达赖十分痛恨英国侵藏，加之沙俄拉拢，十三世达赖产生了联俄抗英的想法。英国顾虑沙俄势力插足，为压服西藏，即着手准备发动第二次侵略战争。1903年10月，英国向隆吐山以北调集三千兵力，由麦克唐纳准将和殖民地专员荣赫鹏上校率领北进。12月12日，荣赫鹏率英军先头分队偷越则里拉山口，占领帕里，强行进驻帕里宗政府，扣留噶厦和后藏前往交涉的代表。1904年1月4日占领堆纳。

西藏地方政府派代本拉丁色、朗赛林二人率领藏军千余人，赶赴堆纳至多庆一线布防，并动员、调集其他各部藏军及大批民兵分赴前线。3月，麦克唐纳和荣赫鹏率领1000多人准备向嘎吾一带发起进攻。得知堆纳、多庆一线有藏兵和民兵布防，不敢贸然进犯，提出谈判解决。3月31日，在曲米辛果藏军前线指挥官拉丁色、朗赛林与荣赫鹏等英方代表谈判时，英军暗中包围了藏军。荣赫鹏声称："既然要议和，为表示诚意，我们先将子弹退出枪膛，也要求你们下令将火枪的点火绳熄灭！"荣赫鹏命英军士兵将步枪子弹退出一发，但士兵们旋即推动枪栓将另一发子弹顶入枪膛。藏军不了解内情，按协议将土枪点火绳全数熄灭。英军突然下令开火，展开对藏军的残酷大屠杀，数分钟内射杀藏军400多人，西藏谈判代表亦多人遇害。英军乘机攻占古鲁，追杀藏军数百人。1000多藏军在曲米辛果牺牲。

曲米辛果失陷后，英军继续北进，4月11日，进逼江孜。藏军有1万多人聚集江孜、日喀则及拉萨到江孜的大道上，准备保卫江孜。从5月开始，英军先后攻占帕拉村、乃宁寺、紫金寺，切断了江孜与日喀则的联系。从东、南、西北三面包围江孜。十三世达赖派人到江孜与荣赫鹏会谈。荣赫鹏提出限藏军7月5日撤出江孜，遭断然拒绝后，英军遂于当天正午向江孜发起总攻。7月5日至7月6日，英步兵在炮火支援下发起七次攻击，均被藏军击溃。经过三天抵抗，守卫藏军弹尽粮绝。7月7日，江孜宗山失陷。抗击到最后的数百人全部跳崖牺牲。江孜宗山失陷后，英军占领江孜。

江孜保卫战从1904年4月开始到7月结束，持续约100天，是西藏近代史上抗击外国侵略者规模最大、最为惨烈悲壮的战斗。7月14日，麦克唐纳率英军从江孜出发，长驱直入拉萨。8月3日，英军占领拉萨。1904年9月7日，在没有清中央政府签字的情况下，在以荣赫鹏为首的英帝国主义的刺刀下，西藏地方政府与英国侵略军在布达拉宫司西平措大殿签订了臭名昭著的《拉萨条约》。条款中隐藏着排斥中国对西藏主权、建立英国对西藏保护关系的阴谋。主要内容是：（1）西藏不得向任何外国出让土地、矿产等，使西藏成为英国的势力范围；（2）西藏向英国赔款；（3）拆毁印度至江孜、拉萨沿途要塞；（4）开亚东、江孜、噶大克三地为商埠；（5）西藏承认1890年条约，划定藏锡边界；（6）英军在亚东驻兵。这一条约，被清廷拒绝，属于无效的、不合法的，但却为尔后1906年英帝国主义强迫清廷与其签订以上述内容为主要部分的《北京条约》奠定了基础。按照《北京条约》的内容，后来又延伸出英印人员在西藏所开三个商埠地方享有治外法权，在亚东至江孜之间有设立邮电、驿站之权，在亚东、江孜两地有驻扎军队之权。英印在藏享有的这些特权，究其根由，均来自1904年英军第二次侵藏战争后强迫西藏地方政府与之签订的《拉萨条约》。

《拉萨条约》订立后，先后屠杀了四五千藏胞，焚烧劫掠了许多寺庙的英国侵略军，以"胜利凯旋"的姿态，于9月中、下旬从拉萨启程返回印度。英国侵略军在西藏各地抢劫的财物，仅据麦克唐纳本人所著《旅藏二十年》一书披露，就可看出数量之巨大。该书称："1905年1月，我因有特别职务，被派到加尔各答，担任分类编订图书及珍贵物品目录工作。这些东西，就是我同威德尔大佐在西藏搜集的，件数多，须有400多骡子才能驮运。里边包括有许多珍贵而稀罕的喇嘛书籍、神像、宗教作品、盔甲、武器、图书、瓷皿等物。大部分瓷器，送给精于鉴别搜集家克钦纳爵士……所有这些贵重艺术品，原来藏在印度博物馆，而且我也在里边担任工作，以后便把它分别存到英国博物院、印度博物院、保得利图书馆和印度公署图书馆。当我在那地方编制目录时，寇松爵士同赖明堂爵士常来参观。寇松爵士时为印度总督，他自己选择了几件东西，送到加尔各答维多利亚纪念厅保存"[①]。

《西藏文史资料选辑Ⅱ》记载：英国侵军自1903年9月8日入侵亚东，发动第二次侵藏战争，到1904年9月22日撤离拉萨这一年零十四天里，对西藏人民的伤害是一言难尽的，祖祖辈辈都不会忘却！侵略军所到之处，抢劫一空，对寺庙的破坏更是至今历历在目，残迹尚存。寺院内神圣不可侵犯的珍

[①] 王贵、喜饶尼玛、唐家卫．西藏历史地位辨[M]．北京：民族出版社：2003：195—197．

贵佛像、经典、佛塔上镶嵌的松耳石、珊瑚、猫眼石、琥珀、钻石，金银供器和佛冠、佛耳环、佛项珠，以及用龙纹缎、嵌花缎和四相缎等制成的大批殿堂饰物，都成了侵略军囊中的无价宝。这些英国强盗还恣意剪坏了白居寺新旧两幅约五层楼高的缎绣佛像，并盗走了蒙古、尼泊尔产的古制珍贵大铙钹，炸毁了该寺观音自在佛堂晒佛地和两面墙上的夜叉屋顶，观音自在佛堂内的金、铜佛像，《大藏经》（《甘珠尔》《丹珠尔》）全套，四继部众佛画像约四十余幅……均遭骇人听闻的毁坏。据通往边界各驿站所掌握的情况，英军掠夺的西藏人民贵重物品，明火执仗运走的（不包括他们装进私人腰包的）就有四百六十余驮（每匹马驮两袋为一驮）。英军从白居寺抢走的东西，在印度独立之后的1950年，有两名印驻江孜兵营的军官曾告诉该寺：他们曾在印度亲眼看到过不少早年英国侵藏时，带到印度的该寺缎绣佛像之断片，还说他们正在搜集这些断片，目的是为了重新制作一幅缎绣佛像，今特来量一下规格……这两位印度军官还将两箱早年英军劫走的佛像断片归还给了该寺，直到西藏民主改革前一直在寺内保存着。还有一个传说：白居寺的主神——菩提佛的乞比钵内的镀金法轮，当年曾被一名英军抢去，过了几年又主动送还该寺，据说因为那个英国兵遭到了"报应"（不幸），所以不得不还回来。

噶厦政府在战后为医治战争创伤，曾指派两名僧俗官员专事负责救济受难人民和遭受严重破坏的政府机构设施、寺院的修复工作。共计用去藏银一万一千六百二十三两，按当时最低价格折合青稞四万六千四百九十二克（一克约二十八市斤）。这场战争对西藏各阶层人民造成了极大的损失，仅以中等贵族扎君巴一家为例，损失达一千五百七十四点二两藏银，折合青稞六千二百九十六点十八克；以中等差巴（为藏政府支付差役的人家）仲桑康巴为例，他家被英军抢走的财物，折合藏银九百四十三点二两，折合青稞三百七十二点十八克。西藏地方政府给予因英军损坏禾苗而没有收成的灾民救济青稞五千六百克。为修复被英军破坏后的江孜宗（县）政府和白居寺院、紫金寺和乃宁寺院支付藏银二万三千八百多两，折合青稞四万六千五百克。为此而造成劳动者年复一年的额外劳役负担，更是无法统计。

这场战争，由于当时西藏人民手中的武器太落后、太原始，几乎是以血肉之躯对抗侵略军的洋枪洋炮，尽管两次抗英都吃了败仗，但就敢于抵抗英军入侵这一不屈不挠的精神而言，就是一曲爱国主义的赞歌，它作为中国各族人民反抗帝国主义侵略的光辉业绩的一部分而载入史册①。

2.皇帝万岁牌位

用藏、汉、满、蒙四种文字书写的"当今皇帝万岁，万万岁"金字康熙皇帝万岁牌位，是1722年（藏历第十二饶迥水虎年）康熙皇帝派延信护送七世达赖喇嘛入藏时，同时带进西藏置于布达拉宫的。这件代表西藏和祖国关系的历史文物，至今完好地保存在布达拉宫殊胜三界殿。

3.乾隆皇帝比丘像

殊胜三界殿玻璃佛龛内是乾隆皇帝身着比丘法衣的肖像。藏历第十二饶迥水马年（1762年），八世达赖喇嘛强白嘉措坐床典礼时，乾隆皇帝特派代表阿迦呼图克图将乾隆比丘像送至拉萨。1798年（藏历第十三饶迥土马年），八世达赖喇嘛在三界尊胜寝殿特设室供奉乾隆肖像，令噶伦夏扎顿珠多吉和布达拉宫总管格桑曲扎修建乾隆皇帝画像上方的天窗，购置画像前的各种摆设。画像正中乾隆皇帝身着比丘衣，头戴格鲁派通人冠。前面有藏文金字书写的四句颂，大意为"智慧文殊为人王，显示神变为法王。金刚座前作佛事，如愿以偿结良缘"。乾隆画像周围是释迦牟尼佛讲授密乘所现身像金刚持、宗喀巴、贾曹杰、克珠杰、阿底峡、仲敦巴、玛尔巴、米拉热巴、萨迦班智达、八思巴、一世达赖喇嘛、三世达赖喇嘛、五世达赖喇嘛、七世达赖喇嘛、四世班禅、五世班禅、六世班禅、七世达赖喇嘛经师噶丹寺法台阿旺曲登、乾隆皇帝的帝师章嘉·若白多吉和客卡（库伦）吉尊当巴等画像，上方从左至右为格鲁派主要密乘本尊像，下方从左至右为格鲁派主要护法神画像。

4.乾隆版满文《丹珠尔》大藏经

1724年（藏历第十二饶迥木龙年），按清雍正皇帝之命，在北京嵩祝寺

---

①《西藏自治区政协文史资料》编辑部.西藏文史资料选辑Ⅱ[M].北京：民族出版社，2007:557.

开始刊刻《丹珠尔》，历时十五载，于1738年（藏历第十二饶迥土虎年）完成，全套共计225函。此版本是最早的《丹珠尔》刻本，参照的蓝本是《丹珠尔·第司手抄本》，目录也是按第司手抄本照刻，未另编目录。印板收藏在北京皇宫内，故称为《丹珠尔·北京版》或《丹珠尔·乾隆版》。

1900年八国联军入侵北京时，印板被毁。在北京雍和宫收藏有此《丹珠尔》一套，藏历第十五饶迥末，在第十三世达赖图登嘉措与察绒巴·达桑占堆的帮助下，将此北京版《甘珠尔》和《丹珠尔》各一套迎请到日本东京大谷大学，1955年至1958年，日本大谷大学和藏文大藏经研究所把《甘珠尔·北京版》和《丹珠尔·北京版》影印、合编并装订成十六开精装本（共151册），发行到很多国家和地区。

此《丹珠尔》之详细编序是：（1）礼赞类1函；（2）密续之时轮类5函；（3）密续之胜乐类9函；（4）密续之喜金刚类8函；（5）密续之金刚四座类半函；（6）密续之大幻化类半函；（7）密续之金刚甘露类半函；（8）密续之佛顶骨类半函；（9）密续之佛平等合类1函；（10）密续之度母等类1函；（11）密续之密集类16函；（12）密续之阎摩敌类1函；（13）以无上部密续诠释文殊真实名经类半函；（14）密续之大乐独髻等类半函；（15）以无上部密续诠释金刚手续类1函半；（16）宣示无上密续总的见修行之类3函；（17）瑜伽续摄真实性与古祥本初最胜及幻化网等类9函；（18）以瑜伽部诠释文殊真实名经类3函半；（19）一切秘密与净治三恶道等类2函半；（20）行续之类2函；(21)事续之类4函；(22)与四部密续有关之修法和坛城等类2函半；(23)宣示三藏与密续之立论及密乘誓言等类半函；(24)初学者之修行次第与护法及财神、吉祥颂等类半函；(25)增补之有关灌顶与能解脱之生圆二次第之支分常用等类14函;(26)般若类16函；(27)中观类17函；(28)末转法轮诸经藏之论疏类10函；(29)大乘唯识类18函；(30)初转法轮类29函；(31)本生传类3函半；(32)各种书翰类半函；(33)因明类21函；(34)声明类2函；(35)医方明类5函；(36)工巧明类半函；(37)共同之世间道德论类半函；(38)诸旧目录中登载之藏族先哲们所著各种论著类4函；(39)新增补之显宗与其他诸学科之诸论著类8函半；(40)新增补之藏族先哲们所著类半函；(41)共同之发愿与回向类半函等①。

五、其美德丹基——长寿乐集殿

此殿位于红宫最高层西南角，面积达246.17平方米，因殿堂内绘有《噶当祖师弟子问道录》(古印度高僧阿底峡尊者之传承人仲敦巴大师乃请问者为《祖师问道录》，由阿·勒巴协绕和库敦·尊追雍中请问者为《弟子问道录》)，故称该殿堂为噶当其巴，意为佛语聚汇殿。此外，壁画中还绘有古印度一些国君的传记。此殿原为六世达赖喇嘛寝宫。殿内高台下方周围供有以一尊无量寿佛像为主的千尊铜质镀金无量寿佛像。此诸佛像为1782年八世达赖喇嘛时期，在布达拉宫山下西南侧的雪堆觉白基（今称雪堆白）作坊制造。由此改殿名为其美德丹基——长寿乐集殿。

殿北侧中央设有六世达赖喇嘛宝座，上方悬挂朱砂绘制的无量寿佛唐卡。此殿高台供桌上为镀金菩提道次第所有传承上师像，还有1799年由八世达赖喇嘛时期塑造的铜质镀金宗喀巴大师五照见像等。另有与上述像大小相同的十六罗汉像和居士、和尚两新证道罗汉像、四大天王像。后方佛龛供奉有铜质镀金释迦牟尼佛像及忏罪所依三十五佛像，其左右供奉有铜质镀金阿底峡尊者等噶当派传承塑像。西侧佛龛供奉有1800年由八世达赖喇嘛时期塑造的铜质镀金十一面大慈大悲观世音菩萨像，还有禁食苦行传承塑像等各类佛像百余尊。西南侧供有护法唉嘎杂底即独髻佛母像。自七世达赖喇嘛格桑嘉措以来，历代达赖喇嘛每年亲临此殿，升座于六世达赖喇嘛的法台宝座，与布达拉宫朗杰扎仓——殊胜僧院的全体僧众一道举行"养地宝瓶"法会。

1.四臂观音

观音，藏语称"坚热斯"，是雪域西藏的守护神，西藏信教群众不分老幼妇孺，皆会吟诵其六字大明咒："嗡嘛呢呗咪吽"。广大藏蒙佛教徒还把达赖喇嘛奉为观音的化身。四臂观音菩萨面貌寂静含笑，以菩萨法眼凝视众生，凡被其观者皆得解脱。一头表通达法性，四臂表四无量心，身白色表自

---

① 布楚尖仁色.琉璃明镜，北京：中国藏学出版社，2012:98—100.

性清净无垢，左肩披斑羚兽皮所障。头戴五佛冠表五智，发黑色表不染，五色天衣表五方佛。宝珠而合掌遮及乳部。双跏趺表不住生死，手印表不住涅槃。中央二手捧有摩尼于胸前，表智慧与方便合一双运，另右手持水晶念珠，表每拨一珠即救度一众生，左手持白莲花，表清净无恼。

2. 文殊师利菩萨

文殊菩萨司一切如来的智慧，又称智慧佛。全名文殊师利，为梵音，译义为妙吉祥，其眷属名妙音佛母。文殊菩萨坐姿为金刚跏趺，右手持宝剑上扬，左手当胸作转法轮印而执莲茎，莲花开于左肩侧方，莲茎握于手中，莲瓣上平放着般若波罗密多经匣。剑和经书是文殊菩萨的标志物，利剑表摧毁愚痴，经卷表般若智慧。文殊菩萨以狮子为坐骑，比喻智慧如狮子般勇猛。其净土在山西五台山。宗喀巴祖师与历代萨迦法王亦被尊奉为文殊菩萨的化现。文殊菩萨的真言"嗡阿热巴扎纳帝"的"嗡"表归命依止，"阿"表空性无生，"热"为清净无染离尘垢之义，"巴"乃第一义谛诸法平等，"扎"为无有诸法诸行，"纳"为无有诸法性相，言语文字皆不可得，"帝"为主尊文殊的种子字表悉地（即成就）。

3. 金刚手菩萨——恰那多吉

金刚手是释迦佛说密法时所呈现的形象，也是释迦佛的秘密化身，所以又叫秘密主。属金刚部，因手持金刚杵而得名，与观音、文殊合为"三种姓尊"，亦为大势至菩萨的忿怒化现。金刚手菩萨形象有多种，最常见者为一面二臂三目，身蓝黑色。右手期克印执金刚杵上举，左手期克印执金刚钩绳当胸。头戴五骷髅冠表五佛。以杂宝及蛇为璎珞，下着虎皮裙。足右屈而左伸，威立于般若烈焰之中。凶忿之相貌更可显现其护持佛法的威力[①]。

六、十三世达赖喇嘛灵塔殿

此殿位于红宫与扎夏(僧舍群)之间的丹玛角(地母殿)附近。因该殿与红宫衔接，建筑外观、色调、高度与红宫相同，统称为红宫。十三世达赖喇嘛于1933年12月17日圆寂后，经占卜修建了灵塔及祀殿，祀殿外观大三层，通体

---

① 旺加著.寻踪世界文化遗产：布达拉宫[M].拉萨：西藏人民出版社，2015.12:47—49。

一层，有三层回廊。殿内除供奉十三世达赖喇嘛灵塔——善妙如意外，还供奉十三世达赖喇嘛银质等身像一尊、合金质释迦牟尼像一尊、铜鎏金释迦能仁、四臂观音、宗喀巴师徒三尊(宗喀巴及弟子甲曹杰、克珠杰)、白伞盖佛母、十一面观音、无量寿佛等各一尊。经书架内藏有《丹珠尔》等珍贵经典。灵塔前设有曼陀罗、珊瑚树、漆器以及珐琅器、瓷器、银器制作的三足鼎式香炉、狮子、供圣水容器和象牙等供品。

  该殿内各层回廊绘制的壁画尤其珍贵，其中第一层绘有金底朱笔绘制的四臂观音，两组吉祥回文图；第二层绘有密宗三本尊密集金刚、大威德金刚及多闻天王等；第三层绘制的壁画最为珍贵，共有200多组画面，记录并刻画了十三世达赖喇嘛·土登嘉措一生的传记。其中绘有十三世达赖喇嘛在布达拉宫举行坐床典礼的盛况；受沙弥、比丘戒的情景；1903年抗英战争的真实写照；1904年出走蒙古库伦并描绘沿途青海、甘肃、内蒙古等地藏蒙僧俗人民欢迎列队的情景，以及1907年，由塔尔寺经兰州至山西五台山的经过，同年进京觐见清光绪帝和慈禧太后时清庭中堂等官员到车站迎接的场面；抵京后驻锡黄寺和皇帝设宴中南海紫光阁的情景；觐见光绪皇帝和慈禧太后的重要场面，为光绪皇帝和慈禧太后的丧事举行佛事活动和1908年离京返藏时受到西藏人民隆重欢迎的全部过程；1910年，达赖喇嘛再次出走印度的情景；1912年达赖喇嘛从印度返藏，重登布达拉宫内历代达赖喇嘛法台宝座等画面。全面、真实地反映了十三世达赖喇嘛一生所经历的重大事件。此外，灵塔殿顶层覆盖一座歇山式金顶，四周屋檐装饰铜鎏金宝瓶、胜利幢和牦牛幢，建筑中部四角装点铜鎏金狮子，绒面感的"白玛"墙面装点着铜鎏金十相自在图、八吉祥徽、祥羚法轮等吉祥图案的金属制品，突出了灵塔殿的地位。

  1.十三世达赖喇嘛·土登嘉措灵塔

  名为格来堆觉——妙善如意十三世达赖喇嘛·土登嘉措金质灵塔，塑造于1934年，塔高12.97米，塔基宽7.83米，耗黄金18870两，塔型呈菩提塔状，塔面镶嵌金刚钻、红宝石、蓝宝石、祖母绿、勒子(天珠)、猫眼石、玛瑙、翡翠、珍珠、珊瑚、琥珀、右旋海螺、云母石、鹏骨结石、帝释青等各种世间奇珍异宝约10万颗，塔内藏有佛祖释迦牟尼舍利子等佛教圣物。塔身中部球状即塔瓶内藏有十三世达赖喇嘛真身法体。塔门内供有十三世达赖喇嘛本尊佛之一的铜鎏金十一面千手千眼观音像，塔基正面双狮之间佛龛内供奉一尊铜鎏金六臂护法神像，整个灵塔的体积、高度为布达拉宫藏内八座达赖喇嘛灵塔之最，镶嵌珍宝为其他七座灵塔的总和，为历代达赖喇嘛灵塔当中最豪华、最精美的一座。

2.十三世达赖喇嘛·土登嘉措像(1876—1933年)

塑造于1934年，耗银800余两，左手托持政教合一权力象征的法轮，右手呈说法印，结跏趺座于法台宝座，头戴通人冠，身着格鲁派高僧装，外披黄缎披风，呈长者相。

十三世达赖喇嘛·土登嘉措，1876年出生于西藏塔布(今朗县境内)朗顿村。3岁时被确认为"转世灵童"，由八世班禅大师剃度、取法名。1879年在布达拉宫东大殿内举行坐床大典。1888年为九世班禅剃度、取法名。1895年亲政。1903年英军侵略西藏，他号召全藏军民一致抗英。1904年，英军攻入拉萨，出走外蒙古。1907年应清廷礼部邀请，进京觐见光绪皇帝和慈禧太后。1909年，返回拉萨后，川军入藏，藏局动荡，出走印度。1912年重返拉萨，重掌政教大权。1914年开始推行"新政"。1931年发布文告整顿教规。1933年12月7日在罗布林卡其美曲吉宫内圆寂，享年58岁。

七、喇嘛拉康——上师殿

喇嘛拉康位于红宫最高层西侧，原为十世达赖喇嘛灵塔殿。后因灵塔过重，下层木结构承载不起，故将灵塔移至下层五世达赖喇嘛灵塔殿内，安放于五世达赖喇嘛灵塔的左边。将十世达赖喇嘛灵塔殿改为供奉格鲁派创始人宗喀巴为主供的六世至十二世历代达赖喇嘛的塑像，并更名为喇嘛拉康。喇嘛意为上师，所以该殿又被称为上师殿。

上师殿中央主供一尊银质宗喀巴像，其左边为六世达赖喇嘛银质像，右边为七世达赖喇嘛像，其前方自西至东依次为八世、九世、十世达赖喇嘛像，殿北自东至西依次供奉白度母铜鎏金、嵌珠宝像1尊，十一世、十二世达赖喇嘛像。殿南殿北佛龛内供奉纯金、银、赤金、合金、铜、青铜、泥等质地的各类佛像、佛塔2600尊，其中还有丹萨替寺（帕竹噶举派主寺）镇寺之物——白色沙石质莲花生大师塑像1尊，相传为阿底峡尊者加持的合金质噶当塔74尊，泥质三世达赖喇嘛像1尊等。殿内西侧经书架内供奉金汁书写的《丹珠尔》111部。墙壁绘有1000尊尊胜母画像。殿顶覆盖1座六角型金顶。

1.六世达赖喇嘛·仓央嘉措像(1683—1706年)

耗银600余两，左手呈说法印，拈托有佛经、智慧之剑的莲花茎，右手呈修法印，结跏趺座于法台宝座，头戴通人冠，身披格鲁派高僧装，呈少身像，即8岁时的面相。六世达赖喇嘛·仓央嘉措，于1683年出生于西藏门隅一户农民家庭。第司·桑杰嘉措多年秘不发丧，五世达赖喇嘛圆寂期间已寻得"转世灵童"。1697年"灵童"自藏南门隅迎请至拉萨，途径朗卡孜宗时，事先约定五世班禅洛桑益西在此会面，拜班禅为师，取法名。是年十月二十五日，仓央嘉措迎至布达拉宫，举行坐床典礼。在宫中他博览群书，终日苦学，还时常化妆出游民间，并写就了大量脍炙人口、流芳百世的诗歌，即《仓央嘉措情歌》，成为著名的诗人。1705年第司·桑杰嘉措被拉藏汗杀害后，六世达赖喇嘛被拉藏汗指为非真正的达赖喇嘛"转世灵童"，"解送"内地。一说行至青海附近时病故，另一说"软禁"于山西五台山，又一说行至青海湖附近，出游印度、尼泊尔、康、藏、甘、青、蒙古等处，弘法利生。由于圆寂不详，故布达拉宫内没有六世达赖喇嘛的灵塔。

2. 白度母像

塑造于1819—1820年，铜鎏金质，左手呈说法印托持莲花，右手呈予愿印，高乳丰臂，腰肢纤细，脸型俊秀圆满，七只眼睛(即双手心和双脚心各有一只眼、额头中央一只慧眼、原一对眼，共七只眼睛)，佩身光焰，呈女性菩萨的柔合相。在藏传佛教中，共有30多种度母，其中最著名的有白度母、绿度母、二十一相度母、救八难度母等。度母来源于大悲观世音菩萨，意为眼睛，是观世音菩萨化身的救苦救难的本尊，救济诸难，并将难得送至彼岸，故而得名救度之母，简称度母。藏传佛教艺术中的度母造像形态优美，面容妩媚，恬静清致，是最动人的艺术形象之一。

八、七世达赖喇嘛灵塔殿

位于红宫最高层西北角，由摄政德穆诺门罕·德来嘉措于1757年主持修建。七世达赖喇嘛·格桑嘉措圆寂后依据占卜卦示在观音殿右侧建七世之灵塔殿为宜，于1757年召集全藏600余名民工和500余名工匠，3个月内完成了祀殿的建设、6个月完成了灵塔的建造。该殿内除供奉七世达赖喇嘛灵塔外，灵塔左侧供有银质七世达赖喇嘛中年像，该像前为七世达赖喇嘛少年像和老身像各一尊，殿南侧供有铜鎏金弥勒佛像，亦称慈悲氏佛(藏语称：强巴佛)像一尊；灵塔前左侧供有一尊银质佛塔一座；灵塔殿北侧经书架内置金写《丹珠尔》经全套。

1.七世达赖喇嘛·格桑嘉措灵塔

名为扎西伟巴尔——吉祥光芒的七世达赖喇嘛金质灵塔，建造于1757年，塔高9.36米，塔基宽5.45米，耗黄金15950两，塔型呈菩萨塔状，塔面镶嵌金刚钻、红宝石、珍珠、祖母绿、红珊瑚、琥珀等各种奇珍异宝近万颗，塔内藏有诸多高僧骨舍利、牙舍利、遗物等各种圣物和珍贵典籍。塔瓶内藏有七世达赖喇嘛真身法体。塔门内沿装饰面嵌有宗喀巴的牙舍利和噶举派创始人玛尔巴大师的骨舍利等佛教圣物。

肉身圣像制作：大活佛圆寂后，按照宗教仪轨和传统，给肉身或法体进行沐浴，涂抹香料，穿比丘法衣，戴五佛冠，作跏趺状，供于法座，供僧俗各界祭悼，作隆重超度法事。然后，进行法体防腐处理。

法体防腐处理的大致程序：第一道程序叫"尸盐"。将法体用掺有香料的药水洗涤浸泡后，全身敷满纯净的藏北湖盐和藏红花及檀香粉，再用丝绸紧捆挤压水分，湖盐有很强的吸水作用，能把体内的血和水巧妙地分离出来。这样，在约四个月内按期更换盐和绸缎，在头两个月，每天至少要换一次盐和绸缎，后两个月要两三天更换一次盐和绸缎，直到体内水分完全吸干。这道工序可谓不动一刀一剪，而将法体内脏从特殊孔道取出。第二道程序是填补。用香料和药泥细心填充法体低凹和陷落部位，使其体型不致发生多大的变异。塑像师用特殊的胶泥，敷贴在法体的面部，拓出真容，用这个做模型，塑制他的神像，供奉在寺院佛殿，供信徒顶礼朝拜。最后一道工序是贴金。由身怀绝技的金匠主持进行，先在法体上涂一层粘性药物，再用薄金箔细心粘贴，一层一层附在法体上面。法容五官如同生前一样，整个法体比生前略小。法体金像描画完成后，法体头戴尖顶黄帽，身裹黄缎法衣，右手持金刚杵，左手持法铃做结印手势，俨然在向众生讲经说法，弘扬佛教。法体处理期间，显密高僧日夜诵经祈祷，通过宗教仪轨移进灵塔保存①。

2.七世达赖喇嘛·格桑嘉措像(1708—1757年)

建造于1757年，耗银850两，左手托持政教合一权力象征之法轮，右手结说法印，结跏趺座于法台宝座，头戴通人冠，身着格鲁派高僧装，外披水獭皮镶边黄缎披风，呈中年相。

七世达赖喇嘛·格桑嘉措，1708年出生于康区理塘桑珠颇章家，是根据六世达赖喇嘛仓央嘉措著名诗句"洁白飞禽仙鹤，请把双翅借我，我不远走高飞，只到理塘便回。"作为预言，在当地寻觅到的。9岁时被青海蒙古僧众迎至青海塔尔寺供养。13岁时，迎至拉萨在布达拉宫举行了坐床典礼，并拜五世班禅罗桑益西为师，受沙弥戒，入哲蚌寺学法，20岁时又请五世班禅，受比丘戒。1723年(雍正初年)，青海蒙古罗布藏丹津占据西宁等地反清，清王朝派年羹尧武装讨伐，期间七世达赖喇嘛移至康区噶达驻锡。1735年(雍正七年)返回拉萨。1751年亲政。1757年圆寂于布达拉宫，享年50岁。七世达赖喇嘛毕生谨言慎行，生活俭朴，大力弘传佛法，佛学造诣极深，修证已到高深境界。举止行动，取水脱鞋皆依戒律而行，每年只换一套僧装，颇得僧俗人民爱戴。

九、八世达赖喇嘛·江白嘉措灵塔殿

此殿建于1805年，位于红宫最高层北侧，于1805年建造了灵塔祭祀殿。该殿内除供有八世达赖喇嘛灵塔——妙善光辉外，灵塔殿西侧供有八世达赖喇嘛银质等身像一尊，灵塔殿夹层回廊内供有漆布制五世达赖喇嘛、宗喀

---

① 旺加. 寻踪世界文化遗产：布达拉宫 [M]. 拉萨：西藏人民出版社，2015:63—64.

巴、八思巴、章嘉·若白多吉、五世班禅额尔德尼·罗桑益西、八世达赖喇嘛经师益西坚赞、格扎巴拉等人的塑像各一尊；灵塔周围经书架内供有金写《甘珠尔》115部，整个祀殿顶层覆盖一座歇山式金顶。

1.八世达赖喇嘛·江白嘉措灵塔

名为格来司巴尔——善妙光辉八世达赖喇嘛金质灵塔，建造于1805年，塔高9.4米，塔基宽4.55米，耗黄金5575两，塔型呈菩提塔状，塔面镶嵌金刚钻、红宝石、绿松石、明珠等天然珍贵宝石千余颗，塔内藏圣僧舍利、遗物、各种珍贵经典著作等，塔瓶内藏有八世达赖喇嘛真身法体。塔瓶前龛(塔门)网状内供一尊未经烧炼的天然金块打造的十一面大悲观音像，塔门内沿装饰面嵌有吐蕃第一位赞普聂赤赞普牙齿一颗。

2.八世达赖喇嘛·江白嘉措等身像(1758—1804年)

建造于1805年，耗银500两，左手结修法印持政教合一权力象征之法轮，右手呈说法印，结跏趺座于法台宝座，呈中年像，着格鲁派高僧装。

八世达赖喇嘛·江白嘉措生于后藏托布加拉日岗(今日喀则南木林县境内)。3岁时认定为七世达赖喇嘛的"转世灵童"，由六世班禅大师在扎什伦布寺为他剃度取法名。4岁迎至布达拉宫坐床。7岁受沙弥戒，19岁受比丘戒，同年亲政。1804年圆寂于布达拉宫，享年46岁。

丨、九世达赖喇嘛·隆多嘉措灵塔殿

此殿建于1815年，位于红宫最高层东北侧，于1815年由九世达赖喇嘛经师赤钦·阿旺念扎和甘丹夏孜·强久群培精心设计，由噶伦厦扎·顿珠多吉主持建造了灵塔及祀殿。该殿内除供有九世达赖喇嘛灵塔——三界喜悦外，还有九世达赖喇嘛银质等身像一尊，宗喀巴银质像一尊，以及114部金汁书写的《甘珠尔》全套。北侧墙壁绘有一千尊无量寿佛，灵塔殿顶层还有罗汉殿和护法神殿。整个祀殿顶层覆盖一座歇山式金顶。

1.九世达赖喇嘛·隆多嘉措灵塔

名为萨松文嘎——三界喜悦的九世达赖喇嘛·隆多嘉措金质灵塔，建造于1815年，塔高7米，塔基宽4.15米，耗黄金3574两，塔型呈菩提塔状，塔面镶嵌绿松石为主的天然珍宝千余颗，塔内藏有典籍、舍利等珍贵文物。塔瓶内藏有九世达赖喇嘛真身法体。

2.九世达赖喇嘛·隆多嘉措等身像(1805—1815年)

塑造于1815年，耗银1875两，左手结修法印，右手呈说法印，结跏趺座于法台宝座，呈少年相，着格鲁派高僧装。九世达赖喇嘛·隆多嘉措于1805年出生于多康甘丹曲果寺(今四川甘孜一带)附近春科土司家。3岁时认定为八世达赖喇嘛的转世"灵童"，由多康迎至拉萨，后迎请到布达拉宫坐床，拜七世班禅丹白尼玛为师，剃发受戒，并取法名。1815年，在布达拉宫圆寂，享年11岁。

十一、堆廓拉康——时轮殿

位于红宫六层回廊东侧，面积108.57平方米。殿内中央供奉一座铜鎏金时轮立体坛城，周围佛龛内供奉有印度、祖国内地、西藏等地的168位著名历算传承者的塑像，铜鎏金善逝佛塔一座，银质八佛塔，38尊时轮神像等珍贵造像，四周壁画内容同上。

1. 时轮坛城

相传释迦牟尼所讲《时轮经》，由月贤王迎请并保存于苦婆罗，后传至印度。11世纪初传入西藏，至13世纪盛行。该殿供奉的时轮立体坛城悉依据《时轮经》而造于觉囊派达旦平措林寺，后于1680年迎至布达拉宫，并进行了修整，镶嵌了松石、珍珠等2279颗，红珊瑚5168颗，琥珀3235颗，青金石、玻璃珠7419颗，水晶石1896颗，使得整个坛城显得精美、豪华。

坛城是佛教密宗供奉物，有立体和彩绘两大类。每位佛、每位菩萨都有各自的不同坛城。坛城是形象化和神圣化的象征，代表小宇宙——三千世界即大千世界，是一个精细的概念。坛城中的城市是一个中心点，东、南、西、北各有一门，形成了一个定向四边形。从外到里分别浮雕状的旋涡形空气、火焰、波涛状海水、高底不齐的山石等，表达了宇宙间自然物的形成过程。通过对《时轮经》的研究和对时轮坛城的观修，形成了至今对西藏天文历算具有重要影响的《时轮历》《时轮度量》等时轮计算法和著作，是研究古代科技的重要组成部分。

十二、土旺拉康——释迦能仁殿

位于红宫第六层廊东南角，原为达喇喇嘛寝宫之一——森琼·罗杰班久。1799年，八世达赖喇嘛时期耗银500余两铸造一尊释迦能仁像及铜鎏金八尊随佛八大弟子(文殊、金刚手、观世音、地藏王、除盖障、虚空藏、弥勒和普贤)像供于此宫，故更名为释迦能仁殿。殿东经书架上置有用金汁抄写的《甘珠尔》经115部，尤其珍贵。殿内还设有七世达喇嘛法台宝座及茶几。

藏文《甘珠尔》大藏经：《甘珠尔》又称(佛说部)，系释迦牟尼全集。公元8世纪至13世纪，许多杰出的印藏高僧大德将梵文释迦牟尼全集译成了藏文，全部收集于《甘珠尔》大藏经中，全集有100多部，内容大致可分为7类，即戒律、般若、华严、宝积、经集、秘密、目录等部，为"三藏"之经藏和律藏。这里供奉的藏文《甘珠尔》大藏经全套共115部，誊录于公元十七世纪中叶，其纸张为特制的蓝黑色加厚纸，统称蓝锭纸，文字全部是用金汁书写，每部首页为黄金浆堆写的凸字。

十三、孜译仓——档案室

位于红宫西大殿第六层回廊南侧，原为达赖喇嘛秘书处(藏语称：孜译仓)，是原西藏地方政府的僧官组成的机构。此机构由主管四品僧官4名（仲益钦莫[①]1名和堪仲[②]3名）、五品僧官1名（译仓聂巴[③]）、一般僧官15名、画师1名和学员4名组成，负责管理达赖喇嘛的印章、70多位孜仲(僧官)的任免及日常事务，并负责制定颁布全藏各寺院及僧尼制度等宗教和政治事宜。秘书处还主管布达拉宫僧官学校。该机构成立于1752年七世达赖喇嘛时期，结束于1959年西藏民主改革时期。

译仓聂巴的任命。从过去在译仓列空中任过职的僧官中，选一名有一定文化水平又为仲益钦莫信得过的人，不需要经过特定标准的考察。宣布任命后，新任译仓聂巴要请译仓列空上下人员吃酥油米饭和酥油茶，作为任职仪

[①]秘书长，三品大喇嘛职位。
[②]副秘书长，位居四品职位。
[③]五品僧官，译仓列空办公室负责人。

式。根据编制名额和需要，一般情况下抽调藏文程度较高的年轻僧官到译仓列空充任普通官职，但有些是私下通过仲益钦莫后进入译仓列空的。进入译仓列空的僧官，不仅还能扩大知识面、通晓政事，还有希望调升为宗本或获得其他好的差事。所以，除贵族家庭或富裕家庭出身的僧官外，一般僧官很难进入译仓列空。

译仓列空的职责为：草拟并颁发给各机关和全藏教政系统的文件和通令（须得到达赖喇嘛的审准）；就寺庙的规章制度、活佛坐床赐封号、寺庙庄园的归属、寺庙维修事宜、僧人应考格西学位所需经费的募捐等问题，向达赖喇嘛呈递书面意见，待获恩准批示下来后下发落实。另外，三大寺等寺庙的诵经条令，请乃琼、嘎东、桑耶、拉姆等护法神汉降神问卜的占卦书，亚索赤巴①的执照，给扎什伦布寺的礼品清单和代表前藏政府赴日喀则送礼品的内寝侍卫的通行证，前往全藏各地的土地山神所在地埋藏养地宝瓶的公差和念经诵咒僧人的证明书，调换昌都等各地总管、各宗宗本的命令及交接工作监督人的证书，封山禁杀令等一系列文件，一律用藏文短脚行书字体誊写后由仲益钦莫呈请达赖喇嘛审视批准。再由三位堪仲在达赖喇嘛侍从室内分别负责加盖达赖喇嘛内宫印鉴和常用的圆形印章，然后交给在过道等候的译仓聂巴等公职人员。译仓聂巴等人将其折叠好后送仲益钦莫加盖封口铃印，装入信封内，交付有关方面执行。最后，由译仓聂巴登记处理情况。

译仓列空还负责内宫印鉴的保管。达赖喇嘛在布达拉宫时，内宫大印存放于吉祥圣母殿内；在罗布林卡时，存放于护法神殿内。印匣上锁并用细牛皮条穿连，封口处加盖达赖喇嘛的私章。达赖喇嘛前往布达拉宫、罗布林卡或大昭寺时，仲益钦莫用黄布包好印匣，堪仲身背印匣随行。译仓列空的公章有两枚：一枚是圆形印章，在发给其他单位的收支单据上使用；另一枚是在机关内部支取纸墨凭单和通知书上使用的②。

---

① 祈祷大法会送鬼仪式中装扮成蒙古骑兵元帅的角色。
②《西藏自治区政协文史资料》编辑部．西藏文史资料选辑Ⅱ[M]．北京：民族出版社，2007:439—442．

十四、次巴拉康——无量寿佛殿

位于红宫六层南侧，原为达赖喇嘛寝宫之一森琼·堆古吉，八世达赖喇嘛虚岁25岁本命年时，其经师策墨林呼图克图·阿旺次成主持在该殿内塑造九尊铜鎏金无量寿佛，以示避灾祈寿，故改名为无量寿佛殿。殿中央主尊铜鎏金大日如来，其左右分别为金刚无量寿、大宝无量寿、莲花无量寿、业力无量寿、普照无量寿、功德无量寿、智无量寿、不动无量寿共八尊无量寿佛。东南角供奉一尊银质白度母，西南角供奉一尊铜鎏金绿度母，南侧设有八世达赖喇嘛法台宝座。

该殿壁画极为著名，东壁绘有八世达赖喇嘛肖像及观世音净土；南壁中央绘有宗喀巴大师肖像，东侧大窗东壁绘有铁索桥寺、堆米宫、乃琼寺、布达拉宫、拉嘉里王宫；西壁绘有度母长寿灌顶图；西侧小窗东壁绘有大明皇帝邀请十六尊者夏令安居图；西壁绘有桑耶寺、大昭寺、小昭25寺、帕邦卡宫、查也巴寺、布达拉宫、药王山；该殿西壁绘有救八难度母图；西侧门框上方绘有师君三尊图；北壁绘有无量寿佛、马头明王等精美壁画。

十五、则杰拉康——释迦百行殿

位于红宫六层西南角，殿内主供药泥制释迦牟尼像，佛龛内供有释迦百行造像。主尊下佛龛内有檀香木质十六尊者像(罗汉)。南面为药泥制五世达赖喇嘛和铜鎏金七世达赖喇嘛像，殿内还有其他各种塑像近百尊。[

十六、公桑杰珠康——普贤追随殿

此殿位于红宫六层北侧，该殿北侧正面佛龛内供奉有铜鎏金释迦牟尼像，其左右分别为铜鎏金观世音，千手千眼观世音，五世达赖喇嘛等塑像。该殿东、西两侧佛龛内供奉230余件佛像和佛塔。

十七、黎玛拉康——合金佛像殿

俗称响铜殿，位于红宫六层东北处，整个殿堂中间以一堵轻质墙隔分为东、西两间。殿内佛像、佛塔大多为黎玛(珍贵合金)，共计3000余尊。其中合金质塑像1700余尊，佛塔280座；其他各种质地的塑像1200余尊，佛塔287

座。上述佛像、佛塔中最早的有千余年的历史,最晚的为公元16世纪的作品。这些作品大多来自于印度、尼泊尔,也有西藏本地制造的。另有标有"大明宣德"和"大明永乐年间"制造百尊塑像,系明永乐和宣德年间祖国内地制作①。黎玛分为"红黎玛""白黎玛"和"紫黎玛"等。该殿可称得上是佛像、佛塔的精品汇集,不仅对研究古代金属造像艺术有着极高的价值,而且对研究西藏历史文化也有着重要的意义。

响铜殿内所供奉的塑像形态各异、种类繁多,对研究布达拉宫的造型艺术有着极高的价值。殿内有合金质释迦牟尼像(高0.38米、宽0.06米)和弥勒佛像(高0.69米、宽0.165米)共50余尊;"大明宣德"制造的释迦牟尼(高0.28米)、"大明永乐"制造的文殊(高0.178米)、藏传佛教宁玛派和噶举派的僧人、藏戏创始人唐东杰布等合金塑像共达1600余尊;银质释迦牟尼和萨迦班智达像、铜质镀金释迦牟尼像、无量寿佛像、弥勒佛像300余尊;青铜铸造释迦牟尼、金刚亥母、白依怙神等300余尊。还有水晶质释迦牟尼(高0.15米)、无量光佛像,琥珀质释迦牟尼像(高0.11米)、石雕八臂观世音、绿度母像、象牙质无量寿佛、传承上师像、陶质宗喀巴像、泥质药浆释迦牟尼、松赞干布、赤松德赞像等共100余尊。

三怙主像(藏语称:日松贡布)。文殊菩萨、观世音和金刚手并称三怙主。该殿内供奉的三怙主质地为白银,16世纪制作。文殊菩萨右手举宝剑,左手呈说法印,戴天冠,着天衣;观音菩萨呈四臂,前双手合掌,右二手持佛珠,左二手持莲花,戴天冠,着天衣;金刚手菩萨。右手举持金刚,左手呈金刚印,戴天冠,着天衣。三怙主之喻意:举持宝剑者文殊(佛部怙主)意为斩断一切邪念,最具智慧;四臂观音(莲花部怙主)意为最具慈悲心;持金

---

① 布达拉宫存有大量明永宣时期的造像。明朝初期推行"多封众建"制,对西藏各主要教派和首领予以分封,并赐与很多礼品。在明早期,宫廷内就有专门制作佛教造像的机构,这个机构叫"佛作"。"佛作"延续到永乐年间开始有了变化,开始制作藏式风格的佛像。永宣时期的很多造像流传西藏地方,直接影响了西藏造像艺术。明初第五世噶玛巴为代表的西藏地方僧俗首领到祖国内地授法传艺,接受了很多藏传佛教及其相关的艺术。西藏佛像在元末明初西藏成熟的艺术风格基础上,大胆地吸收汉地审美观念、表现手法和工艺技术,将汉藏艺术完美融于一体,产生了新的风格。汉藏文化的交流,促进了佛教造像艺术的发展。宣德之后,汉藏艺术逐渐融合,趋向统一。藏式佛像在融入汉地审美的同时,汉地传统佛像也体现出了对永宣造像风格的普遍接受。

刚(密宗部怙主)意为最具法力。三尊组合的喻意，表现了佛教徒对佛和菩萨所具有的共性和认识，即认为佛和菩萨具有最高的智慧、最大的慈悲心和最深厚的法力，为佛和菩萨的三性，认为三者不可分离。

十八、措钦司西平措努——西大殿

位于红宫四层中央，大殿面积达776.2平方米，是五世达赖喇嘛的享堂。大殿西侧正中设有六世达赖喇嘛宝座，上方悬挂乾隆皇帝御笔"涌莲初地"金字牌匾，整个大殿结构布局依照佛教坛城模式建造。大殿中央高高隆起的八根柱子代表"须弥山"，四面较低木梁，分别涂以绿松石、红珊瑚、黄金、白珍珠等四色象征"四大部洲"。四周墙壁绘2215组壁画，记录了五世达赖喇嘛的家族史及本人传记。其中东北角约15组壁画讲述了五世达赖喇嘛于1652年赴京觐见清顺治帝的全部过程，尤为珍贵。

十九、朗仁拉康——菩提道次第殿

位于红宫西大殿东侧的菩提道次第殿，建于1690—1693年间，该殿主尊为格鲁派(黄教)创始人宗喀巴银质塑像，其右边供有广行派(由弥勒15授，经无著、世亲等人传出的大乘佛教修行次第)诸上师塑像；其左边供有深观派(由文殊口授。经龙树师徒辗转传出的大乘佛教最高哲学)诸上师塑像一共68尊。因宗喀巴大师于1409年创建格鲁巴(格鲁派)，并著作《菩提道次第广论》(详细论述循序渐进地修佛进程和内容)和《菩提道次第密宗广论》，成为格鲁派的主要佛学经典，该殿故得名菩提道次第殿。

宗喀巴·洛桑扎巴像(1357—1419年)制作于1691—1693年间，耗银880两，为格鲁派创始人宗喀巴的等身银质塑像，是菩提道次第殿主供银鎏金质像。宗喀巴相貌慈悲端庄，左手拈托有佛经的莲花茎，右手拈托有智慧宝剑的莲花茎，着格鲁派高僧装，头戴通人冠，双足结跏趺坐于双瓣莲花座，整体造型为说法式。莲花座下基座为双狮撑起，上嵌珍珠等各种珍宝百余颗，为六灵棒座。

宗喀巴是西藏十五世纪伟大的佛教思想家，格鲁派开派祖师。1357年出生于青海宗喀(湟中)，7岁出家为僧，16岁到西藏拜各家名师，深造研习佛理，25岁时受比丘戒，并开始撰写佛教论著。36岁(1393年)时基本结束显密研习，便从事宗教活动，并逐步掀起以倡导严守戒律、先显后密、显密兼修为核心的宗教整顿运动。47岁(1409年)宗喀巴举办了西藏政教史上产生重要影响的拉萨祈愿大法会——传昭法会。此次大法会以及随后甘丹寺的创建，标志着藏传佛教史上一个重戒律、讲究修习第次的新教派——格鲁教派的诞生。宗喀巴以甘丹寺为母寺，广收弟子，传播佛法。第一世达赖喇嘛根顿珠巴和第一世班禅大师克珠杰，以及被明朝册封为大慈法王的色拉寺奠基人释迦也失和哲蚌寺的奠基人嘉央曲吉等都是宗喀巴门下的著名弟子。于1419年大师在甘丹寺圆寂，享年61岁。其甘丹寺寺主法台，传于大弟子甲曹杰。

二十、仁增拉康——持明殿

位于红宫西大殿南侧的仁增拉康(持明殿)即密宗传承殿，建于1690——1693年间，主供一尊银质莲花生大师塑像。此像两旁塑有莲花生的孟加拉密妃拉江·门达绕瓦和藏妃康卓·益西措杰塑像。其右侧排列古印度八持明传承师(密宗的正统继承者和传播者)的铜鎏金像，左侧排列古如八名号(古如即梵语上师之意)即莲花生八大化身。八持明传承师塑像前有八善逝银质佛塔，古如八名号塑像前排有三怙主(文殊菩萨、观音菩萨、金刚手菩萨)塑像；该殿东、西、北面墙壁处设有书架，装满金汁、银汁、朱砂等写就的经典，共计2500多部。

1.古如八名号之一——忿怒金刚像

忿怒金刚，藏语称：古如·多吉卓罗。铜鎏金质忿怒金刚像，制作于1692—1693年间，莲花座、骑虎，塑像呈右展立状，双手舒展，左手持金刚橛，右手持金刚杵，眉毛短粗而上翘染桔黄色，胸前配戴人头钏珠，三眼呈卵形大而瞪出，双唇紧闭，虎牙咬下唇，呈怒状。意为古如灭邪魔怨敌之化身。

2.古如八名号之一——释迦狮子像

释迦狮子，藏语称：古如·释迦森格。铜鎏金质释迦狮子像，制作于1692—1693年间，呈释迦牟尼像状，结跏趺坐于莲花座，左手持钵，右手结融地印。意为古如降服邪魔之化身。

3.古如八名号之一——莲花王像

莲花王,藏语称:古如·白玛杰布。铜鎏金质莲花王像,制作于1692—1693年间,呈王者相,盘膝于莲花座,左手持明镜,右手持击鼓。意为古如殊胜三界之化身。

4.古如八名号之一——莲花生像

莲花生,藏语称:古如·白玛桑巴瓦。铜鎏金质莲花生像,制作于1692—1693年间,左手呈说法印,右手托持甘露颅器,盘膝于莲花座。意为古如功德圆满之化身。

5.古如八名号之一——狮子吼像

狮子吼,藏语称:古如·森格扎卓。铜鎏金质狮子吼像,制作于1692—1693年间,塑像呈右展立状,双手舒展,右手持金刚,眉毛短粗而上翘,发型似熊熊火焰,三眼呈卵形大而瞪出,身披兽皮,呈怒状,故名狮子吼。意为古如战胜外道鬼蜮之化身。

6.古如八名号之一——日光像

日光,藏语称:古如·尼玛伟色。铜鎏金质日光像,制作于1691—1693年间,左手持绢索套住太阳至右臂,右手呈期克印持金刚,头戴宝冠,盘膝坐于莲花座。意为古如解谜之化身。

7.古如八名号之一——爱慧像

爱慧,藏语称:古如·洛旦确斯。铜鎏金质爱慧像,制作于1692—1693年间,左手托持摩尼盘,右手持击鼓,着俗装,戴胸饰,盘膝于莲花座。意为古如通一切佛法知识之化身。

8.古如八名号之一——莲花金刚像

莲花金刚,藏语称:古如·措吉多吉。铜鎏金质莲花金刚像,制作于1692—1693年间,双身,正身意为方便,妃身意为智慧,双身右手各持金刚弯刀,立于莲花座。意为古如无贪念之化身。

9.康卓·益西措杰像

铜鎏金质康卓·益西措杰像,制作于1692—1693年间,左手呈说法印,右手托持甘露颅器,着吐蕃盛装,头戴绿松石顶瑰,结瑜珈坐于单瓣莲花座。康卓·益西措杰相传为西藏墨竹工卡县人,公元八世纪成为吐蕃赞普赤松德赞之妃子。莲花生大师前来吐蕃传法时,拜莲花生大师为师,成为密宗修行弟子。莲花生大师返回乌仗那(今天巴基斯坦境内)时随大师赴印度。

10.莲花生像

莲花生,藏语称:古如·白玛迥乃。莲花生像制作于1692—1693年间,耗银970两的持明佛殿主供银鎏金质莲花生像。莲花生仪态端庄,左手托持甘露颅器与天仗,右手呈期克印持金刚,着古如装,结跏趺坐于双莲花座;背光以铜鎏金质,外延呈椭圆形,内延呈葫芦状,从下到上依次是大鳖、神龙、鸳鸯、大鹏鸟,象征密宗四续。莲花生之基座、背光等处镶嵌各种天然珠宝数百颗。

莲花生是8世纪印度密宗大师,乌仗那(今巴基斯坦境内)人,因而,又称乌仗那大师。出生于东印度提婆波罗,于大众部出家受具足戒,遍参善知识,博学显密经教。751年前后,应赤松德赞宴请入吐蕃传播佛法,并与寂护(印度高僧)创建了吐蕃第一座佛法僧俱全的寺院——桑耶寺,建立僧团。莲花生是藏传佛教的集大成者,是藏传佛教密宗的创始人,被藏传佛教的宁玛派尊为第一位祖师。

11.门达绕瓦像

铜鎏金质门达绕瓦像,制作于1692—1693年间,左手托持宝瓶,右手呈说法印,结跏趺坐于单瓣莲花座,着印度装,头戴宝冠。门绕达瓦,一说为公元八世纪古印度东部一公主,另一说为寂护大师之妹。拜莲花生大师学习密宗,为莲花生双修之密妃。

12.八持明之一——功业持明像

功业持明,梵语称:扎哈底。功业持明像制作于1692—1693年间,铜鎏金质,双手呈如来集会印,左手持铃,右手持金刚杵,着比丘装,头戴通人冠，结跏趺坐于双瓣莲花座。

13.八持明之二——身持明像

身持明，梵语称：明珠喜里。身持明像制作于1692—1693年间，铜鎏金质，左手持铃，右手举杖，着比丘装，头戴通人冠，盘腿席坐于双瓣莲花座。

14.八持明之三——语持明像

语持明，即容布谷，汉语称龙树，藏语称贡布鲁珠。语持明像制作于1692—1693年间，铜鎏金质，左手托持经典，右手举禅杖，脑后盘七蛇，着比丘装，头戴通人冠，结跏趺坐于双瓣莲花座。

15.八持明之四——意持明像

意持明，梵语称：哄噶拉。意持明像制作于1692—1693年间，铜鎏金质，左手呈予愿印，右手持交杵金刚弯举于胸前，着比丘装，头戴通人冠，盘腿席于双瓣莲花座。

16.八持明之五——德持明像

德持明，梵语称：比玛拉。德持明像制作于1692—1693年间，铜鎏金质，双手呈禅定印，托持宝瓶，着比丘装，头戴通人冠，结跏趺坐于双瓣莲花座。

17.八持明之六——本性持明像

本性持明像，梵语称：达那桑木。本性持明像制作于1692—1693年间，铜鎏金质，左手持甘露颅器，右手持击鼓，着比丘装，头戴通人冠，盘腿席于双瓣莲花座。

18.八持明之七——诛法持明像

诛法持明，梵语称：古牙扎那。诛法持明像制作于1692—1693年间，铜鎏金质，左手持金刚杵，右手弯举天仗，着比丘装，头戴通人冠，盘膝于双瓣莲花座。

19.八持明之八——威猛持明像

威猛持明，梵语称：先底噶尔。威猛持明像制作于1692—1693年间，铜鎏金质，左手呈说法印，右手持法器，着比丘装，头戴通人冠，结跏趺坐于双瓣莲花座。

二十一、五世达赖喇嘛灵塔殿

位于红宫西大殿西侧的五世达赖喇嘛灵塔殿，建于1690—1693年间，外观四层，通体一堂，是布达拉宫最著名的殿堂之一。殿内供奉五世、十世、十二世达赖喇嘛金质灵塔及八座银质善逝佛塔。在灵塔和佛塔前除供奉有八宝吉祥徽、八瑞相、七政宝、五妙欲等银鎏金浮雕供品外，该殿四面通体设有十一个隔层的经书架，藏经达1640多部，这些经典中包括《甘珠尔》《丹珠尔》《大般若》《八千颂》等珍贵佛学典籍，四周壁画主要是无量寿佛。

1.八大善逝佛塔之二——菩提塔

菩提塔，藏语称：强久曲登，打造于1692—1693年间，耗银2000余两的菩提塔，塔高5.30米，塔基正面法座中央浮雕一尊铜鎏金东方护国天王像，左右浮雕宝象，塔阶四级四方，塔面镶嵌千余颗珍宝，塔门内供有一尊铜鎏金释迦牟尼结与愿印像。

菩提塔由来：相传释迦牟尼36岁当年的藏历4月15日，在古印度摩竭陀国菩提伽耶城金刚座菩提树下，正觉成道，影胜王初次造此种塔以纪念，故名菩提塔。

2.八大善逝佛塔之八——涅槃塔

涅槃塔，藏语称：娘怠曲登，打造于1692—1693年间，耗银2000两的涅槃塔，塔高5.30米，塔基正面中央浮雕一尊铜鎏金多闻天王像，左右浮雕共命鸟托起塔基，不分台阶层次仅有莲花座上安置塔瓶，塔面镶嵌各种珍宝近千颗，塔门内供有铜鎏金释迦牟尼结融地印像。

涅槃塔的由来：相传释迦牟尼于公元前545年4月15日在拘尸那城涅槃(佛教对圣者去逝的美称，意为脱离苦恼，超脱生死轮回)，由拘尸那人初建此塔以纪念，故名涅槃塔。

3.八大善逝佛塔之六——和好塔

和好塔，藏语称：应东曲登，建造于1692—1693年间，耗银2000两的和好塔，塔高5.30米，塔基正面中央浮雕一尊铜鎏金西方广目天王像，左右浮雕孔雀，塔阶为四级八方，塔面镶嵌钻石等珍宝千余颗，塔门内供有一尊铜鎏金释迦牟尼结与愿印之像。

和好塔的由来：相传古印度王舍城中提婆达多在僧伽之间进行挑拨，释迦牟尼命二圣化度使归和好，由摩竭陀人初次建此种塔以纪念，故名和好塔。

4.十世达赖喇嘛·楚臣嘉措灵塔

名为康松坚确——欲界庄严十世达赖喇嘛金质灵塔，打造于1837—1838年间，塔高7米，塔基宽4.32米，耗黄3534两，塔身呈尊胜塔状，塔面镶嵌金刚钻、玛瑙等各种珍宝千余颗，塔内藏有佛像、佛经、佛塔等加持圣物。尊身中部球状，塔瓶内藏有十世达赖喇嘛真身法体。灵塔前供有银质十世达赖喇嘛等身像。

5.五世达赖喇嘛阿旺·洛桑嘉措灵塔

名为藏林坚吉——南赡部洲唯一庄严五世达赖喇嘛金质灵塔，打造于1690—1693年间，塔高12.60米，塔基宽7.65米，耗黄金119082两(合3721公斤)，塔身呈菩提塔状，塔面镶嵌琉璃、红宝石、蓝宝石、珍珠等各种珍宝18000余颗，其中最为珍贵的是镶嵌在塔门下第四层塔阶中央的那颗明珠，这是一颗大象脑髓中生成的明珠，弥足珍贵。塔内藏有释迦牟尼舍利了和宗喀巴人师牙舍利等稀世之宝。塔身中部球状，塔瓶内藏有五世达赖喇嘛真身法体。塔门内供奉一尊泥塑描金十一面大慈大悲观世音像。塔前设有一座银质曼陀罗(坛城)组合。

其中，五世达赖喇嘛灵塔殿堂内的五世达赖喇嘛灵塔被称为"世界第一饰"。该灵塔是布达拉宫的第一座灵塔，也是目前世界上最大、最壮观的灵塔，兴建于五世达赖喇嘛圆寂后的第八年，即1690年。灵塔，为菩提塔，通高12.6米，持地宽7.65米，塔门朝东，为木质结构，外裹金皮，耗黄金3721公斤，塔身上共镶嵌有珍珠3812颗。其中，0.7—1.5厘米左右大小的珠宝501颗。莲花形大绿松石5颗，莲花形中、小绿松石91颗，长方形莲花状绿松石15

颗，兽形绿松石4颗，2—4厘米大小的深色和浅色绿松石14颗。0.5厘米左右大小的金刚钻3颗。0.5—3厘米大小的蓝宝石15颗，绿宝石8颗，红宝石8颗，祖国内地产红宝石554颗，子母绿7颗，帝青宝1颗，鹏吐石3颗，右旋海螺1颗。4厘米大小的帝青宝1颗。1.5—3厘米大小的珊瑚7232颗，各种勒子（天珠）541颗，其他各种宝石135颗，各种玛瑙和羊脂玉盘700个，青金石3935颗，娜卡巴芝宝石90颗，各种水晶156颗，松耳石和彩色玻璃360个，各种禽兽形状水晶石183颗，用绿松石、珊瑚、青金石和鱼骨镶嵌的梵文字13个，妇女胸饰"噶乌"13个，金耳饰6个，男金耳饰18个，男长耳饰2对，蒙古妇女耳饰2对、头饰2对，宝石帽1顶，蒙古妇女发饰2个，镶有金刚钻、祖母绿和红宝石等55颗的阿里古装一套①。另外，据《五世达赖喇嘛灵塔移交清册》记载：灵塔上的宝石种类有各种珍珠、玛瑙、绿松石、金刚钻、蓝宝石、绿宝石、红宝石、帝青宝、珊瑚、水晶、彩色镜、宝不帽、右旋海螺等等。其中，特别值得一提的是，塔瓶下方嵌有一串海泥沙制朝珠，是清顺治皇帝颁赐给五世达赖的珍宝。这颗珍珠比两个大拇指还大，长在大象脑壳内，是稀世之宝。

　　五世达赖喇嘛灵塔内的装藏物都是经过精心挑选的传世之宝。第一件稀世之宝是吐蕃赞普松赞干布从印度玛呷达城迎来的迦叶佛的舍利子。第二件稀世之物是元朝忽必烈第一次听八思巴讲经时所赐的一颗百灵鸟蛋大小的释迦牟尼舍利子。据藏史记载，这颗舍利子是从祖国内地而来的。远在东晋时代，穆帝师马耽曾与印度东部一小国交战，当时就将这颗释迦牟尼舍利子和一尊释迦牟尼佛像迎回东晋供奉，后来隋炀帝又将它们迎至长安。唐太宗时，将释迦牟尼佛像作为文成公主入嫁吐蕃的嫁妆之一送到西藏，至今这尊佛像仍供奉于大昭寺内。而这颗释迦牟尼舍利子，在成吉思汗征服西夏时，被成吉思汗视为宝物，成为元朝历代皇帝供奉的圣物。后来，忽必烈把它赐给萨迦法王八思巴，一直供奉在萨迦寺内。萨迦政权解体后，萨迦喇嘛萨衮布把这颗舍利子赠给江孜法王帕巴白桑，成为江孜寺的圣供物。但到藏巴汗

①姜怀英、噶素・彭措朗杰、王明星编著. 西藏布达拉宫修缮工程报告[M]. 北京：文物出版社，1994:77.

统治西藏时，藏巴汗平措朗杰下令将这颗珍贵的佛舍利子迎至日喀则供奉。1642年，蒙古和硕特首领固始汗在西藏将藏巴汗消灭，从日喀则取走这颗舍利子献给了五世达赖喇嘛①。

灵塔里还装藏有释迦牟尼的舍利大拇指骨一个。据载，它是莲花生大师来藏时从印度带到西藏，然后埋入地下，后人掘出后献给八思巴法王，后来供奉在布达拉宫。灵塔内还有一座有22颗释迦牟尼舍利子的佛塔一尊，它是高僧乌金巴用重金从印度王比达期纳手中买来，后来供奉于布达拉宫。置于灵塔内的圣物还有阿底峡法帽、宗喀巴的碟子等。

五世达赖灵塔内的经书主要有：松赞干布的遗令一文；贝叶经《时轮注疏》一部；莲花生及其妃康卓·益西措杰和赤松德赞三人用鼻血写成的《十万颂般若经》一部；首部手抄本《五部箴言》；金汁缮写的《甘珠尔》大藏经105函；优质藏纸缮写的《甘珠尔》经114函，银字缮写的《丹珠尔》大藏经一套；金字缮写的宗喀巴大师经典著作38函；金字缮写的一世、二世、三世达赖的著述经典分别为5函、2部和1部，以及五世达赖所著经典31函。还有其它至宝，全部装于一个嵌金边的玻璃箱的装藏塔内②。

6.十二世达赖喇嘛·成烈嘉措灵塔

名为次金伟巴——寿施光芒的十二世达赖喇嘛金质灵塔，打造于1875—1876年间，塔高7.25米，塔基宽3.76米，耗黄金千余两，塔身呈尊胜塔状，塔面镶嵌右旋海螺、金刚钻等各种珍宝千余颗。塔内藏有诸多高僧舍利。塔瓶内藏有十二世达赖喇嘛真身法体。塔门内供观音像。灵塔右侧供奉纯金十二世达赖喇嘛等身像。

7.八大善逝佛塔之三——吉祥多门塔

吉祥多门塔，藏语称：扎西果芒，打造于1691—1693年间，耗银2000两的吉祥多门塔，塔高5.30米，塔基正面中央为一尊铜鎏金南方增长天王浮雕像，左右为宝马浮雕，塔阶为四级四方，各级设多门，塔面镶嵌珍珠等珍宝

---

① 陈光荣.西藏寺庙里的金灵塔[J].西藏民族学院学报 2003(5):42.
② 尕藏才旦、格桑本.天葬：藏族丧葬文化[M].兰州：甘肃人民出版社，2000.

千余颗，塔门内供有铜鎏金释迦牟尼结转法轮印像。吉祥多门塔由来：相传释迦牟尼证觉成道后的第49天即6月4日，在古印度波罗奈斯初转四谛法轮，示为吉祥。由五位比丘僧初次建此种塔以纪念，故名吉祥多门塔。

8.八大善逝佛塔之四——神变塔(藏语称：曲追曲登)

神变塔，藏语称：曲追曲登，打造于1690—1693年间，耗银2000两的神变塔，塔高5.30米，塔基正面中央为一尊铜鎏金西方广目天王浮雕像，左右为孔雀浮雕，塔阶为四级四方，塔面镶嵌红宝石等珍珠千余颗，塔门内供有一尊铜鎏金释迦释牟尼结转法轮印像。神变塔由来：相传释迦牟尼57岁时的正月初一至十五，于舍卫城示现各种神通变化，调伏外道六师。黎杂齐等初次建造此塔以纪念，故名神变塔。

9.八大善逝佛塔之七——尊胜塔

尊胜塔，藏语称：朗杰曲登，打造于1690—1693年间，耗银2000两的尊胜塔，塔高5.30米，塔基正面中央为一尊铜鎏金北方多闻天王浮雕像，左右为共命鸟浮雕，塔阶为三级圆形，塔面镶嵌松石等珍宝千余颗，塔门内供有一尊铜鎏金释迦牟尼结与愿印像。尊胜塔的由来：相传释迦牟尼在古印度毗舍利城加持延寿三个月。由毗舍人初次建此塔以纪念，故名尊胜塔。

10.八大善逝佛塔之一——聚莲塔

聚莲塔，藏语称：白蚌曲登，建造于1690—1693年间，耗银2000两的聚莲塔，塔高5.30米，塔基正面中央为一尊铜鎏金东方护国天王浮雕像，左右为宝象浮雕，塔阶为四级圆形莲花瓣，塔面镶嵌勒子(天珠)等各种珍宝千余颗，塔门内供奉一尊释迦牟尼结大无畏印像。聚莲塔由来：相传释迦牟尼于公元前625年即藏历火猴年4月7日在古印度迦毗罗国降生，由其父净饭初次建此塔。

二十二、冲绕拉康——观世音本生殿

观音本生殿主供释迦牟尼12岁等身金质塑像。塑像共耗费黄金52.47千克。释迦牟尼塑像面相慈善，神态安详，左手捧佛钵，右手垂膝，双足结跏趺坐于莲花座中央。该殿所供奉的另一尊主像为五世达赖喇嘛银质塑像，共耗费白银38.94千克。五世达赖喇嘛相貌坚毅，神态端庄，头戴通人冠，身穿僧衣，右手当胸施礼供印，左手捧宝轮，双足跏趺坐于法台上。佛座东侧诸像自东向西依次为蔡尔巴却、四世达赖喇嘛、三世达赖喇嘛、二世达赖喇嘛、一世达赖喇嘛、仲敦巴、松赞干布、静息观音。西侧自东向西依次为8尊药师佛像。后排为释迦牟尼、宝月佛、无忧佛、妙称佛。前排为药王佛、法称佛、金色无垢佛、通慧佛。后来，又逐渐供奉许多佛像，如释迦牟尼、莲花生等。

位于红宫西大殿北侧的冲绕拉康，建于1690—1693年间，面积达214平方米。殿内供奉一尊纯金释迦牟尼像，一世至五世达赖喇嘛塑像及十一世达赖喇嘛克珠嘉措灵塔等。该殿东侧和北侧设有经书架，上置典籍1000余部，多为缮本，内容涉及宗教、文化、艺术、工匠、医学、语言等学科。其中，1725年清雍正帝赐赠七世达赖喇嘛的一套北京版藏文《丹珠尔》经和西藏首部刻版《丹珠尔》经尤为珍贵。殿门外悬挂有清雍正帝所赐《大悲超宗》金字牌匾。

1.四世达赖喇嘛·云丹嘉措像

铜鎏金质四世达赖喇嘛像，制作于1690—1693年间，右手结触地印，左手托如意摩尼，结跏趺坐于莲花座上，身后佩身光焰，呈少身相，着格鲁派(黄教)高僧装。四世达赖喇嘛·云丹嘉措于1589年出生在蒙古土默特部王公贵族家庭。3岁认定为三世达赖喇嘛的转世"灵童"；13岁时在热振寺举行坐床典礼，后移居哲蚌寺学习；16岁受沙弥戒；25岁师从四世班禅·罗桑曲吉坚赞受比丘戒，这是达赖喇嘛和班禅大师之间互相传戒的开始。1616年12月在哲蚌寺圆寂，享年27岁。四世达赖喇嘛·云丹嘉措是历辈达赖喇嘛中唯一一位蒙古族人。他曾出任哲蚌寺第十三任法台和色拉寺第十五任法台。

2.三世达赖喇嘛·索南嘉措像

铜鎏金质三世达赖喇嘛像，制作于1690—1693年间，右手持金刚，左手持铃杵，结跏趺坐于莲花座上，身后佩身光焰，呈中年相，身着格鲁派(黄教)高僧装。三世达赖喇嘛·索南嘉措于1543年出生于拉萨堆龙一户贵族家庭，4岁被确认为第二世达赖喇嘛的转世"灵童"，并迎请至哲蚌寺供养。7岁受沙弥戒，11岁出任哲蚌寺第十二任法台，16岁时兼任色拉寺第十三任法台，22岁时受比丘戒。1578年，在青海仰华寺与蒙古土默特部首领俺答汗会晤，俺答汗赠给他"圣识一切瓦齐尔达赖喇嘛"尊号，并赠印章。1588年，明朝封索南嘉措为"朵儿只昌"（意为"持金刚"）并颁给印章，同年圆寂于蒙古卡欧吐密，享年46岁。

索南嘉措一生最主要的功业是在蒙古俺答汗的支持下完成了把藏传佛教格鲁派传播到蒙古地区，从此蒙古族开始信奉藏传佛教格鲁派。

3.二世达赖喇嘛·根顿嘉措像

铜鎏金质二世达赖喇嘛像，制作于1690—1693年间，右手结说法印，左手横置于左脚上，结跏趺坐于莲花座上，身后佩身光焰，呈长者相，着格鲁派高僧装。二世达赖喇嘛·根顿嘉措于1475年出生于后藏达纳(今日喀则塘河一带)一户普通农民家中。3岁时被认定为一世达赖喇嘛的转世"灵童"，10岁时迎请至扎什伦布寺供养，21岁受比丘戒。其后10余年在前藏各地讲经传法，名声大振。1509年，创建山南"曲科杰"寺，42岁和52岁时分别出任哲蚌寺第九任法台和色拉寺第九任法台。1542年圆寂于哲蚌寺甘丹颇章宫，享年67岁。著有《入中论注释》《空性七十论》等多部佛学著作。后被追认为第二世达赖喇嘛。

4.一世达赖喇嘛·根顿珠巴像

铜鎏金质一世达赖喇嘛像，制作于1690—1693年间，右手结说法印，左手横置于左脚上，结跏趺坐于莲花座，身后佩身光焰，呈老身相，着格鲁派高僧装。一世达赖喇嘛·根顿珠巴于1391年出生在后藏萨迦县一户牧民家中。7岁时入纳塘寺初学佛法，15岁受沙弥戒，20岁受比丘戒，25岁时前往山南学法，首次拜见宗喀巴大师(格鲁派创始人)，后拜宗喀巴为师，成为宗喀巴著名八大弟子之一。54岁时赴后藏传授格鲁派教义，并于1447年(56岁)在后藏桑珠孜(今日喀则市)创建著名的扎什伦布寺。1474年在扎什伦布寺圆寂，享年83岁。根顿珠巴一生注重讲经传法，培养弟子，后被追认为第一世达赖喇嘛。

5.仲顿巴·甲瓦迥乃像

铜鎏金质仲顿巴像，制作于1691—1694年间，右手持莲花，左手横置于左脚上，结跏趺坐于莲花座上，身后佩身光焰，留长发，呈居士相，着居士装。仲顿巴全称仲顿巴·甲瓦迥乃，是藏传佛教噶当派开派祖师，阿底峡尊者(古印度佛学大师)传承弟子。1005年出生于拉萨堆龙一个富豪家庭。40岁时赴阿里拜阿底峡为师，恭请阿底峡到卫藏地区传法。1057年创建热振寺(噶当派祖寺，后改奉黄教)，广收弟子。1064年在热振寺圆寂，享年59岁。仲顿巴一生没有受过比丘戒，是一位居士。他的著作《师徒问道语录》流传甚广。

6.松赞干布像

铜鎏金质松赞干布像，制作于1690—1693年间，右手持莲花，左手横置于左脚上，结跏趺坐于莲花座上，身后佩身光焰，呈王者相，着赞普装。松赞干布为吐蕃政权第三十二代赞普。13岁继赞普位，先后平定内部贵族叛乱，继而兼并青藏高原诸部落，一举完成统一大业，建立了统一的吐蕃政权，将首府迁至逻娑(今拉萨)，建宫殿布达拉宫，先后迎娶尼泊尔赤尊公主、唐文成公主为妃，并迎请释迦牟尼像于拉萨。650年卒于彭域(今拉萨林周县境内)，传工位丁其孙芒松芒赞。

7.静息观音像(观音百像之一)

静息观音为观音百像之一。铜鎏金质静息观音像，制作于1691—1693年间，右手结与愿印，左手持莲花，结跏趺坐于莲花座上，身躯导"s"型松驰状，神态安稳寂静，寓意静息观音。静息观音意为观音"休息"时的姿态。

8.五世达赖喇嘛阿旺·洛桑嘉措像

银质五世达赖喇嘛银质塑像，制作于1690—1693年间，共耗银1246两。五世达赖喇嘛相貌坚毅，神态端庄，头戴通人冠，身穿僧衣，右手当胸施礼供印，左手捧政教合一法轮，双足结跏趺坐于法台上，下有铜鎏金基座，基座与佩身上嵌珍珠、绿松石、红珊瑚、水晶珠等天然宝石百余颗。身后佩身六波罗密多象征物六波罗密多——称六度，六到彼岸，即：布施度、持戒度、忍辱度、精进度、禅定度、智慧度，此为六种从生到死至彼岸到达涅岸的方法或途径，是大乘佛教修习的主要内容。呈长者像，着黄教高僧装。

五世达赖喇嘛于1617年出生于前藏山南琼结一户贵族家庭。6岁时被认定为四世达赖喇嘛的转世灵童，并迎请到哲蚌寺坐床。9岁受沙弥戒，21岁受比丘戒。1642年，26时在蒙古和硕特部首领固始汗的武力支持下，推翻了藏巴第司噶玛丹迥旺波政权，建立了甘丹颇章政教合一政权，从此达赖喇嘛系统走上了统治地位。1645年，由他决定重建布达拉宫，历时3年，建成白宫部分。1652年率2000余名随从赴京觐见清朝顺治帝，次年，清顺治帝正式册封他为"西天大善自在佛所领天下释教普通瓦赤喇怛喇达赖喇嘛"，赐给金印、金册。返藏后，先后新建13座黄教寺院，并著有《西藏王臣记》《诗镜诠译》等名著。1682年在布达拉宫圆寂，享年66岁。五世达赖喇嘛在明末清初为确立西藏地方与清朝中央的关系，保持西藏数十年的安定，促进西藏社会文化的发展起了重要作用，因此西藏僧俗民众一直十分尊敬他，尊他为"阿巴钦波"即"伟大的五世"。

9.释迦牟尼像

该塑像为释迦牟尼12岁等身金质像，制作于1690—1693年间，耗黄金1679两。释迦牟尼塑像面相慈善，神态安详，左手捧佛钵，右手垂膝，双足结跏趺坐于莲花座中央，下有铜鎏金基座，身后佩身六波罗密多象征物，呈释迦相，着佛装，头戴毗卢冠，基座、佩身、头冠嵌有绿松石、红珊瑚、琥珀等天然宝石百余颗。

释迦牟尼是公元前六世纪时迦毗罗卫国净饭王的太子，他的名字是悉达多，姓乔达摩，因为他属于释迦族，世人尊称为释迦牟尼。他自幼聪慧过人，文武双全，才能非凡。然而他虽过着荣华富贵的王宫生活，却洞察到人间的生老病死诸苦虽贵为王者也不能幸免，所以毅然决然地抛弃养尊处优的王宫生活，遍访当时印度的修行家和宗教家。经过寻师访道，他仍没有找到宇宙人生真理，便独自来到深山老林修习苦行。饥食野果，渴饮涧水，虽经六年仍无所获，便又放弃苦行，来到尼连禅河边菩提树下结跏趺坐，经过七七四十九日的静坐，终于在12月8日夜睹明星，触景会心，豁然顿悟宇宙实相，越过生老病死，达到涅槃解脱的彼岸。释迦牟尼"成佛"后，认为一切众生皆有佛性，有佛性者可成佛。所以，他在以后四十九年的生涯中，不辞辛苦，宣说佛法，普度有情。

10.药师八如来像(八大药师佛)

铜鎏金质药师八大如来像，打造于1690—1693年间，各显与愿印、或施无畏印、或融地印皆有之，但坐姿均为结跏趺坐，均呈如来相，着佛装。药师八如来分别是：释迦牟尼、药师、先知王、宣法海、边善胜祥、纯金无垢、妙音王、妙相普宣吉祥。

11.十一世达赖喇嘛·克珠嘉措灵塔

名为番德伟巴——利乐光芒的十一世达赖喇嘛金质灵塔，打造于1855—1856年间，塔高6.9米，塔基宽3.55米，耗黄金千余两，塔身呈菩提塔状，塔面镶嵌金刚钻等天然珍宝千余颗，塔内藏有佛像、佛经、佛塔等加持圣物。塔身中部球状，即塔瓶内藏有十一世达赖喇嘛真身法体。灵塔前供有十一世达赖喇嘛银质等身像，铜鎏金立体曼陀罗(坛城)一座。

二十三、密乘乐园殿

密乘乐园殿位于红宫四庭院东侧的北行解脱道上层，是布达拉宫尊胜僧院的集会大殿，现为布达拉宫各殿堂的灯香师举行集体佛事活动的场所。尊胜僧院是布达拉宫惟一的僧院，也是历世达赖喇嘛特设的僧院。此僧院最早由三世达赖喇嘛索南嘉措于1574年在拉萨哲蚌寺创建。当时只有二十几名僧侣。因他们经常诵念尊胜佛母长寿经，故称尊胜僧院。五世达赖喇嘛为加强此僧院的新旧密乘佛事活动，布达拉宫重建后，将其迁至宫内。第司·桑杰嘉措扩建红宫时，又扩建了密乘乐园殿。1727年，清朝雍正皇帝设立驻藏大臣。当时的摄政康济·索朗杰布将下密院的部分僧人集中于尊胜僧院，建立了以格鲁派为主的新尊胜僧院。尊胜僧院的主要佛事活动是每年在殿内轮流进行退敌天母、时轮金刚、账面明王、密集金刚、胜乐金刚、大畏德金刚等本尊的修供仪轨。每当藏历十二月二十二日至二十九日，在布达拉宫东庭院内都要举行隆重的年终跳神送鬼等佛事活动。表演跳神，戴面具出场的分别有长寿老人1名、长角鹿1名、法名、法王母8名、法王侍者男女各8名、大和尚2名、小和尚2名、推嘎瓦2名、阿杂日阿2名、尸林主4名、手执降魔橛与头戴乌黑帽者4名。表演使用的面具现在均完好无损地保存在布达拉内。

二十四、亚溪楼

亚溪楼位于红宫北侧，是坐落在红山后坡上的一座两层的藏式楼房。从七世达赖喇嘛起，历世达赖喇嘛受册封后，清朝政府对达赖喇嘛家族的主要成员亦册封公爵等头衔，原地方政府还分给庄园。这些人便进入西藏的大贵族亚溪家族。例如，七世达赖喇嘛的家族为亚溪桑珠颇章，八世达赖喇嘛的家族为亚溪拉鲁，九世达赖喇嘛未立亚溪，十世达赖喇嘛的家族为亚溪宇妥，十一世达赖喇嘛的家族为亚溪彭康，十二世达赖喇嘛的家族为亚溪拉鲁（与八世达赖喇嘛同一家族），十三世达赖喇嘛的家族为亚溪朗顿，十四世达赖的家族为亚溪达孜。因布达拉宫的佛事管理规矩是布达拉宫主体建筑内妇女及无关人员不准留宿，因此专为达赖喇嘛的亚溪家族在红宫后侧修建了住宅、伙房和马厩等设施齐备的楼房。

第三节 附属建筑及其文化遗迹

一、玛基康

玛基康为原藏军总司令部，现为布达拉宫管理处的办公用房。位于雪老城东北，坐北朝南，平面呈长方形，东西宽63米，南北深28.5米，高四层，下置地垄。一层南北两侧各有八间营房，中间是三排五十一根柱子的大厅，屋顶开天窗；二层四面置房，中间是庭院；三、四层仅北侧建房。从侧面看，此楼呈前低后高的错台形式。这是藏式建筑普遍采用的一种方法。由于地形和建筑结构的限制，大门设在东西两侧。西侧大门前面不远是无字碑和登山石阶入口处。

1913年，十三世达赖喇嘛从印度回到西藏后，扩充藏军部队，设立玛基康，成为西藏地方武装力量的最高指挥机构，掌管拉萨、那曲、日喀则等地兵营的军政、后勤事务，整治军纪，指导检查操练和射击等训练情况，提供各兵营所需军饷，审查处理军内各种案件，指挥防务作战等。重大事情必须呈报达赖喇嘛、摄政、噶厦批准。

玛基康公职官员除本职工作外，还要完成各种临时任务。具体分工情况是：四品官和五品官负责审查噶厦交办的案件，查问军队有关的杀人案及其他案件，提出案件的处理意见和草拟呈文。玛基康的秘书负责登记两个武器库的出、入库情况和征收北方牧区民兵兵差代金税情况以及各兵营士兵名册等；书写由各宗粮库中支出粮饷的命令（昌都驻军的军饷由昌都总管决定）；扎西制造厂（原地方政府的财政金融机构）支付军用经费的命令，收支结算报告；诉讼判决书；呈报达赖喇嘛和摄政批示的各种文书；奖励或惩罚的各种文书；推荐如本、甲本、丁本的报告；玛基康的征兵通知等。重要文件还要登记归档。另外，根据驻拉萨的第一、二、十二警察代本内看管房屋、守护武器库士兵和各兵营派到藏医院学医的学员人数以及丁本、火炮教官，如本、甲本的人数，按照不同职位的薪饷定量和额外追加的数量，给各兵营书写领取薪饷的证书，各兵营凭此证书从雪颇（薪饷局专管发放军饷和政府官员薪金的机构）领取钱粮。每兵差户每年要上缴冬、夏军服代金12两藏银和薪金450两藏银，每隔二三年上缴14度氆氇、裁缝费和染色费50-80两藏银，为该年的军服代金。玛基康秘书要书写征收以上钱物的令文和乌拉证（支差凭证）。征收令文上要加盖总管府公章，乌拉证上要加盖噶厦的公章，然后交给各兵营指派的甲本、丁本和什长执行。玛基康发出的证明、征收令文、收条、令文、判决书等，除玛基康的公章外，还须有总司令的批示。新旧秘书交替时，玛基康内的一名官员作为证人，将档案移交给新任秘书。

各兵营将各自兵营如本、甲本、丁本的第一候选人和第二候选人名单呈报玛基康，由玛基康将如本候选人名单经噶厦转呈摄政审批，获批后，南卓（为摄政接待宾客的首席知宾）在雪噶（摄政的传达机构）下达任职命令。

甲本和丁本由总司令审批，玛基康秘书在传达室宣读任职命令。

噶厦规定总司令年薪藏银1000两，副总司令750两，执事500两，秘书和普通僧官350两。此外，总管侍从7人、四品官5人、五品官4人、秘书和普通僧官每人3人。以上侍从从各兵营的士兵中抽调。侍从的薪饷和各兵营的其他士兵一样，薪饷局每月发给一克十八藏升青稞（约50余市斤）、茶盐代金2.5两藏银和兵差户年度交纳的金、冬夏军服代金等。征收人员将其交给玛基康，由玛基康分发给每个侍从。另外，每过一个月玛基康要向雪噶交一份玛基康工作汇报，雪噶发给工作费60两藏银（每日2两藏银），年底，平均分发给玛基康内官员[①]。

二、无字碑

无字碑，藏文音译"夺日朗玛"，立于布达拉宫南侧登山石阶的进口处，是1693年为庆祝五世达赖喇嘛灵塔殿落成而立的纪念碑。此碑高5.6米，有收分，碑座三层，均用花岗岩雕成。

1682年，五世达赖喇嘛阿旺·洛桑嘉措在布达拉宫圆寂。第司·桑杰嘉措对五世达赖喇嘛圆寂的消息一直秘而不宣，匿丧达十五年之久，并于1690年秘密修建五世达赖喇嘛的灵塔和灵塔殿。1693年，五世达赖喇嘛灵塔殿落成，在布达拉宫举行了隆重的落成典礼。匿丧的特殊原因，落成典礼的纪念碑也是以无字碑的形式呈现的。

布达拉宫现存的石碑共有四通：公元8世纪的达扎路恭纪功碑，它是西藏现存碑刻中雕刻年代最早的；1693年为纪念红宫落成而立的无字碑；1724年(雍正二年)所立的御制平定西藏碑；1792年（乾隆五十七年）所立的御制十全记功碑。布达拉宫内的牌匾与碑刻是研究西藏的政治、军事和中央治藏方略的珍贵资料。

三、大唐卡库

大唐卡库，藏文音译"给古康"，位于布达拉宫南侧"之"字形登山石阶向上的第一个叉口处。大唐卡库外观为黄色的藏式楼房，平面呈长方形，

[①] 《西藏自治区政协文史资料》编辑部.西藏文史资料选辑Ⅱ[M].北京：民族出版社，2007：44—52.

面宽28米，进深9.4米，高两层，为石木结构。其屋顶周围砌有桎柳女儿墙，西山墙上辟门，南侧开窗，外墙涂成黄色，建筑面积约为500平方米。此楼因收藏布达拉宫用于展佛的两幅巨型唐卡而得名。展佛的壮观场面形象地呈现在布达拉宫西有寂圆满大殿二楼回廊南侧的壁画上。布达拉宫的两幅大唐卡长30余米，是西藏著名画师的作品。每到需要展佛时，僧众们便从大唐卡库内取出巨幅唐卡，悬挂在楼房后面宽阔的展佛台上。

四、展佛台

展佛台是悬挂巨幅唐卡的建筑，一般是高、宽各30余米的大墙，面朝东南方向。按照西藏当地的习俗，每年藏历二月三十日都要举行"展佛节"。此时，各大寺庙竞相展示所收藏的精品唐卡。与寺庙不同，布达拉宫没有单独修建展佛台，而是利用着一座马拉道和西庭院南侧宽阔的墙面作为展佛台，该展佛台高约50米、宽约100米。展佛台前面还专门修建了一座大唐卡库，用于存储布达拉宫的巨幅唐卡。当布达拉宫的展佛台上徐徐展示出两幅巨型的佛像唐卡时，聚集在广场上的数万名信徒虔诚地面向佛像顶礼膜拜，气氛庄重热烈，场面蔚为壮观。

五、雪城

"雪"意为下方，专指山上城堡下方的村镇。雪城是布达拉宫建筑群的重要组成部分，是布达拉宫山下正面所有建筑的总称。雪城呈长方形，东西长317米，南北长170米，总面积33470平方米，东、西、南侧分别有三道围墙，围墙高6米，底宽4.4米，墙顶宽2.8米。东西两侧的城墙顶部都设有女儿墙，女儿墙内侧设有楼梯，通到顶部的角楼。围墙的东、南、西三侧分别设置角楼。南门处设有砸石孔、放箭孔等防御设施。东角楼，藏语音译"蕃东康"，原为布达拉宫的制香厂[1]。其他角楼和门楼分别兼做军粮库和诵经室。

---

[1] 制香厂由1名僧官负责，工作人员有布达拉宫仓库的朗生1人和布达拉宫仓廪朗生2人，主要任务是从布达拉宫仓库领取以红、白檀香木为主的制香原料。制香工则从羊卓林豁卡按照岗、顿差地面积征召。人数约30名左右。从每年藏历十二月至次年十月，在布达拉山前城墙的东门楼上制香。制香厂主要制作达赖喇嘛的寝室用香、仿达赖喇嘛寝室用香及普通香三种。其质量、数量均不得低于布达拉宫仓库入库册籍中的规定标准，于每年藏历的十二月二十五日上缴布达拉宫仓库。

雪城建筑主要有三类：一是三大领主（地方政府、贵族和寺院）设立的集行政、司法、监狱、税收、铸币等职能为一体的办公场所。二是为统治者提供生活服务的机构。三是僧俗贵族、官员的宅院及低等职员、工匠、农奴的住所。有玛基康、东西印经院、雪巴列空、造币厂、监狱、马厩、青稞酒作坊等附属建筑，还有部分贵族住宅，如比喜、同波、斋康、莫恰、龙夏等。雪老城早期无私人住宅，贵族住宅是后来逐步迁进来的。

雪城反映了原西藏地方政府特殊的政教合一制度和管理体制，是人们认识旧西藏社会、经济、文化和封建农奴制社会的重要窗口。公元10世纪，西藏地区开始由奴隶制社会向封建农奴制社会过渡，出现了庄园式的土地经营方式。奴隶逐步演变为封建领主的农奴，被固定在农奴主的庄园内，人身依附于农奴主，领取一小块份地耕种，过着被压迫役、被剥削的生活。公元13世纪初，各地的封建领主与日益兴盛的佛教各教派领袖相结合，形成政教合一的地方封建势力。元朝统一中国后，指定萨迦派管理西藏地方，建立起西藏全区范围的政教合一的政权，最终确立了西藏封建农奴制度。

旧西藏的封建农奴主，包括官家、贵族、寺庙三部分，通称为三大领主（藏语"雄格却松"）。官家，是指西藏地方各级政权中的僧俗官员，约有800余人。贵族，为历代中央王朝敕封及达赖、班禅等分封的世袭贵族。其中，大贵族25家，中等贵族26家，小贵族147家。贵族还包括牧区的世袭千户、昌都地区的土司、大头人等200家，总共有400余家。寺庙，主要指寺庙中的活佛、堪布等上层僧侣，约500人左右，另有管理财务的喇嘛"基索"4000余人。

三大领主约占西藏人口总数的2%，却占有西藏几乎全部耕地、牧场、森林、山川以及大部分的牲畜和农具。据民主改革前统计，西藏耕地330万克①中，官家占有128.37万藏克，贵族占有79万藏克，寺庙占有121.44万藏克，他们分别占有耕地总数的38.9%、24%和36.8%，共99.7%；边沿地区有极少数自耕

---
① "藏克"，西藏计算容量、重量单位以及土地面积单位的名称。谷重1克，即1藏斗种籽，约折合14公斤，重量1克，即1藏斤，折合3.5公斤（1克酥油为2.5公斤厂；计算耕地面积种1克种籽的土地为1克的土地面积，约合1市亩）。

农,占有约0.3%的耕地。三大领主一般不亲自经营管理所占有的庄园和牧场,而是委派一些人员代其管辖、经营。这些人统称农奴主代理人,他们分别是:管理庄园的小吏"谿堆"、为宗政府管理差税的头人"佐扎"、领主家中的大管家"强佐"(司库)、一般管家"涅巴"、各级封建政权中的世袭"根保""错本"、秘书等。他们直接统治和剥削农奴,并从中获得相应的收入,属于农奴主阶级的一部分,约占西藏人口总数的3%农奴主及其代理人共占西藏人口总数的5%左右。

与三大领主相对立的是农奴阶级。这个阶级主要有差巴、堆穷和朗生三种人。差巴就是束缚在农奴主差地上,无偿地为其种地和支差的农奴。农奴主将较好的、集中的土地作为自营地,由农奴主代理人经营,差巴耕种,收成归领主所有;农奴主将贫瘠、边远的土地分成若干块份地,称为差地,指派给差巴耕种,收获归差巴所有,以维系其最低的生存所需。农奴主则以此向差巴支派名目繁多、无穷无尽的差役。差巴人数约占农奴总数的60%左右。堆穷,是没有或已经丧失了差地的农奴,但人身仍然依附于农奴主,受剥削奴役的程度更为惨重。他们约占农奴总数的30%左右。朗生,是领主或代理人家中的家奴,人身完全为农奴主占有,受农奴主绝对支配,被农奴主视为"会说话的牲畜",可任意将其租让、抵押、作为赌注、赠送以至出卖。许多朗生一生被转让、出卖过多次,甚至被用去交换牛马。他们占农奴总数的10%左右。西藏封建农奴制社会中存在着奴隶社会的残余,其主要表现就是朗生的存在。

此外,寺院中还有一定数量的贫苦僧人、尼姑,他们在寺院里干着背水、劈柴、扫地、喂马等繁重的劳动,备受欺压。还有失去差地又没有固定工作而四处流浪的游民。他们或捕猎,或打零工,过着半乞讨的生活,到一定时候还要回原地向所属的农奴主交纳人头税。还有城镇中的乞丐,民主改革前拉萨市区就有三四千人,日喀则城区也有二三千人。这些也都是农奴阶级的组成部分。

差巴、堆穷、朗生加上贫苦僧尼、游民、乞丐等,共占西藏人口总数的

95%。人身占有是封建农奴制度的一个重要特征。旧西藏政教合一的政权对此有明令规定，农奴始终无法逃脱被奴役的命运。农奴一出生就成为农奴，就要登记在谿卡的人口清册中，作为摊派乌拉、收取人头税的根据。农奴从15岁到59岁都得为领主支差服役，农奴死后家属要报告领主，以消除这份差役负担。农奴主对逃亡的农奴有严厉的法规和惩罚措施。农奴通婚要得到领主同意，属于不同领主之间的农奴通婚受到严格限制，特别是劳动力短缺的庄园，领主就只准农奴娶入，不准嫁出。个别要入赘别家的农奴，要交几十到几百两藏银①的赎身费。被领主看中了的差巴和堆穷，便让其作为自己的跟班或奴婢，使其多年不能与家人一起生活，几年不能婚嫁，实际上过着朗生的生活。领主还可以指定面临破产的差巴家庭与另一家庭合并。任意拆散和合并农奴家庭也是主的一种特权。农奴主对奴隶握有生杀予夺大权，可以随意责打、乃至杀戮农奴。江孜一带大农奴主的庄园中，每年藏历大年初一都要举行一次惩罚农奴仪式，将他们认为不好好支差、交租的农奴按在地上，向其嘴里强行灌脏水，灌得农奴死去活来。

　　三大领主通过土地占有，对农奴进行残酷剥削。这种剥削，大量的是派"差乌拉"②，这是西藏特有的劳役地租形式。差乌拉包括两大类，一类称为"冈卓"，意为用腿走路，即人役、劳役和畜役，包括耕种土地，担负运输、家务劳动等；一类称为"拉顿"，意为手捧的奉献，包括交给领主的各种钱款、物品。差乌拉，项目繁多，无所不包。例如为农奴主的自营地修水渠、垒地堰、送肥、浇地、耕翻、播种、锄草、收割、打场，直到粮食入库、炒磨青稞糌粑等；为农奴主出牲畜驮运物资；为农奴主割草、打柴、背水、跑腿；为农奴主伐木、运料、建房、搭厩等；为农奴主放牛牧羊、挤奶、剪羊毛、打酥油等。差乌拉又有内差与外差之分。内差是农奴向直接控制他的领主支应的差役；外差是向地方各级政权机构人员支应的差役。外差

---

① 藏银系西藏的货币单位，有银币、铜币、纸币三类。币值分为100、50、10、5、1两等。西藏解放初期，藏币每15两折合1枚袁大头（民国初年铸造的有袁世凯头像）的银元。
② "差乌拉"，专指赋税和徭役。最初来源于突厥语，元朝时期随着驿站在西藏的设立，"差乌拉"成为一个混合用语，即农奴主统治者拥有驱使农奴劳役和向其收税费的权利。

又分兵差和普通差两种。兵差是自带吃穿费用为政府服兵役。普通外差是按照政府开的"乌拉牌票",出人、出牲畜为藏政府官员、藏军、上层僧侣、商旅等运输行李、军火、军饷,为其提供坐骑,保障食宿,以及担负修路、建筑、送信等。丁青宗有个呷日本①的百户,规定除收割时每户要出7个工外,每年每户还要出50个工给其家庭支各种劳务差役。昌都宗规定牛马差随叫随到,且无数量限制。官府就肆意增派牛马,如差民支应困难,交五两藏银可免一次牛差、七两半藏银可免一次马差。边坝宗规定无论有无牛马均要支差。每岗地每年出牛马长差15次、短差百余次。如无牲口需要向别人租用时,长差每头牛藏银三十两,短差五至八两。总之,农奴主需要干什么活,农奴们就得支什么差,不但不给任何报酬,而且必须是随叫随到。农奴支差所付出的劳动,一般要占全家劳动力的50%—80%。农奴虽有一小块份地,但大多不能很好耕种。因大部分时间用于支差乌拉或耕种农奴主的自营地而无暇照管自家的份地,以致庄稼往往烂在地里。劳役地租是农奴主的主要剥削手段,也是农奴们的最大痛苦。一些不堪差役负担的农奴,被迫逃离家园,逃荒要饭,病死、饿死在异乡。

农奴除支劳役差外,还要向农奴主交纳定额的实物和钱款,即"拉顿"。农奴主巧立名目,花样繁多,向农奴索取各种租、税、费。如粮租、畜租、地皮税、人头税、牲畜税、居宰税、鸡蛋税、菜油税、草税、柴税、山税、水税、牛粪税、降神税、念经费、寺庙喇嘛过节费、给官员送礼费、为达赖庆贺费、给拉萨藏政府机关的公用费、花盆费、红土费等等。各种商业税,包括茶税、出口羊毛税、盐税等等;出产石料的地方要交石板,有森林的地方要交木板、竹帚。还有,山南一些地方要交木碗,藏北要交皮口袋,墨脱要交藤条、藤棍。而这些物品都由农牧民采集、制作和运输。后藏白朗宗一个中等差巴家庭,除每年付出374个人工和大量地租外,还要给地方政府交付各种杂税20项,包括给宗本的伙食费青稞10克、羊肉32藏斤(合8只羊)、酥油3克、烧柴10斤、口袋2条,宗政府送信费若干,官员应酬费青稞1克,驿站

---

① 呷日本,是三十九族地区的基层官员,特指稍高于百户的大百户之一。

修缮费青稞5克，宗政府敬神香火费藏银2两，政府官员为喇嘛布施费用藏银3两，还有给官员每年几次的"过节费"等等。此外，农奴主看上了什么，想要收什么钱，农奴就要交什么租、税、费，而且收得很重很苛刻。为主人放牧牛羊的牧民们向三大领主、牧主交纳的酥油、毛绒等畜租，一般都占到全部畜产品的50%—60%。

官家、寺庙和贵族普遍都放高利贷。他们疯狂地聚敛财富，将广大农奴逼到难以维持生计的贫困境地，只有依靠举债度日。高利贷的利息收入成为三大领主的另一项重要剥削收入。噶厦政府把放债、收息列为各级官员的职责，并为此制定有关的行政措施。有的官员强行给人放债，不借也得借。大小寺庙更是无一不向百姓放债。哲蚌、色拉、甘丹三大寺每年放高利贷的利息收入达青稞28万多克、藏银28万余品①，约占寺庙总收入的25%—30%。多数活佛私人也放高利贷。贵族们是向自己所属庄园的百姓放高利贷，其利息收入一般要占家庭收入的15%—20%。十四世达赖家族尧西达拉一年的债息收入占到家庭总收入的25%左右。高利贷的利率，官府一般为借十还十一（年利率10%），贵族借五还六（利率20%），寺院为借四还五（利率25%）。借债多在春荒季节，还债则为秋收刚结束时，实际举借仅半年，按年利率折算已达25%—50%。牧区放贷通常为年利120%。有些心黑手狠的农奴主专拣春季牧民生活最困难时去藏北放债，将茶叶、青稞等生活必需品贷给牧民，到夏秋畜产品生产旺季时，强迫牧民以畜产品顶债。有的春季贷出一块砖茶，秋后收羊毛20斤左右；春季贷出25斤青稞，秋季收酥油12斤。丁青县的高利贷债主春天放青稞1克，秋天竟收虫草二斤。沙丁宗②的寺庙春季贷出一块砖茶，秋季竟收虫草1000根。利率虽然如此之高，但一些农（牧）奴为了活命仍不得不去借贷以维持生活，借债时还要向债主送礼、献哈达。当农奴还不起债时，农奴主往往将农奴领种的份地收回，作为抵押。但农奴为了活下去，再将拿去顶债的份地租回来。如此一来，农奴既要给农奴主支差，又要

---

① "品"在藏语中称"多蔡"，是旧西藏的货币单位之一，1品藏银为50两藏银。
② 沙丁宗，今昌都地区边坝县沙丁乡。

交实物地租以还债息，遭受着超出负担能力的双重剥削。

农奴们欠债是普遍的，许多农奴都欠下祖祖辈辈还不清的子孙债。据昌都地区调查，边坝宗政府附近有农奴40余户，100%欠债；倾多宗①叶柏洼村共有33户农奴，不欠债的仅有2户。农奴不仅负债面大，而且多超出还债能力。拉孜宗桑珠豁卡的15户差巴和6户堆穷共负债7032克粮食和650两藏银，平均每户负债粮300克；托吉路卡27户欠债，经20世纪50年代减定后，尚欠债粮2605克；山南朗赛林豁卡79户农奴欠债粮24048克1234两。这些债务几辈人也难以偿还。农奴主为了逼债，除斥骂、吊打还不起债的农奴外，还任意掠夺其家中仅有的财物，甚至抢走儿童。

西藏广大农奴在封建农奴制度下，饱受残酷的经济剥削和政治压迫，处境极为艰难，生活极其贫困痛苦，普遍衣衫褴褛、食不果腹。拉萨城区的"布邦仓"是一个乞丐聚集之地，来自各地逃荒的贫苦农奴，住在200多顶破烂不堪的小帐篷里。许多失明、跛足的乞丐们，挤在拉萨一些富豪的院外抢富人家从窗户里扔出的吃剩的肉骨头。他们一无所有，靠乞讨为生。这种乞丐帐篷群，在日喀则、昌都、那曲等城镇中，在宗（县）政府所在地都可见到。

黑暗、落后的封建农奴制度，严重阻碍了社会生产力的发展，人民群众的创造力被愚昧和贫困所吞没。农民用简陋的生产工具，如木犁或短小的铁铧犁、粗糙的木耙、小锄和镰刀等原始工具从事农业生产，许多地方耕地基本不施肥，有的地方甚至刀耕火种，社会生产力极其低下。一旦遭遇旱灾、虫灾、雪灾时，大都靠喇嘛念经"驱灾除害"，结果是颗粒无收，牲畜大批死亡。微薄的产品又被农奴主掠夺走，广大农奴挣扎在死亡线上。沉重的压榨，悲惨的生活，导致阶级矛盾加深。农奴们多以怠工、逃跑相对抗，有的甚至用暴力等方式进行反抗。1950年工布江达宗一个村的17户农奴全部逃入深山藏身；墨竹工卡宗甲马豁卡因农奴怠工，有六分之一的旱地被荒弃；南木林宗艾马岗的康萨豁卡11户农奴耕种的390克地，因人走而土地荒芜，一片萧索景象。农奴们不堪残酷的剥削压迫，还发生过无数次的揭竿而起的反

---

① 倾多宗，今林芝地区波密县扎木镇倾多乡。

抗。1926年，波密群众为反抗西藏地方政府差役掠夺，用石头、农具杀死藏军代本以下30余人。1937年，山南隆子宗恰美的29户农奴，用乱石、刀棍将暴虐的贵族才旦·格巴击毙。噶厦派兵前来镇压，农奴们逃入森林藏匿22年之久，直至平叛胜利后农奴们才解放。1940年，那曲愤怒的牧民把两个残暴的宗本捆起来暴打，并让其在赛马会上示众。1948年，那曲罗马让学部落的牧民冲进宗政府，救出被关押的群众代表，迫使噶厦派高级官员前来接受了群众的要求。1956年，山南朗赛林豁卡的18户差民联名上书，拒绝去洛扎支送粮食的差役。西藏的阶级分化有着与全国其他地区不同的特点，群众最初的阶级意识，阶级觉悟还处在自发阶段。尽管这种处于自发斗争阶段的农奴的反抗形不成强大的力量，也在一定程度上冲击了封建农奴制度。只是在西藏和平解放之前没有革命政党——中国共产党的领导，没有先进的思想指引，不可能从根本上改变旧西藏政教合一的封建农奴制度。

三大领主以极其残暴的封建农奴主专政维持其统治。旧西藏的法律体现了封建农奴制度的森严等级，浸透着宗教色彩和神权观念，农奴主受到政教合一的封建政权一整套法律制度的庇护，农奴毫无权利。这些刑律，在很大程度上保持着古代或中世纪社会刑律的残酷性、森严的等级和上层极端特权等特征。如通行了几百年的《十三法典》《十六法典》，将人分为三等九级，刑不上三大领主，对农奴则惨无人道。这些法典明文规定：农奴"勿与贤哲贵胄相争"，"民反者均犯法"，"不受主人约束者逮捕之，百姓碰撞官长者逮捕之"。"人有等级之分，因此命价也有高低"，杀死一个上等上级的人，如王子、活佛，其赔偿价金与尸体的重量等同；仆人反抗主人而使主人受伤较重，要砍掉仆人的手或脚；打伤活佛，属重罪，要剁脚、断手或处以推入山崖、抛入水中等刑。通常的刑罚有鞭挞、掌嘴等，重则割鼻、割耳、割舌、砍手、剁脚、抽脚筋、剜眼珠，还有站木笼、戴铁镣等。民主改革前在拉萨城戴着脚镣手铐沿街乞讨的犯人，屡见不鲜。西藏地方政府在拉萨的司法部门"协尔康列空"以及"朗子辖列空""雪巴列空"受理诉讼案件。各级政府官员、各庄园领主、各部落头人、甚至"根保"都有权审理所属诉讼案件。他们从审案中敲诈勒索，捞取好处，成为普遍现象。

多年来，西藏自治区党委政府高度重视雪城保护利用工作，自治区主要领导多次深入实地考察，提出了保护利用规划的实施步骤。2002年开始，布达拉宫雪城保护利用工程正式启动。2007年5月1日，雪城13处景点正式向海内外游客和社会各界开放。近年来，雪城先后被列为"拉萨市爱国主义教育基地""青少年爱国主义教育基地"，成为了解旧西藏封建农奴制的一个窗口。

1.雪巴列空

雪巴列空是位于布达拉宫雪城北侧的一座藏式楼房，建筑面积5280平方米，底层和二层北面为储存粮食的仓库。二层南面为办公场所。在雪巴列空的旁边有一所监禁重犯的阴暗监狱，雪巴列空南面窗下的墙上悬挂着鞭子、皮掌、石帽、脚镣、手铐、绳索、木枷等各种刑具。

雪巴列空是第司洛桑金巴于1675年创立，当时只管理雪围墙内外的治安，此后逐步成为为管理财税、刑法、民事的机构。因地址在布达拉宫下面，称雪巴列空。

该机构的成员有：1名孜仲（僧官）诺雪巴，2名雪仲、1名候补雪仲（俗官）及雪巴仲译共25人。其中3名老成员任正聂琼[①]和副聂琼，还有1名候补副聂琼。聂琼的职务与僧官仲译的职务相当。有雪朗生25人。该机构下辖2个宗16个豀卡，即东嘎宗、莱德庆宗和扎希、洛门、朗如、哲林、绷唐、邦堆、蔡、曲龙、白定、陈果、聂当、江、南木吉彩、柳梧、朗杰岗、龙巴等。各宗、豀除规定上缴的赋税外，如另有急需的土产品，政府可另下令征收。

雪巴列空的治安管辖范围为：从鲁布采园、江思霞、雪、龙王潭周围及林廓外边的东西南北所有区域。而从拉萨城内宇妥桥孔桥梁上的铁环南部鲁布门、森格夏路沿起，东至清真寺附近及扎朗雪等林廓路之内的区域归拉萨朗孜厦管辖。

管理拉萨及附近十个溪卡的社会治安、管理监狱与拉萨河的防洪工程外，雪巴列空的日常工作是：每天由一名称为"索玛欧"的人，专门收送从

---

① 小管理员。

墨竹司布等牧场征收的专供达赖喇嘛享用的特级酥油,把它装入木箱用黄布裹好,再经一位享有雪仲官位的称"索玛咸欧"的人交给孜膳食房①;每天还供应仲科茶②所需用的酥油及为达赖喇嘛特制糌粑的青稞。每逢新年、雪顿节、沐浴节以及各种典礼常用或额外所需的用品、酥油、糌粑、干奶酪等均要如数送交孜膳食房。另外,每年为常规和特殊典礼所准备的面粉,是称为"甲绰"的1500克绝对无沙土杂质的精选麦子磨制的。精选工作由"雪"的百姓按户轮抽一人进行,在"雪"的粮仓顶需花几天工夫才能晒干扬净。

雪巴列空负责的开支项目由一位联络孜仲经手,依照凭单供应雪森嘎③的口粮和酥油;供应大小传名法会所用的粥米、盐、碱和各噶伦的薪俸、佛事开支及各种工匠的工薪、口粮、糌粑、盐碱等食品;供应雪堆白阿布工坊④所需用的薪炭;雪顿节期间杰卡尔曲宗、乡日悟切、洞日悟切、觉木隆各藏戏团在罗布林卡夏宫演出时的奖品——酥油包、麦子、青稞、糌粑等共十几驮均由雪巴列空负责供给外,还要负责许多零星开支。雪勒空负责囚犯的生活,一般每隔六七天由看守来领取一两斗劣质糌粑。那些犯人在挨饿,因此,他们要靠拉萨和"雪"的群众施舍的糌粑、茶、粥充饥。

2.比喜宅

曾是原西藏地方政府俗官贵族比喜家族的宅院,得名比喜宅。19世纪40年代,比喜·旺秋嘉布因率藏军抗击印度锡喀族森巴军队对西藏阿里地区的入侵有功⑤,官位升任噶伦。比喜世袭领地在今日喀则地区白朗县。

比喜宅建筑面积540平方米,为二层石砌楼房,中央为庭院,四周为回廊,东、西、北三面为住房,是雪城内最为规整的俗官贵族宅院。现在的比喜宅是按原建筑形制和格局稍向西移而复原的,现为布达拉宫的常设展间。

---

①布达拉宫达赖喇嘛膳房。
②地方政府俗官早茶。
③内寝侍从。
④锻铸、土石等杂活工。
⑤史称森巴战争。"森巴"是对印度锡喀族的属部之一道格拉族的称谓。19世纪前期,"森巴"统治了克什米尔地区并成为英国的侵略帮凶。鸦片战争爆发后,"森巴"发动了对中国西藏阿里地区的侵略战争,以策应英国对中国东南沿海的进攻。对此西藏地方军民英勇抗击,历时两年,全歼敌军主力。

3.雪奇惹

"奇惹"是藏语，意为马厩。雪奇惹是饲养达赖喇嘛和旧西藏地方政府官员的马匹、奶牛的地方，是雪城中历史最悠久的古建筑之一。建筑面积2800平方米，为二层建筑，由四个小院组成，建筑布局呈""字型，原用于南面的两个院子及西北角一个院子为马厩，布达拉宫的内外马厩有2名六品俗官和30余名马夫掌管①，饲养达赖喇嘛及其官员日常出行时所用马匹。马匹管理部门平时负责饲养政府骡马。夏季将骡马赶至羊卓雍湖的嘎漠林去放牧。该部门负责日常支差马匹。每年从各宗、豁卡收取达赖专用骑骡所需的鞍鞯等物，并依据分配给工布地区四个宗的母马数量，每年从该地收取骡驹。东北角院子藏语称"佐莫惹"，为奶牛院，供给达赖喇嘛及其上层官员的日常所需牛奶和酸奶。雪奇惹现为布达拉宫古迹修复中心和布达拉宫藏香作坊两处办公场所。

4.同波宅

同波，是岗巴拉山下一大家族的名称，几代均是贡嘎宗的执事并管理僧俗贵族的土地和农田的支应差役。1920年，因家族衰败，同波家族将该宅院转卖给僧官堪绕旺秋。堪绕旺秋曾在旧西藏地方政府担任要职，从七品孜仲、译仓列空升至四品堪仲②，再到三品堪钦③。同波宅建筑面积510平方米，是雪城内保存最完整的原贵族宅院建筑，具有典型的藏式建筑风格，目前处于封闭保护状态。

5.印经院

布达拉宫内有东印经院和西印经院。

（1）东印经院

东印经院位于城墙内的东北角，东印经院，藏语原称"噶甘平措林"意为"幸福乐园"。其规模较小，占地面积40平方米，但年代较早，始建于五

---

① 《西藏自治区政协文史资料》编辑部.西藏文史资料选辑Ⅱ[M].北京：民族出版社，2007:283.
② 原西藏地方政府四品僧官。
③ 原西藏地方政府的三品僧官。藏语音译，意为大堪布，常拥有大喇嘛称号。位高于堪穷和四品俗官。主达赖喇嘛饮食、起居、法事的索本、森本、却本三堪布，因直接干预政治事务的机会不多，实权小于堪穷。

世达赖时，与布达拉宫的白宫基本属于同期建筑。东印经院由印经堂、藏经库、孜仲住室、马厩等建筑组成，大门南向。主体建筑是一座两层藏式楼房，底部为印经堂。印经堂30柱，面积225平方米，后部正中升起小天井用以采光。刻板，印刷等工序即在该殿堂内进行。二层中间是天井，四周9间房屋，为印经院主持"孜仲"和其他工作人员的住所。堂前东侧是两间藏经库，原藏大量木刻经板。院内西南侧为马厩。

印经院的经板大多为核桃木等坚硬木板雕刻而成，正反两面均刻字，两端的侧棱上刻标题、编码。东印经院的经板目录原存噶厦政府档案中，现已经损毁。据藏文《全藏木刻板目录》所载，东印经院原有以下经板：

《宗喀巴传》十八部7589块经板；

《杰策·塔玛仁钦传》八部3029块经板；

《克珠·格列白桑传》十一部5903块经板；

《宗喀巴高僧传》337块经板；

《五部遗教》353块经板；

《高僧传简要》199块经板；

《"高僧传简要"补充》第四部360块经板、第五部338块经板、第六部384块经板；

《五世达赖自传》69块经板；

《金太阳》（高僧传）519块经板；

《五世达赖灵塔目录》676块经板；

《寺院禁约》11块经板；

《五世达赖灵塔·小昭寺·三圣殿简述》111块经板；

《老玉妥·云丹贡布语录》149块经板；

《新玉妥·云丹贡布语录》18块经板。

"文化大革命"时自治区藏医院曾将相当一部分经板转至藏医院收藏，<u>其余经板毁坏殆尽，藏经房内空无一板</u>①。

---

① 西藏自治区文物管理委员会编写的《拉萨文物志》（内部资料），1985年8月由陕西咸阳印刷厂印制，第77—78页。

（2）西印经院

西印经院位于城墙内的西北角，为原西藏地方政府印制经文的场所，是雪城内原状保存最好的建筑。十三世达赖喇嘛时期，原刻制的纳塘版《大藏经》年久磨损，印刷困难，德格版《大藏经》在拉萨又很短缺，于是，1924年，在直贡派果觉活佛俟顿丹增群旺等僧俗民众的资助下，刻制拉萨版《大藏经》。并于铁猴年四月以纳塘版为依据开始了拉萨版藏文《大藏经》的校订和书写版文。1926年，噶厦政府噶伦米旺·索朗多吉向十三世达赖建议修建新的印经院，十三世达赖因东印经院刻板较早、印经量、经板磨损严重、规模较小，远不能满足后来的需要，即着人筹备新印经院。开始选址在布达拉宫后面，因地势陡峭，处于山阴，印经、晒经极不方便，遂又选在布拉达宫南侧山脚下，即现在的西印经院。

西印经院建筑工程和经板刻制、铜像铸造同时进行。刻板、铸像均在罗布林卡完成。《甘珠尔》经板以日喀则"纳塘板"为范本，稍加修饰，在罗布林卡格桑颇章内刻制。当时第91代甘丹池巴强巴曲扎为印经院铸造佛像事曾向噶厦政府捐银万两，他去世后，印经院为他建立灵塔以示纪念。西印经院建成后，十三世达赖喇嘛将藏文《大藏经》经版存放于布达拉宫角下的雪哲布顶，并命名西印经院为"冈坚朋地登尊康"（"利益雪域宝库印书院"[①]），意为雪域福利大藏库。

西印经院建筑规模比东印经院大得多，主体建筑靠近西城墙，依山而筑，建筑面积3110平方米，共计6层。大门开于二层，门向正南，有石阶通上，石阶两旁雄踞一对石狮。底层隔为数间，用作库房，二层为藏经殿，门前有八个亚字形廊柱的门廊，廊壁彩绘四大天王。殿内面积560平方米，共36柱，沿四壁置放经架，架高十余层，经板严格按藏文字母顺序编号排列上架，井井有条。现藏经板有大、中、小《般若经》，《布顿佛教史》《西热甲措活佛传》《土更活佛传》《雪·顿云克珠传》《将甲赤松传》等。

第三层为印经殿，也藏经板，西边开侧门，由石阶通上，殿内面积比二

[①]《西藏自治区政协文史资料》编辑部.西藏文史资料选辑Ⅱ[M].北京：民族出版社，2007:203.

层大一倍，因供有强巴佛塑像，故亦称"强巴拉康"。殿东西两侧置经板架，收藏《甘珠尔》经全套刻板共48189块。殿后部中间原供强巴佛、阿底峡、宗喀巴三尊铜像，两侧须弥座供无量寿佛、赤松德赞、莲花生、堪钦菩提萨、白度母等塑像。文化大革命时这些铸像、塑像全被拆毁。

西印经院曾作为西藏自治区档案馆，珍藏大量原西藏地方各级政府的公文、档案，是研究西藏历史、政治、经济、宗教、文化的第一手贵重资料。原藏的十万余块木刻经板，现仍保存完好，这不仅是一批珍贵的文物，也是珍贵的木质档案，特别是全套《甘珠尔》近五万块经板，是除了"德格版"以外的唯一现存全套经板①。

6.堪苏宅

堪苏宅曾经是旧西藏地方政府僧官阿旺旦增的宅院。阿旺旦增为原色拉寺僧人，1938年到1947年曾担任"基巧堪布"，也就是达赖喇嘛的近侍。这一职官最初由八世达赖喇嘛强白嘉措所设，位高权重，不仅可以管理达赖喇嘛全体近侍人员、负责达赖喇嘛日常的衣食住行，而且在日常政务中，其权力与噶伦相当，可以参与僧官和各寺院执事的升降任免，有权参加重要的噶伦会议，解决重大问题。

堪苏宅建筑面积共900平方米，分上下两层，共有12个房间，上层是佛堂、主人房、管家房等，下层为农奴房、仓库等，为典型的藏式建筑结构。该宅院为复原式建筑，展示旧西藏上层贵族官员与下层农奴百姓之间天差地别的生活状态。旧西藏封建农奴制度下，三大领主对农奴的残酷剥削和压迫。这里的雕塑展示了过去农奴的生存状态：小小的一间屋子住着祖孙三代和一头牛，在过去，农奴住在牲口棚为普遍现象，在农奴主眼中，他们只是会说话的牲口，没有生产资料和人身自由，终日劳作，可以被随意买卖、任意处罚。二楼分别陈列管家房、客厅、主人起居室、佛堂、厨房，复原了旧西藏贵族极尽奢华的生活，然而，纸醉金迷的背后，是西藏经济凋敝、人民

---

① 西藏自治区文物管理委员会编写的《拉萨文物志》（内部资料），1985年8月由陕西咸阳印刷厂印制，第78—79页。

生活水深火热，他们的醉生梦死无疑加速了西藏封建农奴制的灭亡，随着1951年西藏和平解放，1959年西藏民主改革，他们的美梦也彻底结束了。

7.龙厦宅

龙厦宅是旧西藏地方政府俗官贵族龙厦·多吉次杰的宅院，该宅院是以土石木二层为结构的西藏早期建筑之一，其建筑面积490平方米。宅院内设主人卧室、夫人卧室、客厅、经堂、主人诵经房、厨房、仓库、佣人住房和阳台、马厩等。

龙夏宅展示龙厦主卧室，在龙厦的主卧室、客厅、夫人卧室等陈列了大量代表龙厦改良思想的外来用品，诸如在主卧室内的收音机和眼镜；夫人卧室内的皮质女士小背包和室内墙壁上挂着的三幅旧上海美人广告招贴画、女士梳妆台及化妆用品；客厅内陈设的留声机、唱片、望远镜、箱式手提收音机、沙发、挂钟、麻将、高脚杯、葡萄酒等外来生活用品；还有龙厦经堂内的英式座钟和龙厦主卧室外小庭院（用来邀请拉萨等地的音乐人士举办小型的音乐会）等充分体现了龙厦吸收西方文化对自身家庭生活的影响。

龙厦·多吉次杰（1881—1940），是西藏三大活佛①之一的苏穹·西绕札巴的后裔。龙厦才智出众，勤奋好学，擅长于藏医、音乐、数学等。龙厦曾先后任旧西藏地方政府"伯喜列空"（管理新开垦土地的税收机构）主管、四品孜本等职，其世袭领地在达那（今日喀则谢通门县）。

20世纪30年代，十三世达赖喇嘛派遣四名贵族子弟②去英国留学。几经斟酌，决定派龙厦担任领队，这使龙厦对西方资产阶级"革命时代"所建立的世袭君主制"民主的"政治制度，深受影响和羡慕。回藏后，龙厦在西藏组织了"求幸福者同盟"，以求进行改革，其宗旨是改变西藏长期落后的封建农奴制社会的政治制度，想在不破坏封建农奴制社会基础的情况下，改革噶厦机构，推行所谓的资产阶级的选举制度，变革西藏的行政体制。龙厦提

---

①11世纪宁玛派索尔波且·释迦迥乃（1002年–1062年）、索穹·喜饶扎巴（1014-1074）和卓浦巴（本名释迦僧格，1074-1134）。
②忙仲·西绕格桑，17岁，学习矿物勘探；强俄巴·仁增多吉，11岁，学习电机；吉普·旺堆诺布,16岁，学习电报报务和地形测绘；果卡娃·索朗贡布,16岁,学习军事。

出改革的重要一点，就是要废除西藏地方噶伦终身制，要求每四年改选一次，而且必须从"楚都杰措"①提出的候选人中产生，即主张政府之一切应由全体官吏用会议方式进行，不得由少数人任意支配，又主张贤者在位，能者在职，赏罚分明，不得再行买官封爵之事。并决定将这一建议以请愿书的形式通过噶厦呈报摄政。但是，龙厦的行动被告密并添加事实，改革遭到了严重的打击。龙厦的改革触犯了西藏僧俗大领主的权力，最终以失败而告终。使龙厦遭到了没收所有财产、被投入雪监狱、挖去双眼的酷刑，龙厦的改革也随之付诸东流。

龙厦是西藏地方政府的改革者之一。虽然，龙厦的近代化改革失败了，但其欲对西藏进行现代化民主改革的思想和精神值得肯定。其改革运动，也在政治上比较落后的西藏吹进了现代的民主之风，其影响比较深远。

8.雪造币厂（宝藏局）

清政府在设铸币局冠名时，以宝字开头，然后再加上各地的简称，如，浙江局称为"宝浙局"，陕西局称为"宝陕局"，西藏局自然称为"宝藏局"。宝藏局即布达拉宫雪造币厂。

清朝乾隆时期在治理西藏上达到了历史高峰，1791年，因钱币等众多因素，中尼两国发生了"廓尔喀战争"②。清中央政府平定战乱，驱逐侵略者后，在西藏颁布钱法，设宝藏局，铸宝藏币被提上议事日程。1793年，宝藏局正式成立。造币厂为庭院式二层建筑，底层两间紧邻的房间内设铸币机，目前开辟为银币打制车间和纸币车间。楼上几间房屋用于人员居住和存放原料和成品，设置了《西藏钱币史》展厅。院落中间是宝藏局第一批铸币的模型。正面印"乾隆宝藏"四字，边缘铸"五十八年"的年号，背面铸藏文翻译。

因为西藏不产铜，从内地运铜造价过高，因此，与内地以铜制币不同，

---

①西藏民众大会。
②西藏地区最初的商用贸易流通货币都是以尼泊尔银币为主，西藏商人用碎银和银锭兑换成银币，用于与尼泊尔商人的贸易交流。藏尼银钱交易，便尼泊尔商人从中获得了大量利润，他们将兑换尼泊尔得来的白银带回国内，除了可以继续铸造银币，还可以从中提取出一定比例的黄金，但是尼泊尔商人贪得无厌，在银币铸造中掺假比例越来越高，最终不可避免引起藏尼银钱纠纷，加之其他政治原因，1971年，尼泊尔大举入侵西藏边境，战争爆发。

宝藏局铸币皆以银为原料，银币打造车间展柜陈设了各种钱模，以钱模的大小及花纹区分面值大小。钱模设计完毕并试铸成功后，就进入了正式打制阶段。手工打制银币的溶银和泼板，首先用炉子将银锭或碎银融化，制成薄板，将银板固定在事先雕好的钱模中，用锤敲打成形，最后修剪成币。因为不同面值的银币重量也有明确的规定，所以，制币完成后，称重也是必不可少的环节。整个铸造过程由一名清朝督造官监督，防止官员或工人从中克扣银两、掺假、贪污等。

纸币的印制，类似于雕版印刷，先设计雕刻木质模版，不同颜色不同花纹的模板代表不同面值。每个模板都是双面雕刻，用于印制纸币的正反面。模板试印成功后开始印刷。将事先裁剪好的纸币专用纸张两层间加盖假水印后，放在涂有颜料的木刻板上，手工操作，确认所有图案均匀印上后取下，晾干油墨，再以同样步骤印制纸币的反面，晾干油墨后就可以发行了。

二楼是《西藏地方钱币展》，系统全面展示西藏钱币的发展历史，了解历史上西藏地方与中央政府的隶属关系，佐证西藏始终是祖国不可分割的一部分的历史事实。公元7世纪，松赞干布统一西藏后，颁布了统一的度量衡制度，黄金作为最上等的金属，成为了吐蕃上层的通用货币。据记载，吐蕃还曾大量使用过一种名为"通仄"的货币，晚唐到南宋时期，中原地区白银日渐成为主要流通货币，与此同时，进入了封建割据时期的西藏仍然与中原保持着密切的贸易往来，西藏商人以特产、马匹换取白银，除去用于购买茶叶、丝绸等百货，剩余的白银被带回西藏，用于日常采购。久而久之，白银也成为了西藏较为通用的货币。展柜内展示的是唐宋时期西藏主要流通的货币——碎银，以及在唐贞观年间和乾元年间流通的铜钱。

元朝中央政府设宣政院专管西藏事务，在西藏设立"宣慰院"，从政治、军事、经济各方面实现有效治理，其中就包括在西藏通行元代货币。1368年，明朝建立，依然十分重视对西藏地方的治理，内地的货币已在宗教上层、政府开支、军饷、驿站、赏赐和商贸等方面的交易开支中使用。

16世纪中叶，西藏地区开始有尼泊尔币等外国银币流入。1791年，中尼两国因为银钱纠纷发生战争后，乾隆皇帝颁布了《钦定藏内善后章程二十九条》，其中第三条针对制定钱法，设立宝藏局做出了明文规定。从此以后，西藏钱币史进入宝藏局铸币时期。

清朝对西藏地方铸币采取了严密的监督措施：一是清朝派驻官员监督管理造币的全过程；二是制定钱法，对铸币材料、图样规格、兑换办法、造币机构、监督机构、奖惩机制作出了明文规定。每一枚银币都有严格的图样、文字，甚至钱币周围的浮点数都有明确规定。

清朝后期，国力衰退，外敌入侵，国库空虚，清政府内忧外患，中央对西藏造币事务的监督变得时紧时松。道光十七年，"宝藏银币"停铸，道光二十四年，驻藏大臣琦善上书中央政府，放弃了对西藏地方政府铸币的监管。为了满足商业的需要，私铸币开始大量出现，西藏地方政府专管钱币铸造的商人不得不考虑官方铸币一事，最简便的办法就是改版铸造。

从道光二十四年至光绪末年，清朝中央政府放弃对西藏钱币的监管期间，私铸币和造假币开始大量出现。为了整顿市场秩序，遏制造假币的泛滥，时任驻藏大臣和弟穆呼图克图发布了禁止造假币和剪切币流通的布告。

1911年，辛亥革命爆发，先后出现的"扎什、梅吉、罗堆、多底"四家造币厂，结束了宝藏局只此一家、别无分号的局面，市面就出现了扎什造币厂、雪冈铜币、梅吉厂铸造的钱币、罗堆金币、多底造币厂、雪阿五钱银币、单色纸币和套色纸币、元面值的袁头银元、中华人民共和国发行的第一套人民币的复制版，造币厂铸币的种类和特色。

1959年7月15日，西藏日报以藏汉双语全文刊发了《西藏自治区筹备委员会关于在全区普遍发行使用人民币的布告》，在布告中除了宣布全区使用人民币以外，还规定了银元与人民币的兑换比例，实现了西藏钱币和人民币的和平过渡。8月10日，又刊发了《关于在全区废除和收缴藏币的布告》。自此，西藏地方钱币正式退出了历史舞台。

9.五座院

五座院①，该院建筑面积为1020平方米，由单层和两层建筑组合而成，曾用于上层贵族官员、宫廷乐师、农奴等居所之用。布达拉宫二期维修中将这五座小型连体建筑统称为五座院。

10.羌仓

羌仓藏语意为传统酿酒作坊，原为两座单体建筑，现连为一体，改为二层藏式建筑，其建筑面积共1490平方米。为公元17世纪下半叶布达拉宫重建时，为了向宫内各殿堂的护法神敬献神饮所建，后来也为官员贵宾酿酒，并逐渐演变成酒馆。目前，羌仓内复原式陈列了藏民族独特的酿酒流程和《藏族酒文化》展，并供应青稞酒、酥油茶、糌粑蛋糕、布达拉宫纪念品等。

11.雪监狱

雪监狱位于雪老城内的雪巴列空东南侧，藏文音译"遵康"，平面呈长方形，四面是高3.54米、厚1.15米的石墙，中间是地下牢房。此牢房为石木结构，总面积为1050平方米，雪监狱的大门朝北，西面是仓库，东面是监狱。雪监狱是旧西藏噶厦地方政府关押犯人的地方。早在吐蕃松赞干布时期，这里称为"巴屋顶"，意为"英雄台"，是将军聚集要地。五世达赖喇嘛时期西藏地方政府迁到布达拉宫，在雪城内设置雪巴列空，按照政府驻地同时设立监狱的旧制，此地也逐渐演变为雪监狱。雪监狱通过复原陈列，展示了旧西藏的司法制度和雪监狱的"鞭笞"、杀威鞭、出狱鞭、"抽脸"、"挖眼"等残酷刑罚，以及刑具、牢房、蝎子洞等，真实反映旧西藏封建农奴制度下，刑罚严苛残酷，农奴生活苦不堪言的黑暗历史。

六、雪堆白

堆白，藏文音译"堆白贝云马绿萨刑"，藏文意译"欲望文明光大"。堆白造像厂位于雪老城西门外。因公元17世纪五世达赖喇嘛兴建布达拉宫需要制造大量的佛教造像及法器，以拉萨"日阿玛岗"（拉萨河南岸的一个小地名）的贡夏乌庆为首的匠师便创建了手工造像厂，将其命名为堆白造像

---

① 上层贵族平措热旦府邸、那洛院、噶尔本宁巴院、贡塘达热和尼热那院。

厂。此造像厂设在地方政府没收的羊八井寺红帽活佛的寺庙及私人住宅内。据传，五世达赖喇嘛因贡夏乌庆的手艺高超，封其为工艺之神旺分行首，并宣布凡从堆白造像厂制造的任何塑像不需要进行灌顶仪式。

堆白造像厂从拉萨地区和日喀则地区招27名铜匠、26名镂刻匠，从山南觉日阿地区招12铸匠，从山南矣拉加日地区招6名雕塑匠，从拉萨地区招2名木匠，再从羊卓雍湖地区招26名临杂工，共计有人员99名。另外，还有29名各种匠师的子弟作为徒弟和后备人员，其中3人为评语喇嘛。十三世达赖喇嘛时期，还特派2名六品僧官僧官负责堆白造像厂。

布达拉宫的绝大多数塑像以及法器等都出自堆白造像厂。手工技艺主要包括金、银、铜、铁的铸造和木器车削等。匠人们具备在金属器皿上雕制立体花饰，用模子打制突起的花纹和刻制浅线花纹，镶嵌金、银细丝等手艺。各种藏式器皿一般均能制作。西藏各地新建寺庙或进行大的维修工程时，堆白造像厂都要派负责各工种的一位乌庆和几位乌穷前去协助。拉萨地区各寺庙和私人需要制造塑像及法器时均要向厂部申请批准后方能制造。共有工匠数百人[①]。

七、查果嘎林佛塔

查果嘎林的三座佛塔位于布达拉宫红山和药王山的连接处。中塔高大，两侧各有一对称的小塔。中为神变塔，北为尊胜塔，南为菩提塔。这三座塔传为金城公主所建，1966年时被毁，1995年已按原位和原样恢复，从而保持了拉萨古城的风貌。大塔通高16.3米，小塔通高6.25米。

八、龙王潭公园

龙王潭的历史较为清晰。清朝松筠撰写的《西招图略》将龙王潭描述为："禄康插木在布达拉后有一池，约四里，中建八角琉璃亭，又名水阁凉亭。卡契园在布达拉西五里许，系达赖剌麻避暑处。鱼池、经堂多植名花，亦名花园。疏日冈在布达拉西七里许，乃达赖班禅往来停骖、饮茶处，亦名

[①] 姜怀英、甲央、噶苏·彭措朗杰编著.中国古代建筑·西藏布达拉宫 [M].北京：中国文物出版社，1996:14.

经园。琉璃桥在西藏堡外上布达拉山大道。宠斯冈在西藏堡内大街,昔为达赖剌麻游玩之所,今为驻防衙署。宗角在布达拉北二里许,林木阴翳,景致甚幽,亦达赖剌麻避暑处。藏海螺坚白如玉,左旋向明吹之,背现观音光影,神物也。唐柳大招门前有古柳二株,相传植自唐时,蟠屈若虬龙,当春他树未发,此独先青,亦一奇也"①。

《西藏文史资料选辑Ⅱ》也提到,每年"萨噶达瓦"节期间,西藏人民僧众举行礼佛诵经活动,拉萨的男女老少一大早就沿转经道转经,然后到布达拉宫北面的龙王潭游玩。并解释了龙王潭的由来,称它过去是一片荒滩,五世达赖喇嘛洛桑嘉措重建布达拉宫时,从这里大量取土,便挖成了一个大坑,加上周围地势高,每年夏天的雨水便流进这里积水成潭,常年不干,便成了一个人工湖。后来又在湖中间修了一幢四层高的古式楼房,取名为"洛康",意为龙宫。以后又在湖的四周栽种了许多白杨和柳树。这里每从藏历四月开始,便绿树成荫、湖水碧绿,更有雄伟的布达拉宫的倒影印在湖中,便成了一个湖光秀丽、景色迷人的游览胜地,平时或周末有不少游人到这里游玩,有的全家人带上饭菜茶酒到这里玩上一天。每年藏历四月十五日,西藏地方政府的僧俗官员、活佛、贵族都到这里欢度节日。湖中有几只木筏,大家乘船游玩。宗教上又把这种活动说成是被佛爷普度苦海,凡是乘坐木筏的善男信女均算脱离了灾难,将来可以升入天堂。所以,这一天的游人特别多,大家更是争相乘船游玩,气氛极为热烈②。

龙王潭,藏文音译"宗角禄康",意为"宗山后的龙王潭",是一座以潭水为主题的园林建筑。该园林的潭水坑源于公元17世纪修建布达拉宫时,挖土而形成的天然土坑,后逐渐积水成潭。龙王潭公园的修建始于六世达赖喇嘛仓央嘉措时期。18世纪初,仓央嘉措为祈求降水,从墨竹工卡迎请墨竹赛钦和八龙供奉于此潭中,从此得名龙王潭。1791年(藏历十三绕迥铁猪年),八世达赖喇嘛江白嘉措在湖心岛上修建三层楼阁,楼上建有六角铜质

---
① 《西藏研究》编辑部.西招图略 西藏图考[M].拉萨:西藏人民出版社,1982:151.
② 《西藏自治区政协文史资料》编辑部编.西藏文史资料选辑Ⅱ[M].北京:民族出版社,2007:344.

鎏金顶，顶层设达赖喇嘛寝宫。下层佛殿内供奉传说当年随同文成公主进藏的护法大王、八大龙王和宝瓶坛城，并在湖心岛上修建了"圆满乐园"象房，在此安置廓尔喀投降后向清廷进贡的4头大象，设专人看守大象和管理园林。1793年，八世达赖喇嘛江白嘉措和七世班禅丹巴尼玛一道在龙王潭举行祭龙求降的佛事活动，并坐船游潭和骑象观赏。从此，为求雨免灾，西藏地方政府每年都要在龙王潭内举行佛事活动。且每年藏历四月十五日的"萨噶达瓦"节，拉萨居民均在龙王潭朝拜、划船、过林卡和游园。十三世达赖时期，因龙王潭内道路年久失修，园林遭到一定的破坏，曾对龙王潭进行过维修。

西藏和平解放后，自治区人民政府非常重视保护风景名胜区。1965年，由于城市道路建设的需要，原先位于布达拉宫前的两尊石碑及碑亭被整体移置龙王潭南门内侧西。一尊是康熙皇帝《御制平定西藏碑》，主要记述康熙六十年平定准噶尔叛乱始末。另一尊是乾隆皇帝《御制十全记碑》，着重记述了乾隆五十七年派福康安大将军率军进藏驱逐廓尔喀入侵者的经过及意义。这两座碑及碑亭现已被迁回扩建后的布达拉宫广场，置于布达拉宫正门两侧。

2006年，政府对宗角禄康公园进行彻底整治。布达拉宫周边环境改造工程的设计理念以城市和谐发展，城市文物保护和城市旅游的发展为主题，改造规划分为民俗活动区、生态水景区、龙潭胜迹区、亲水活动区、文化活动区等五个景区。

1.民俗活动区

位于宗角禄康公园西南角的民俗活动区，规划保留现状，六角亭和场地中的植被，联系水系设计成浅滩卵石溪流。六角亭是整个景观空间的制高点和景观视觉焦点，其周边开辟顺时针方向的圆形广场，从圆形广场中透过疏密有致的树丛可以看见一片开阔的缓坡和另一个圆形亲水广场，广场通过木质拱桥与对面缓坡草坪中的园路相连。在滨水活动广场旁将设计高程为30米的柱壮喷泉，形成景区的景观制高点。景区东北角的树林中设计有圆形林间广场；西侧布置了停车场和自行车停放处。整个景区，以开阔缓坡草坪为主，周边种植四季常青的植被，为市民休闲过林卡提供了一个好去处。

2. 生态水景区

生态水景区扩大了原有水景面积，在原六角亭位置改建以"桃柳鸣春"为主题的水中岛，用两座小拱桥与驳岸连接；改善水面形态和两岸植被，设计亲水栈道、自然驳岸和卵石漫滩，并种植高原水生植被，形成公园里的生态水景。水中岛的对岸还设计了观演广场，可以看到以布达拉宫为背景的水中倒影。

3. 龙潭胜迹区

改造后的公园南侧古树林中设计一条寓意为"林中哈达"的砾石路，既保护了古树和名木又能营造出一种具有时间厚重感的景观意境。北侧的自然缓坡中还将种植大量乔木并设计林间广场和林间观景台。

4. 亲水活动区

位于宗角禄康公园东北角亲水活动区的原水景面积将局部调整和扩大，改善水面形态，增加亲水设施，增设水中生态岛，并结合原三角亭布置地形岛、休闲广场、增设亲水平台，以供游人亲水赏花。保留古树并将水面引进广场中，借以置石、木质小拱桥和地形高差，建制一个"古柳溢清"的景观场景。

5. 文化活动区

位于公园东入口处文化活动区的石碑、景亭、广场和植被维持原貌。将原入口广场改造为下沉式荒石雾喷广场，两侧种植绿篱，绿篱间种植乔木并配以休闲座凳。石碑以西的广场将设计成文化活动广场。广场形态借喻格桑花的形态，设计成六边形，中心是圆形舞台，六边形的边长正好是圆形舞台的直径，使六个花瓣广场成为最好的观赏区。

龙王潭现为拉萨著名的园林建筑之一，已成了拉萨第一个具有现代气息的大型公园。

九、布达拉宫东侧山脚下的两处寺庙

布达拉宫外山脚下的两处寺庙名为康昂东嘛呢拉康和康昂东云仁拉康，

但不属于布达拉宫管理处管辖。它们建在布达拉宫的山体下，影响布达拉宫的建筑安全，2002年布达拉宫维修时准备拆除。后因其主寺交通不便，布施不足，无法维计，而被政府保留下来补给主寺。

1.康昂东嘛呢拉康

占地面积200多平方米，至今有三百多年历史。康昂东嘛呢拉康隶属夺底乡普布觉日追分寺，"文化大革命"时期被毁。1988年经原拉萨市副市长拉姆仁青批准，修建在康昂东路布达拉宫东侧山脚，寺内主供佛为日松贡布佛，此拉康里有千手观音和吉祥观音等14尊大小佛像，1998年开始由普布觉日追管理，平时从主寺普布觉日追选派3名僧人在嘛尼拉康开展宗教活动，主寺选派僧人以半年一次轮换形式选派，在一些周期性宗教活动时主寺将增派5至6名僧人参加宗教活动。

2.康昂东云仁拉康

康昂东云仁拉康最初修建在现色拉寺寺址上，后迁寺至布达拉宫东侧，寺内主要供奉有一层楼高的千手千眼观音（其胸口装藏着松赞干布的本尊四臂观音像）、十六罗汉的珍贵器具、伏藏海螺等珍贵文物。该寺在"文化大革命"时期被毁。1987年，在几位健在的老尼倡导下，历经千辛万苦修复成现在的规模，并招收培养了一些尼姑，恢复了往日的修持仪轨。

第六章 和平解放后布达拉宫的保护和利用

文物承载着灿烂的文明，传承着历史文化，维系着民族精神，是老祖宗留给我们的宝贵遗产，是加强社会主义精神文明建设的深厚滋养。我们党历来高度重视和珍爱文物，始终不渝地坚定推进文物保护与利用。西藏和平解放后，党中央在西藏实行宗教信仰自由政策，高度重视文物保护利用工作，布达拉宫从地方政府机构逐渐走入平民的生活，为西藏民族文化的繁荣开辟了广阔道路。

第一节 布达拉宫现状及保护调查

西藏和平解放之前，布达拉宫的建筑安全问题较为突出，再加上地震、雷电等自然灾害的影响，布达拉宫险情及安全隐患层出不穷。自1645年重建以来，布达拉宫增建、扩建和小修小补虽未中断，但始终没有进行过全面的大修。据记载，20世纪50年代初通过对布达拉宫险情的专门勘察，已知建筑内部隐患无穷，险情令人忧心，但一直未进行大规模维修。《一九五六年噶厦巡视红宫建筑损腐情形呈达赖文》记述了布达拉宫经历地震破损的详细情况：

火猴年，上师大怙主经布达拉宫大仲尼堪穷所降法旨称：大布达拉宫外墙虽无大损伤，然其中木料未必无腐烂或被虫蛀食等情形，其间又先后屡经地震，可能有所损伤,故令噶厦亲临巡视,并呈上精确详细报告。等因奉此,噶厦和布达拉宫强佐(大管家),木工班头阿来、石工顿珠、珠杰、房管人,以及布达拉宫代表孜准帕吉仲·阿旺旦窘等,同至上下佛堂等各个殿堂,一一亲自检查,是否有大损伤,除小毛病未予登记和另呈巡视白宫的登记外,现呈上红宫巡视登记如下:

北大门内四柱耳房的衬木以前维修时换过,北墙西侧完好无损,但从房檐过木到下边有裂缝,门枢明显下露。其北面门卫宿舍西部,墙有裂痕,其中南半部稍微下陷,其后之耶康办公室的外间大梁下沉并有裂缝。耶康之第一个大窗处,有两柱下边过木和墙基之间,由于原来木料潮湿,拱斗和大窗窗框下陷甚重,耶康宿舍四边,里间大窗附近过道上之五根椽子已脱位。耶康顶部两边大窗处,有两柱地方和下边一样明显下陷。

其西边之两柱南向房间明显下陷,又西边南向房屋下陷,三合土裂缝,其北边南向房间,进门处西墙裂缝甚大;其上边香灯师宿舍之下第三大窗处,两柱前边之窗框和里边柱、梁干缩后,脱铆部分下凹甚重,两墙亦有裂缝;其西墙略有裂缝,西边伙房因两柱下陷,梁和横木分离,西边念酬孙仪轨经房下面,一柱房里横木下陷,外间僧舍下边梯头小棚,第四柱和梁木稍微下沉,上面朗杰扎仓僧舍大门,四柱门洞北墙上面,因承有红官的钢质水槽,梁木左右两端裂缝,并明显下凹,斗拱和梁木由于干缩,接铆松动而下陷。从朗杰扎仓主僧舍西墙里边,至顶部有直线大裂缝;门旁一柱和南边一柱上边之额木梁和顶梁分离,房屋椽子和梁稍有连接而未脱落。由于柱子和梁头互相牵扯,虽然未倒,但已严重松动。最近,梁和斗拱间,要树根柱子临时顶换。四根高柱中,西边两根倾斜,柱子顶端扭形,弯曲严重。第四大窗和朗杰扎仓僧舍南部柽柳墙柱基明显下沉,柽柳条也从角里外掉,大窗窗框横梁脱榫,飞檐明显下陷,其内墙一些泥巴脱落,壁画裂大缝。朗杰扎仓九柱厨房之西北墙裂缝;朗杰扎仓上边时轮金刚殿所属四柱仓库西边之梁头明显下坠;南边椽头稍陷,外厢房东窗北墙裂缝,其上之四柱时轮金刚殿的柱拱下移,并有严重下凹,西介墙亦向后倾斜,其周围柽柳条墙有较大破损。从北大门走廊到楼顶,以前建造时由于不识木料湿干而下陷,仅仅矫正,无济于事,需重新修建。仁珠康朗杰扎仓帐蓬库房里间南墙和东西走向梁头有小毛病,梁向南倾。其外间四柱南面之梁木歪斜较大，虽已从南面支撑，但仍有倒塌危险。茶库之仁珠康二十柱中，北边二排第二柱倾斜较大，木料严重被蛀，西头一椽折断。仁珠康下层东边南向茶库，一柱有小毛病，椽子横移。仁珠康顶楼卫士大洛桑慈诚伙房里，靠两个房顶之山墙有直裂缝，柱头有毛病，并稍微下陷，外面房顶山墙有直裂缝，柱子下陷，其东西之白官水槽上椽已折，卫士宿舍桎柳条和后墙分离并明显下陷，宿舍下面北内房墙，东西两头呈大缝。香灯师茶房之西墙和里面墙壁裂有小缝。德阳桑丹门楼屋檐，一檐长之墙壁裂缝，木料因雨水侵蚀而腐朽。其部观音堂香灯师工作房二十三根椽木被蛀。东面走廊石梯尽头的墙角有裂缝。

红官幸福日轮官彩门之四柱中，前边两柱向南偏斜，第三梯附近，院墙显著下陷，墙角左右墙壁之黑漆需重新抹涂。其东面名曰"差芒"之南向库房屋顶椽子，有被虫蛀者，有未被虫蛀者；其上边一处谓之经济室者，第一大窗由于下压，以前里面六柱支撑，里间的顶梁木下移并裂缝，已新树两根支撑柱，其上边第二大窗和观音殿之大窗前面支撑梁头等之危险程度，同下边一样。西边观音座顶棚东西墙均有裂缝，其东面红官安放木水槽的飞檐，三根椽子断折，西墙裂缝。轿房两柱有毛病，其外面大厅许多柱子中，有十二柱地方裂缝，北梁置有支撑柱子，大厅之丝喜平措房之八根长柱和三十二根中短柱，南边一根长柱顶端歪斜，弯曲甚重，有两根长柱倾斜较大；东边两根短柱、南边四根短柱、西边一根短柱倾斜较大。大厅丝喜平措房南部持明佛堂，东边第一根长柱顶端歪斜，其西部第九柱顶端也已歪斜，明显下陷。去年，维修三楼时，新立两根支撑柱，其南边第一根长柱顶端歪斜，持明佛堂第三、四大窗上下窗栏杆木料，因风吹雨打剥蚀较大，金饰宝顶世界灯塔北边之西长柱梁根上西墙裂缝，其东边长柱顶端倾斜，已有支柱。福光金灯塔东部梁下，柱端歪斜，其东边三柱顶端偏斜，南部墙壁需重新抹泥。大茶房里间一椽长之墙壁裂缝，其外面两间房子北墙鼓突，并有裂缝，其上边属达赖收藏坐垫之宝座库房，北部墙稍有裂缝。药王佛堂八根柱子西部之梁木已断掉，有一椽长，虽立有支柱但墙已裂缝。南边柱子下陷，门板和窗户因受腐蚀，需维修。大厅北面三根柱子顶端歪斜，松赞干布两间经堂里间两柱半之东边一根，有坍下之危险。早已使用七根支撑柱，但险情依旧。通向香台路廊竹檐之东、西、北三面大墙鼓突，椽子、梁

（用）十根支撑柱，周围墙壁有许多小缝，东北墙裂缝大，由于木料太细，使用两根支撑柱，香台西面围墙有裂缝。普贤喜怒神佛外檐，连接观音堂水槽旁侧之椽子腐烂，内地佛堂盖有章子房顶之椽子依托有二支撑柱，东边暗门旁边普贤佛堂之靠柱座铁框，焊锡已经多年，焊口崩开、脱榫，雨水久蚀，腐烂严重，要进行全面修缮。有八柱大小的时轮金刚佛堂东边有裂缝，西边一柱有大毛病。宝饰经济佛堂两间，南边柱子由于向北倾斜，内外撑梁都有危险。无量寿佛堂四间房子，西边一柱偏斜，莲花宝座下陷。有八柱宽的布达拉官秘书处；北边两柱倾斜较大，去年维修三楼时，内外都已树立支撑柱。四柱大小的百事佛堂东边柱子顶端向北倾斜，其西边椽子下陷，依托有危险。诵经佛堂周围二十四柱中，南部两柱下陷，西边一柱、北边三柱、东边的两柱等稍微倾斜。弥勒佛堂有八柱，前两柱端往东弯曲，东墙上之桎柳条墙系弥勒之后背，已经脱开东倾；西边宝座后面，墙有裂缝；南墙有小裂缝。舍弃堂大窗过木和窗架，由于风吹雨打，有所损坏，门板得重新维修；西边有柱稍微倾斜。八柱小卧室萨松朗杰之北边四柱拱斗，梁木向北倾斜，其南边四柱中，一柱稍微扭斜，大窗子框架稍微下陷，木料被雨水严重侵蚀。积福卧室八根长柱和十八根短柱，东墙有裂缝之外；南边两长柱顶端扭斜，南门门板由于有剥蚀，得重新维修；台上宝座之右边短柱，稍微倾斜。通向具善如意金塔路旁南墙有小裂缝；吉祥光金塔北部，东边大墙有大裂缝；经堂三法座周围二十四柱，东边两柱、南边两柱、北边两柱中，西边一根略歪，法座支护须维修。红官平台十六罗汉堂两柱之柱基显著下陷，梁木倾斜，垫梁木偏歪，柱根脱榫，梁木往里弯曲严重；北墙有裂缝，福音佛堂大梁向里倾斜并下陷。三界面法轮房向南倾陷。格来金塔北墙东西各处，都有大裂口。护法神佛堂北墙上下有直裂大缝，其外间椽木断折一根，神龛要维修。吉祥光金塔南面后山墙有一大裂缝，下面还有两道裂缝。面轮佛堂南边介墙、莲花大厅泥皮脱落梁歪，设有三根支撑柱。吉祥光金塔之厚桎柳条墙和薄桎柳条墙墙脊石板檐掉下，要作大面积维修。楼顶上之三合土，应进行大面积砸实工程。金饰宝顶金灯塔金顶上部之金皮、金皮里面之木料，没有大毛病，由于焊接太浅，由阴阳街口处进水，浸蚀较重，椽头水蚀较大。木刻莲花三晴、宝顶部，喇嘛佛堂之六角金顶，由于漏水，中柱和椽头受较大水腐。吉祥光金塔之挡雨铜页太短,木料顶端受水害。圣天佛堂上衣库之两柱中,东边一根下陷;北边金顶下漏水,支撑柱和椽木中间下陷,有很大危险;西边墙根下陷裂缝。达赖书房两柱柱梁凹下。拱木断折,有四根支撑柱,由于受水蚀太重,顶子需全部翻修。观音堂六角金顶之三块隔板和一根椽子腐烂。从具光粲金塔金顶缝漏水,木料受损失。从三界金塔之金顶处漏水,木料受损。需新修天窗。衣库下四柱房西墙明显下陷,去年树有四根支撑柱;西边柽柳和后墙分离并明显下陷;东墙亦下陷;其外面界墙垫梁木和西边柱子稍有扭变。达赖书房下亦下陷;其外面界墙垫梁木和西边柱子稍有扭变。达赖书房下面三柱房东墙上下裂口较大;再东面山墙开裂。存衣库一根椽子之西北屋角有一直裂缝,外面有一椽头脱落,墙壁裂缝也大,其外间三根柱子上边梁头倾斜;东边梁下山墙有小裂缝,木料太细要维修。如意格来金塔下之佛堂西北墙角有少许直裂缝;北部上下山墙有许多大小不等之裂缝;后墙由于有护墙,上下均无裂缝;外面梯子有脱挂;顶部柽柳墙的盖石太小,进水后柽柳条散乱,脱落很多。藏经室下边三柱中,一柱子下陷。红宫周围之原柽柳条大墙和小墙下陷,被乌鸦叼走,有很大损失。因年长日久,榫木松动,再加上风吹雨打,腐朽严重,墙脊檐咀脱落严重,水蚀也厉害。各条滴水石板、墙脊等,都需全部修理;流水槽瓦,尤其木料槽瓦均系勉强应付,质量太差,需要重新维修牢固。特此禀告①。

十一届三中全会后,党中央先后七次召开西藏工作座谈会,讨论有关西藏工作的方针和政策,十分重视西藏文化遗产保护工作。布达拉宫多年积累的各种破损,已不是小修小补所能解决。1984年6月17日,布达拉宫红宫强康佛殿因电路老化发生一起火灾事故。虽然火灾第一时间被扑灭,并未造成多大的损失,却向人们再次发出了布达拉宫建筑险情警报:布达拉宫内的电线已经老化,线路设计也存在不少险情,而且很可能还存在其他方面未曾发现的险情,需要立即进行全面的调查。这引起了党中央的高度重视,立即组织调查团队,派出以著名古代建筑专家罗哲文先生为首的国家文物局赴藏考察

---

①西藏自治区科学技术委员会、西藏自治区档案馆编译.西藏地震史料汇编(第二卷)[M].拉萨:西藏人民出版社,1982:419—425.

组，全面调查布达拉宫的基本情况。调查结果表明：布达拉宫由于年久失修，确实存在很多险情。布达拉宫建筑群木结构普遍存在虫蛀腐朽、断裂脱榫、扭曲变形的严重险情。一是五世达赖喇嘛灵塔殿和东大殿不同程度出现建筑承重险情，搭建了多根临时支撑柱子，但大批支撑柱岌岌可危，面临众多隐患，同时，也影响了殿堂的整体风貌、建筑内的文物陈列和开放参观秩序。二是白宫北侧的基础地垄，因受力过重，不少梁、椽断裂下沉，非常危险。三是地垄的垃圾问题。从古到今，布达拉宫的垃圾从不运出去处理，而是全部倾倒入建筑物基础的地垄内。因此清运垃圾是一场非常大的基础性工程。垃圾清运结束后，发现的问题更是严重：地垄内的木构件，几乎全部腐烂或被蛀蚀一空。墙壁多有酥碱开裂，地面破碎下沉，壁画膨胀脱落，后患无穷。四是勘察期间，布达拉宫前坡的"之"字形登山道路，出现了坍塌的险情。五是布达拉宫内没有完善的消防设备，更无报警、避雷等装置，供电也不能保证。

第二节 和平解放后的布达拉宫修缮管理

布达拉宫及其内部的诸多文物，见证了西藏重大历史事件的变化和发展，是西藏自古以来就是祖国不可分割的一部分的有力证据，是中央政权对西藏地方行使国家主权的标志。西藏和平解放后，党中央高度重视布达拉宫及其文物的保护和利用，特别是改革开放以来投入大量人力、物力、财力用于西藏寺庙的维修、修复和保护，其中对布达拉宫的保护和维修时间之长、力度之大尤为引人注目。

一、对布达拉宫的历次保护和维修

西藏和平解放后，中央高度重视布达拉宫的安全工作，派军专门守卫布达拉宫，并常年拨付专项经费用于布达拉宫的修缮和管理。随着1959年西藏进行民主改革，布达拉宫的性质发生了根本的变化。1959年6月，西藏成立了文物古迹文件档案管理委员会，负责集中收集和保护大量的文物和档案典籍。同时，中央人民政府专门组织工作组分赴拉萨、日喀则、山南等地，对重点文物进行实地调查。1961年，因布达拉宫重要的历史和文化价值，被国务院列为第一批全国重点文物保护单位，进一步强化保护措施。1962—1964年，党和国家对布达拉宫的部分殿堂、甘丹寺、扎什伦布寺、萨迦寺，以及琼结县的藏王墓、江孜著名的抗英炮台、八角塔以及热振、叶巴、扎隆、夏鲁、白居等古老寺庙和宫殿建筑进行保护性维修。1965年，西藏成立了自治区文物管理委员会，开始组织文物调查小组，对西藏全区的文物、古建筑等进行摸底调查，并对布达拉宫进行有效保护和维修。"文化大革命"期间，由于周总理的亲自过问，布达拉宫免遭破坏，确保了布达拉宫的绝对安全。

改革开放后，布达拉宫的系统安全和保护现状引起党和国家的高度重视，随即开展了一系列的调查和维修保护工作。1987年9月，西藏自治区人民政府向国务院呈报《关于抢修布达拉宫的紧急请示》。李鹏总理对此十分重视，当即做出重要批示。1988年4月，国家文物局组织的技术勘察组进藏。同年5月，国务院有关部委组成的联合考察组进藏。考察组在西藏期间，对布达拉宫残损情况、维修范围、材料运输、施工预算、组织机构等问题进行了详细的考察和研究，并召开西藏各界人士座谈会，广泛听取各方面对维修工程的设想和建议。考察结束后，联合考察组向国务院提交考察报告和经费预算。1988年，国务院下文批复，正式决定对布达拉宫进行大规模维修。1989年5月，国家文物局组织八省市三十余名古建技术人员进藏，对布达拉宫进行详细的测绘和损害调查，制订出维修方案和计制。与此同时，有关方面专门组建布达拉宫维修领导小组、协调领导小组和维修工程施工办公室。材料、设备和施工单位的资格审查等项准备工作也同时进行，由此拉开了布达拉宫历史上规模最大、投资最多、最彻底的维修工程的序幕。这一时期，国家先后两次组织对布达拉宫实施大型的抢救性保护维修工程。第一期维修1989年初正式开始，于1994年8月竣工，维修工程项目达110余项，工程费用共计5300万元。第二期维修于2002年6月26日正式破土动工，2009年8月23日竣工，总投资达20499万元。布达拉宫二期维修工程包括大的项目30项，子项目64项，几乎涉及布达拉宫的每个角落。维修中，维修工作队在"修旧如旧""不改变文物现状"的原则下，通过对布达拉宫的基础地垄墙体进抽砌、灌浆和加固、更换蛀虫、槽朽木构件、修复殿堂病害壁画、更换屋面边玛草、改良阿嘎土、翻修金顶、改造和更换给排水及电路设备、改造安防及消防火灾自动报警系统、应用防雷技术等维修技术，对原有建筑进行加固和保护。同时，为妥善保护布达拉宫的周边环境，加大布达拉宫的环境整治力度，将布达拉宫绝对保护管理范围的"雪城"环境整治工作纳入布达拉宫二期维修工程项目，采取拆迁违章建筑、居民搬迁及修复增添历史固有建筑的方式还原雪城原貌，将布达拉宫周边新建建筑物①的拆迁列为布达拉宫环境整治的重要工作，从2006年开始分步分批实施，逐步恢复布达拉宫历史固有环境。2007年，委托中国文化遗产研究院编制布达拉宫保护规划，2014年先后通过自治区和国家文物局的审查、审定。不管从工程规模、技术难度和经费数量来说，布达拉宫一、二期维修都算得上是史上首屈一指的古建维修工程。从此，布达拉宫"旧貌换新颜"，重新焕发出无与伦比的魅力。

  新时代布达拉宫的保护利用工作得到了党中央、区党委和上级有关部门的高度重视。2018年7月27日，李克强总理在西藏视察工作时，专程考察布达拉宫文物保护工作，并作出"布达拉宫的文物浩如烟海，包括这些经书典籍，既是中华民族的珍品，也是人类文明的瑰宝，不仅要保护好，还要研究好传承好"和"由中央财政安排专项资金，对布达拉宫文物（古籍文献）开展保护利用工作"的重要指示。遵照总理指示，西藏自治区人民政府向中央财政申请资金实施布达拉宫文物（古籍文献）保护利用项目，形成《西藏自治区人民政府关于申请布达拉宫文物（古籍文献）保护利用项目的请示》，呈报国务院。主要项目为：古籍文献残损调查、分类、登记，数据库建设，病害、病因、保存环境、防护装具、传统制作工艺、制作材料、保护修复方法等研究，开展保护修复、陈列展示、人才培养和传统技艺传承等工作。项目计划周期10年，每年安排3000万元，共需投入资金3亿元。2018年9月26

---

① 1959年以后的建筑。

日，李克强总理在《西藏自治区人民政府关于申请布达拉宫文物（古籍文献）保护利用项目的请示》上作出重要批示：布达拉宫古籍文献尤其是贝叶经堪称文化瑰宝，是中华民族交流的文化结晶和重要历史见证。抢救性保护、翻译、研究好贝叶经这一文化宝藏具有重要的文物、文化和历史等价值。请财政部会同文化部、教育部、社科院、文物局等相关部门予以积极支持。2018年11月19日，李克强总理在《关于支持西藏开展布达拉宫文物保护利用项目有关意见的请示》上又批示：做好相关衔接工作，要专款专用，提高使用效益，保护和开发利用好古籍文献。

布达拉宫的保护管理工作也始终得到了西藏自治区党委、政府的高度重视，自治区党委、政府领导多次对新时期布达拉宫的保护利用工作做出专门批示。2018年10月10日，吴英杰书记在《西藏自治区人民政府关于申请布达拉宫文物（古籍文献）保护利用项目的请示》上做出了加强组织领导、整合力量、组建专家组、研究机构编制等方面的批示。2018年11月30日，吴英杰书记在《关于申请成立布达拉宫文物（古籍文献）保护利用工作领导小组的请示》上批示：此小组以布宫研究为主，要统管全区（含贝叶经）文物研究，整合社科院贝叶经研究机构编制。2018年10月10日，齐扎拉主席在《西藏自治区人民政府关于申请布达拉宫文物（古籍文献）保护利用项目的请示》上做出批示，确保布达拉宫文物（古籍文献）保护利用各项工作的有效落实。

二、史无前例的两次维修工作始末

改革开放后，对布达拉宫的维修工程得到党和国家的高度重视，国家文物局多次派人对布达拉宫考察并提出维修意见。自1984年起，布达拉宫维修的各项工作都在紧锣密鼓地部署着：1984年6月21日至7月5日，国家文物局保卫处处长陈百川、文物处副处长郭布尔、公安部消防局黄成中进藏，考察火灾的有关情况，帮助布达拉宫健全管理措施。1985年4月29日至5月28日，国家文物局文物保护科学技术研究所工程师张阿祥、助理工程师贾克俭进藏，与拉萨市城关区古建队有关领导和专家一起，考察布达拉宫建筑险情，提出维修设想，并估算维修经费。10月20日，全国政协委员、国家文物局高级工程师罗哲文等一行6人抵达拉萨，对布达拉宫建筑残损状况进行检查。10月26日，罗哲文一行在罗布林卡（原西藏自治区文物管理委员会所在地）与西藏自治区人大常委会副主任雪康·土登尼玛、伦珠陶凯和自治区有关部门的负责人以及拉萨市城关区古建队的领导、专家，就布达拉宫考察情况进行座谈。11月2日，罗哲文一行考察了布达拉宫的附属建筑和红山下的建筑基础。当晚，西藏自治区文物管理委员会主任甲央与考察组探讨维修布达拉宫的意见和设想。11月3日，中共西藏自治区党委常委、自治区文化局局长丹增看望罗哲文一行，并听取考察组汇报。罗哲文在汇报中谈到以下意见：一是根据布达拉宫的残损情况，应制订一个十年维修计划。二是成立布达拉宫维修领导小组，由西藏自治区人民政府1名领导出任组长，西藏自治区有关部门负责人参加领导小组的工作。三是国家文物局有关专家担任维修的技术顾问。四是维修工程中应搞好有关的资料工作。五是建议设立西藏文物古建研究机构。六是一些单位占用的布达拉宫附属建筑应归还布达拉宫，确保统一维修和管理。

　　在西藏文化界及民族人士充分协商的基础上，1987年9月12日西藏自治区人民政府向国务院呈报了《关于抢修布达拉宫的紧急请示》：

西藏自治区人民政府关于抢修布达拉宫的紧急请示

国务院：

　　布达拉宫是举世罕见的宫殿式古建筑群，是西藏的象征，是藏族建筑的杰作，也是藏、汉建筑形式完美结合的瑰宝。它原为达赖政教合一的地方政权行使权力的中枢，1961年国务院公布为第一批全国重点文物保护单位。

　　布达拉宫建筑规模雄伟，宫中收藏的奇珍异宝、文物典籍难以胜计，价值连城，早已享誉世界，为中外专家、学者和游人所向往。布达拉宫的建造历史，是祖国统一的见证，是藏、汉民族亲密结合的产物。因此，布达拉宫管理的好坏，在国内外是一个十分敏感的问题。管理和保护好布达拉宫，对于贯彻执行党的统战、民族、宗教政策和文物保护政策，开展西藏的统战、民族、宗教、文物工作以及发展旅游事业等都有着十分重要的意义。但是，我区文物考查和文化部文物保护科研所检查发现，布达拉宫存在严重的险情。其主要问题是：（一）部分殿堂损害严重。布达拉宫大部份建筑已四百余年，其间一直没有大修。十年动乱后，积年已久的各种损害日趋严重，近年来有恶变之势。如一些主要殿堂内部墙体开裂，大木构件拔榫、倾斜。上层殿堂地面下陷，周围女儿墙外移等。若不抢修加固，一些殿堂将有坍塌的危险；（二）由于缺乏科技人员和专用设备，以致宫内数以万计的文物，保管条件十分简陋。文物古建筑霉变、虫蛀、鼠啃的程度惊人；（三）宫内没有完善的消防设备，更无报警、避雷等装置。供电不能保证，安全得不到保障，现有消防水管不能畅通。今年布达拉宫曾遭受轻度雷击，电表烧毁，电话线被击断，并北侧房顶有四处被雷击。

　　近年来，自治区和国家文物局对布达拉宫采取了一系列保护措施。自治区在财力十分困难的情况下，1981年至1986年，用去正常维修投资310万圆，尽了最大努力；国家文物局也专门派技术人员勘测改装电线，并拨出专款60万圆。但这些只能是小修小补。长期维持这种小修小补局面，一则事倍功半，二则不能从根本上排除险情，一旦主体建筑坍塌，将造成无可挽回的损失。为此，我们建议对布达拉宫进行一次全面抢修。全面抢修布达拉宫，从根本上消除险情，据国家文物局古建筑保护专家考查组和我区古建人员估算，约需经费2500万圆，耗资巨大，我区财力实难承受，而布达拉宫的抢修问题又迫在眉睫，不容拖延。因此，特向国家申请抢修专款2500万圆，分四年拨足，以解决布达拉宫目前抢修问题。

为了更好地恢复和保护好布达拉宫，使其不仅具有文物价值，而且具有为"四化"建设服务的经济价值，我们认为，除了对其进行一次全面抢修外，还应制定一个恢复和保护的整体规划。我们的初步设想是：布达拉宫前面的古城堡和后面的龙王潭收归文物保管所管理；调整古城内的民房格局，并作全面修缮；修复古城南大门和东、西两侧大门并确保畅通；古城以南的所有建筑一概拆除，修成壮观的广场；在布达拉宫安装自动报警、灭火装置，增加安全性；对虫害加强防治、科研工作。

另外，布达拉宫清初重建时，系中央政府派遣工匠，资助费用，现在大修，势必中外瞩目。对这一重大工程，建议请中央或国家领导人为名誉领导，由自治区人民政府和国家文物主管部门以及文物、古建专家组成布达拉宫维修领导小组，统一部署全面抢修工作和恢复、保护的总体规划制定以及总体规划的实施。

妥否，请指示。

1987年9月12日

1988年3月22—24日，由时任西藏自治区文化厅副厅长甲央带队的汇报组，先后就西藏自治区对布达拉宫维修工作的有关意见向国家文物局和国家有关部门汇报。4月25日，国家文物局组织由山西、河南和河北的古建专家、技术人员共九人组成的技术勘察组进藏，他们查看图纸，翻阅资料，实地调查和了解情况，并就维修的材料场地和技术问题等与西藏有关专家和技术人员交换了意见。5月8日，由财政部、国家计划经济委员会、国务院宗教事务管理局、国家民族事务管理委员会、国家文物局及文物保护科学技术研究所有关领导和专家组成的国务院联合考察组进藏，之后在藏召集座谈会，就布达拉宫维修的有关问题通报情况，并听取西藏各界知名人士的意见。10月25日，国务院向西藏自治区人民政府发出《国务院关于维修布达拉宫的批复》，就维修布达拉宫的意义、领导机构、维修经费、施工力量、文物安全、物资供应等问题作出明确指示：

国务院关于维修布达拉宫的批复

西藏自治区人民政府：

你区1987年9月12日《关于抢修布达拉宫的紧急请示》（藏政发〔1987〕64号）收悉。根据国务院领导同志批示精神，经组织有关专家实地考察、测算和研究，现对有关问题批复如下：

一、布达拉宫是我国历史文化遗产中辉煌的瑰宝，维修好布达拉宫，对于贯彻执行党的统战、民族和宗教政策，对于保护文物、弘扬祖国文化、开发旅游业等，都有重要的意义。你区和国务院有关部门应当密切协作，把维修布达拉宫的工作抓紧、做好。全部工程争取在1993年底以前完成。

二、为了加强领导，同意成立布达拉宫维修领导小组，负责维修中重大问题的决策和领导。领导小组由李铁映同志任名誉组长，自治区人民政府领导同志任组长，国家文物局的有关领导同志任副组长，成员由财政部、国家计委、国家民委、物资部、国务院宗教局和中央统战部的领导同志组成。

三、鉴于维修布达拉宫的重要意义和你区财力较为困难的实际情况，中央财政给予专项补助3500万元，直接用于重点维修项目的支出，由财政部对国家文物局包干使用。国家文物局按工程进度分年拨交你区使用，其中1988年为500万圆，主要用于工程设计和建筑材料准备；1989年至1993年每年为600万圆。清理、准备施工现场所需费用原则上由你区自行解决，如确有困难，可与国家计委协商解决。

四、施工队伍由你区负责组织，国家文物局予以技术指导。维修材料原则上由你区解决，对一些短缺或当地难以解决的材料，可请国家有关部门协助解决。要切实保证布达拉宫维修工程质量，做好施工中文物安全保护和有关协调工作，同时对维修经费要精打细算，节约使用。

五、国家计委、国家民委、物资部、国务院宗教局等部门均应在各自职责范围内，对维修工程的重点项目给予优先照顾和积极支持。

1988年10月25日

　　实施布达拉宫维修工程，充分体现了党中央、国务院对布达拉宫维修的高度重视和巨大支持，体现了对民族文化遗产的关心和爱护。针对布达拉宫维修的前期筹备工作，1988年12月9日西藏自治区人民政府向国务院呈报《关于维修布达拉宫前期工作的意见》。1989年1月5日，确定由西藏自治区文化厅副厅长甲央、文化厅社会文化处副处长彭措朗杰等着手进行布达拉宫维修工程施工办公室的筹建以及维修的前期准备工作。2月14日，西藏自治区人民政府发文通知成立西藏布达拉宫维修工程协调领导小组，由自治区副主席吉普·平措次登任组长、自治区文化厅副厅长甲央任副组长。3月，布达拉宫地垄内覆盖的造成建筑险情的堆积数百年的垃圾被清理干净。6月30日，布达拉宫维修工程施工办公室向西藏布达拉宫维修工程协调领导小组上报《关于布达拉宫维修设计中几项原则问题的请示》。8月7—8日，布达拉宫维修领导小组名誉组长李铁映一行在西藏两次到布达拉宫考察，之后召开现场办公会议，研究布达拉宫维修中的有关重大问题，提出"精心设计、精细施工、加强领导、万无一失"和"尊重传统、尊重科学、尊重民族风格、尊重宗教需要"的维修指导思想和原则。布达拉宫维修工程根据自治区呈算所测算的仪轨程序和时间要求，于10月11日正式开工。1990年6月5日，西藏自治区人民政府向国务院呈报《布达拉宫维修工程总体设计方案》等文件。7月17日，李铁映在北京中南海主持召开布达拉宫维修领导小组会议，听取工程进展情况汇报，并审批《布达拉宫维修工程总体设计方案》。之后，中共中央总书记江泽民视察布达拉宫，并挥毫题词："维护民族团结，弘扬民族文化。"1991年5月24日，李铁映等中央代表团的有关领导，在布达拉宫听取工程进展情况汇报，盛赞布达拉宫维修工程"堪称表率"。李铁映欣然命笔题词："精心设计，精细施工，尊重传统，尊重民族风格，尊重宗教需要。"1994年8月9日，布达拉宫第一期维修工程在拉萨宣布竣工。

布达拉宫第一期维修工程从1989年动工到1994年竣工庆典，前后经历五年零八个月。工程维修工程项目达111项，工程费用共计5300万元，中央政府还特批了15公斤黄金和54公斤白银，主要对红宫、白宫等殿堂内进行了抢险加固维修，解决了殿堂内结构存在的险情。其中，地垄修缮面积达2291平方米，红宫、白宫修缮面积达10431平方米，附属建筑修缮面积达19779平方米，揭取归安壁画165平方米，修复加固壁画50平方米等，维修中共搬迁文物达36790余件。不管从工程规模、技术角度和经费数量来说，布达拉宫这次的维修都算得上是自新中国成立以来首屈一指的古建维修工程。在全国物资相对匮乏的年代，国家毅然拨付5000多万元用于布达拉宫的维修，并且维修全程没有损坏一件文物，没有丢失一件文物，也没有出现任何不安全的事故，各期工程都顺利通过国家文物局的检查验收。

布达拉宫第二期维修工程2002年6月26日正式破土动工，于2009年8月23日竣工，历史长达7年之久，项目共8大项目64个子项目，国家共计投资198126388.23元。这次的维修主要解决了布达拉宫的基础加固和屋面维修问题，使布达拉宫建筑群在结构上更加稳固。除此以外，第二期维修工程还做了1722平方米的壁画保护修复、5万余平方米的雪城保护维修，搬迁了303户居民和6万余平方米的环境整治，安排了布达拉宫建筑群的消防、安防、给排水、电器照明等工程的建设。

三、现阶段布达拉宫的保护和管理

西藏旅游业的迅猛发展，不仅给布达拉宫的文化发展提供了机遇，也对布达拉宫的保护、利用和管理工作带来了新的挑战。1997年11月，西藏自治区人民政府颁布了《西藏自治区布达拉宫保护管理办法》，2007年7月西藏自治区文物局、建设厅划定公布了布达拉宫的保护范围和建设控制地带。2009年1月，自治区人民政府修订颁布了《西藏自治区布达拉宫保护办法》。2015年7月30日西藏自治区第十届人民代表大会常务委员会第十九次会议通过并颁布了《西藏自治区布达拉宫文化遗产保护管理条例》，将布达拉宫文化遗产保护纳入法治化轨道，为新世纪新形势下加强布达拉宫的保护和管理工作提供了法律依据和支撑。面对不断变化的新形势，布达拉宫秉持"抢救第一、保护为主、加强管理、合理利用"的文物工作总方针，"以不变应万变"，推动布达拉宫的文化遗产和文物保护利用工作的持续发展。

　　按照现行管理体制，布达拉宫历史建筑群由布达拉宫管理处负责保护和管理。布达拉宫管理处是政府行使保护管理布达拉宫工作的专设机构，是隶属西藏自治区文化厅下属自治区文物局直属县级差额事业单位。1961年布达拉宫列入第一批全国重点文物保护单位后，设立布达拉宫文保所，隶属自治区文物管理委员会。1988年，布达拉宫管理处成立，成为正县级建制的保护管理布达拉宫的专设机构，内设办公室、宣传接待科、安全保卫科、文物保管研究室四个科室。1996年8月，布达拉宫管理处设立办公室、文物管理科、文物研究室、宣传接待科、安全保卫科、文物总店六个科室。2003年12月11日，因维修工作需要，在布达拉宫设立维修科。2002年至2007年，国家投资近3000万元人民币，完成303户原雪城居委会居民的搬迁工作，对22处古建筑进行了保护维修，对雪城内道路、环境进行综合整治，研究制订了《布达拉宫雪城保护利用规划（大纲）》。2007年5月17日，全面完成布达拉宫雪城的复原展示准备工作后，设立了雪城管理科。2011年1月18日，进一步明确布达拉宫管理处规格为正县级，主要负责布达拉宫文物保护管理、建筑维修保养、文物研究和旅游景点管理及旅游接待服务、安排旅游、导游服务工作；拟订布达拉宫文物发展规划；执行国家和自治区对文物保护和消防安全工作的法律、法规、政策。承办自治区文化厅、自治区文物局交办的其他工作，管理处经费来源为差额拨款。2013年4月21日，增设殿堂管理科，细化殿堂管理和灯香师工作。2015年6月，成立布达拉宫文化创意产业（有限）公司。2017年5月9日，为加强布达拉宫的日常监测管理，增设遗产监测中心。在党的坚强领导下，布达拉宫管理处具体负责布达拉宫文物保护管理、建筑维修保养、文物研究和旅游景点管理及旅游接待服务、安排旅游、导游服务工作，推动布达拉宫从传统的被动保护与维修转变为主动预警管理模式，从过去的粗放看家型保护管理逐步迈上了保护优先下的精细化科学化保护管理道路。

　　日常维护保养工作作为勘查并发现建筑险情、实施小型维护工程的日常性业务工作，对建筑起到了"体检"及时有效，"小病"及时治疗，避免了许多大的险情和维修的出现。这些年来，布达拉宫管理处狠抓日常维护保养工作，完成了布达拉宫所有地垄编号登记工作，实施了外墙虫蛀木构件及边玛草的更换维修及红宫休息室屋面翻修，墙体、廊道等脱落彩绘的补修、雪城环境整治、室外参观通道石板铺设等文物建筑保护性项目，开展了以白宫屋面阿嘎土维修为主的室内外阿嘎土修补工作。2018年，实施了7座金顶维修及西门环境整治。还针对木构件虫蛀问题，主动联系西藏大学理学院，就木构件防虫问题进行专题研究，取得了阶段性研究成果，初步明确了木构件防虫技术措施。开展室内外"阿嘎土"存在的龟裂、开裂等自然破损的修补、打蜡抛光。同时，根据日常保养维护工程之需，每年投资上千万元筹备了阿嘎土、边玛草、白灰、大方等施工材料。

　　布达拉宫是一座巨大的博物馆，甚至可以说珍藏着西藏的历史。然而究竟有多少文物，过去连个概数都没有，更谈不上明晰的帐目和档案。新中国成立后，特别是管理处成立以来，在做好两次维修工程的同时，启动清库整理摸清文物家底工作。开展文物的登记造册工作，对馆藏文物的名称、质地、尺寸、重量、属性、残损情况等——进行登记、拍摄、编号，建立了档案，制作专门的文物柜、架、箱等，不仅解决了长期以来各种质地的文物混装现象，而且大大改善了文物库房的保存条件和安全系数，同时做到了提取方便、科学管理。近些年，布达拉宫重视科技保护工作，开展了壁画数字化、建筑结构监测、建筑精准测绘、雷电监测预警、可移动文物预防性保护、网络票务系统、木构建蛀虫防腐研究、安防智能化提升等项目，为借助科技力量推进布达拉宫文化遗产保护管理和展示利用工作奠定了扎实基础。2012年3月启动布达拉宫雷电灾害防御基础研究项目，完成《布达拉宫雷暴和雷电活动特征分析报告》《布达拉宫古建筑群以及电器电子系统雷电防护现状分析报告》和《布达拉宫雷电灾害风险评估及防御策略报告》，建立了布达拉宫雷电预警业务平台，提供布达拉宫雷电预警专项产品，为推进建立西藏古建筑防雷设计地方标准提供了基础。2012年11月至2015年6月，实施布达拉宫整体壁画的数字采集和拍摄项目，共计采集200余幅（墙面）壁画，面积达2745.23平米，形成壁画数据约3000G，项目投资300多万元。2016年7月—2017年12月，采用三维激光扫描技术，根据布达拉宫建筑分布特点及各部分精细程度，使用不同精度等级三维激光扫描仪对布达拉宫建筑进行内外精细化三维扫描，获取布达拉宫建筑内外三维信息，为布达拉宫的监测和文物保护研究、开发利用、建模等方面提供准确的数字信息，特别是为布达拉宫建筑保护领域提供准确可靠、高效的数字依据。2019年初，国家提出拟投入3亿元专项资金，开展为期10年的布达拉宫古籍文献保护利用工程，旨在在布达拉宫古籍文献保护、修复、研究、展示及管理等诸多方面进行探索，力争结合现代科技与古文献保护方法，探索出一整套符合布达拉宫实际的古籍文献保护利用模式。

第三节 布达拉宫的旅游管理

布达拉宫始建于公元7世纪，因其独特的建筑、数量众多的宫藏文物和厚重的历史文化内涵，被誉为"世界屋脊的明珠"。西藏和平解放后，特别是改革开放以来，随着西藏文化热潮的持续升温，旅游业迅猛发展，进藏游客逐年增多，很多游客将布达拉宫作为西藏旅游的第一站和必游景点，甚至有游客进藏旅游只为参观布达拉宫，布达拉宫的旅游管理工作显得越发重要。作为重要的文化遗产地，布达拉宫承载着传承与发展中华民族优秀传统文化的重任，在新时代成为不断满足人民对美好生活的向往的旅游目的地，成为人们了解西藏社会、文化、民俗的必去之地，因此布达拉宫在西藏旅游旺季首先承担着因游客骤增而造成的各项压力。

作为西藏的象征，布达拉宫是所有朝圣者心中的圣地！来布达拉宫，不仅可以观赏宫内收藏的大量历史文物，欣赏藏民族精彩的建筑艺术，更可以在那种圣洁的氛围中进行一次灵魂的洗礼。新中国成立以来，党和国家对布达拉宫的保护和管理十分重视，特别是1959年以来党和国家十分重视布达拉宫的维修和保护，布达拉宫以其新的魅力吸引着千千万万的国内外来客。西藏和平解放到民主改革期间，由于封建农奴制度还没有彻底抛弃，受封建农奴思想的影响，西藏各项事业发展仍然缓慢。西藏自治区成立后，随着西藏经济社会发展步入正轨，西藏旅游事业也在筹备当中。改革开放以来，西藏旅游业迅速发展，取得了举世瞩目的成就，成为西藏发展最快的行业。

十一届三中全会之后，改革开放促进旅游业活跃起来，西藏旅游经历了从政治接待旅游向经济事业型旅游的转变。1980年1月16日，布达拉宫正式向游客开放，揭开了布达拉宫发展史上新的篇章，从此布达拉宫真正走进了平民的生活。1984年3月召开的中央第二次西藏工作座谈会指出，"对外开放的另一重要内容，是逐步发展旅游业。西藏是个'神秘'的地方，国内外有许多人想到西藏参观访问、朝圣拜佛、登山探险和进行科学考察。"①在经历"一个转折点、两个里程碑"的飞跃发展，西藏旅游业快速发展，2000年西藏将旅游业作为五大特色支柱产业之首加以发展后，明确旅游业的定位是国民经济的强劲增长点，是带动社会经济发展的先导产业。2001年8月，布达拉宫管理处调整群众朝佛时间和取消午休时间②，用延长开放参观时间的办法，缓解客流量过多、参观游览时间过于集中的矛盾，降低建筑负荷。然而这一举措并未达到预期的目的，仍然存在参观时间集中在上午9点至12：30的现象，而12：30过后参观游客又明显减少，这就造成单位时间内客流量过多，直接影响建筑安全。从此，旅游旺季客流量过多、游客参观时间过于集中，成为布达拉宫保护管理工作中的又一难题。从2003年开始，国家开始实施导游援藏。2003年5月1日，布达拉宫管理处将群众朝佛时间推延到每天的13点，取消全体工作人员的午休时间以延长开放时间，尝试采取控制单位时

---

①中共中央文献研究室、中共西藏自治区委员会编：西藏工作文献选编（1949—2005年）[M].北京：中央文献出版社，2005：364.
②将过去群众朝佛时间安排为每周一、三、五上午改为每天上午为群众朝佛时间；将参观时间由过去的上午9点至12：30和下午3：30至5点改为上午9点至下午3：30。

间客流量来分散客流的措施。受当年"非典"影响,客流量自然减少,参观需求与荷载量之间的矛盾得以缓解。当年7月1日,随着西藏旅游业的恢复,布达拉宫管理处将每天的客流量限定在1000人次以内,并在票面标注参观时间,正式试行分时限量参观制。

  2006年7月1日青藏铁路正式通车后,进藏旅游迅速升温,给西藏旅游业的发展带来了良好的机遇,西藏旅游步入了"井喷式"的发展时期,作为西藏支柱产业的旅游业得到了全面的发展。面对游客激增,布达拉宫采取延长上班时间、分散上宫路线、加快客流速度等措施,缓解了客流量与建筑承载力之间的突出矛盾。据不完全统计,2007年前11个月布达拉宫接待游客总人数达到101.3万人次,比上年同期增长56%。2007年6月1日,布达拉宫雪城正式向海内外游客和社会各界人士开放,从此布达拉宫山上和山下景点完整对外开放,游客可以根据时间选时段参观布达拉宫的山上和山下部分的景点。2008年4月,北京交通大学土建学院西藏布达拉宫重点部位建筑结构监测与参观客流控制值研究项目组正式拿出了旅游旺季布达拉宫参观客流控制值建议方案,将日接待客流量定为5000人次以内。2009年6月布达拉宫二期维修工程竣工,消除了布达拉宫的建筑安全隐患。自治区人民政府根据旅游旺季客流情况,听取布达拉宫客流控制研究组建议,批准布达拉宫的旅游旺季日客流限额为5000人次。为缓解布达拉宫主体建筑的负荷量,2009年8月11日雪城珍宝馆开馆迎客,游客开始分时段参观山上和山下的建筑。2010年中央第五次西藏工作座谈会中,明确指出要使西藏成为重要的世界旅游目的地,做大做强做精特色旅游业。2014年5月,布达拉宫开通官方网站,启用网上门票预定系统,大大降低门票预售工作的繁琐程度,优化配置布达拉宫的旅游资源,提升游客参观质量,实现了门票预订、验票、售票、统计等工作的电子化。2015年7月,布达拉宫以40万元收回白塔北侧红山西南角山洞茶馆,确保文化遗产的完整性,并将其开辟为布达拉宫文创产品体验区。

  自2017年9月1日起,布达拉宫积极落实"全区文物景点向区内干部群众实行免票参观"政策和区党委"冬游西藏"免票参观政策,尽最大努力使文化遗产惠及广大群众。在此期间，布达拉宫景区游客接待量成倍增长，游客每日接待量突破5000人，布达拉宫引领西藏冬季旅游市场的爆点，为西藏自治区冬游历史上最高的同步增长。为了维持良好的游览秩序，并避免布达拉宫木质建筑压力过大，当客流量超过5000人时，会启动应急预案，开放2018年8月新开辟的2号参观线路，增加2000人的接待量；当客流量达到7000人上限时，将不再开放。2020年3月，布达拉宫首次通过网络直播的形式，开展了一场与全国网友互动交流的"云游世界屋脊的明珠"参观游览活动。布达拉宫网络游览活动通过淘宝直播"云春游"如约走进网友的视野，拉开了"云游览"的帷幕。

近年来，布达拉宫被列为"拉萨市爱国主义教育基地""全区青少年学生新旧西藏对比教育示范基地"、自治区党校、行政学院"现场教学基地"和"全区法治示范景区"，布达拉宫在全区的旅游接待中发挥了越来越重要的作用。在旅游讲解方面，布达拉宫管理处组织专人修改完善布达拉宫讲解词，深入挖掘布达拉宫文物蕴含的历史、文化、艺术价值，结合松赞干布为文成公主修建布达拉宫、清朝中央政府所赐牌匾、乾隆皇帝长生禄位、五世达赖喇嘛进京觐见清顺治皇帝的壁画、陈毅副总理接见十四世达赖，以及历届党和国家领导到布达拉宫视察指导工作等重大历史事件，深刻布达拉宫文物见证历史、传承文化的社会教化作用。围绕布达拉宫的建造过程，深刻展示体会藏汉民族在交往交流交融的过程中形成的血浓于水的兄弟情义。结合新中国成立后国家两次投入巨资修缮布达拉宫、设立专门保护管理机构、配备专职人员、每年拨出经费进行日常维护保养等的情况，集中展示新时期布达拉宫的文物保护成果，坚定不移地贯彻落实党和政府对西藏优秀传统文化的弘扬、保护和传承工作。

第七章 布达拉宫文化遗产走向世界

布达拉宫集西藏宗教、政治、历史和艺术诸方面于一身，是中国首批国家重点文物保护单位之一，也是世界十大土木建筑之一。布达拉宫以琳琅满目的精美艺术和宫藏浩瀚珍贵历史文物而闻名，清朝皇帝御赐的长生牌、匾额，明清中央政府封赐西藏官员的封诰、印鉴、礼品，形象生动、工笔细致的壁画，以及文献典籍、贝叶经、佛像、唐卡、法器等等，布达拉宫堪称为一座巨大的博物馆和艺术的殿堂，是西藏各族人民的伟大创造，成为藏汉文化交流和民族团结友谊的历史见证。

西藏和平解放以来，布达拉宫在党和政府的重视下得到保护和维修，这座文化遗产的宝库以其娇丽的容颜日益走向世界。民主改革后，国家加大了对西藏民族文化遗产的保护力度。1961年，布达拉宫被列为第一批全国重点文物保护单位。1985年，我国加入《保护世界文化和自然遗产公约》，先后两次大规模对布达拉宫进行保护和维修，使布达拉宫"旧貌换新颜"，文物殿堂恢复如故，重新焕发出无与伦比的魅力。20世纪末，布达拉宫如凤凰涅槃般，以崭新的身姿重新屹立于世界屋脊。1994年5月，联合国教科文组织世界遗产委员会的专家对刚维修竣工的布达拉宫进行了实地考察，认为布达拉宫的维修工程是"国际水准的"，是"古建筑保护史上的奇迹"，"对藏文化乃至世界文化保护做出了巨大贡献"[1]。1994年12月，根据世界文化遗产

---

[1] 中华人民共和国国务院新闻办公室.《西藏文化的发展》白皮书[Z].北京,2000年6月21日.

遴选标准C(I)(IV)(VI)，依照布达拉宫的历史、科学、文化、艺术价值、保存现状和管理状况，联合国教科文组织将布达拉宫列入世界文化遗产名录，成为世界人民的共同遗产。后来，拉萨的大昭寺也加入其中。2001年12月，拉萨的罗布林卡也被补充加入此项世界文化遗产。

改革开放以来，越来越多的外国人来到中国西藏，他们对中国有着浓厚的兴趣，来到布达拉宫参观旅游。2019年，布达拉宫全年共接待153万人次国内外游客，其中的境外游客主要来自美国、德国、马来西亚、新加坡、澳大利亚、法国、英国、日本、荷兰、尼泊尔等国家，遍及世界各大洲。为扩大文物交流与合作，弘扬中华民族辉煌灿烂的悠久历史文化，让世人了解西藏，了解布达拉宫独具民族特色的传统文化，布达拉宫接连在祖国各地以及日本、美国等地举办展览，每次展览都受到所在地政府、友好团体和各界人士的普遍重视和热烈欢迎。比如，2016年在上海举办《雪域撷珍》展，2017年在大连、杭州、深圳举办《祥云托起珠穆朗玛——藏传佛教艺术》巡回展，2018年举办《祥云：托起珠穆朗玛——来自雪域高原的艺术瑰宝》展，2019年在敦煌举办《丝绸之路上的文化交流——吐蕃时期艺术珍品》展，以及2019年与故宫博物院联合举办的《龙袍与袈裟：紫禁城与布达拉宫的政治与信仰》等展览，不断加强布达拉宫馆藏文物的对外交流与合作。2017年，布达拉宫管理处在美国拉斯维加斯国际品牌授权博览会和上海国际建博会参展的科技保护成果"万尺布宫，毫厘探微"和高清全景导览，得到了国内外参会领导、专家、学者的高度评价，为扩大西藏传统文化在世界上的影响起到了积极推动作用，标志着布达拉宫文物保护事业进入一个新的时代。

2020年3月9日，世界文化遗产布达拉宫首次开展了网上"云展览"，这次展览精选了瓷玉器、龙袍、贝叶经、佛像、唐卡等一批国宝级文物，如公元五世纪的弥勒佛像、公元七世纪的贝叶经、明永乐朱砂版《大藏经》等，年代从北魏和平三年（462年）到18世纪不等，从"宫藏相关文物现况""文物历史背景""文物背后的故事""近距离看国宝""文化小知识"等角度进行了全方位在线专业讲解。

周恩来《在文艺工作座谈会和故事片创作会议上的讲话》:"历史的发展总是今胜于古,但是古代总有一些好的东西值得继承。所以 毛主席 要我们继承优秀的文化遗产,批判地吸收其中的一切有益的东西。"

我国遵循世界遗产保护发展的理念精神与工作框架,坚持在保护中发展、在发展中保护的理念,布达拉宫在遗产保护制度建设、遗产传承发展与创新利用、文化空间与文化生态整体性保护等方面探索出多样化路径,走出了一条符合中国特色西藏特点的遗产保护道路,在守住历史根脉的同时,推动布达拉宫世界文化遗产在国际文化交流中日益走向世界。

附录1:

布达拉宫大事记

631年
松赞干布开始在红山上建造宫室。

约635年
松赞干布令尺尊公主扩建红山宫堡（布达拉宫），并主持奠基仪式。

641年
文成公主下嫁西藏，松赞干布兑现"乃为公主筑一城以夸后世"的允诺，为文成公主修建完成了布达拉宫。

642年
文成公主被迎请进布达拉宫扎西赞果殿。

1503年
却吉扎巴益西贝桑波为布达拉宫的新佛堂开光。

1645年
3月25日，五世达赖喇嘛命第巴·索朗热登在被毁宫堡的遗址上重建布达拉宫。
3月26日，第司·索朗热登正式主持修建布达拉宫相关事宜。
这一年，五世达赖喇嘛扩建布达拉宫时修建了西日光殿。

1608年

神观音像因战乱曾流落至青海数年。

1642——1643年间,青海蒙古女宫塔赖衮吉用重金赎回圣观音像,献给五世达赖喇嘛。1645年举行盛大仪式,将圣观音像迎回拉萨,安放于布达拉宫。

1647年

7月,布达拉宫白宫主体工程基本完工。

1648年

4月,布达拉宫白宫外围工程竣工。

5月初,东大殿、大藏经殿、密乘乐园大殿的壁画开始绘制。

1652年

五世达赖喇嘛赴北京觐见清朝顺治皇帝,被授予五世达赖喇嘛金册,并赐金质"西天大善自在佛所领天下释教普通瓦赤喇怛喇达赖喇嘛"之印,此次册封确认了达赖喇嘛的名号,确立了五世达赖喇嘛在西藏的政教地位,五世达赖喇嘛朝觐顺治皇帝的壁画绘制在布达拉宫红宫西大殿的墙壁上,是研究西藏与中央关系的重要史料。1653年,五世达赖喇嘛返回拉萨时,布达拉宫重建工程全部竣工,甘丹颇章地方政权机构便从哲蚌寺甘丹颇章宫迁至布达拉宫。

1662年

1月,约翰·格鲁伯在拉萨期间,绘制了布达拉宫白宫尚未完工时的外景图素描。

1675年

第司洛桑金巴创立雪巴列空。

1682年

五世达赖喇嘛阿旺·洛桑嘉措在布达拉宫圆寂。

1690年

摄政第司·桑杰嘉措主持修建五世达赖喇嘛灵塔及灵塔殿,并据此大规模扩建红宫。

1693年

4月20日,红宫扩建工程举行隆重的落成典礼,并立无字碑纪念。

1694年

为供养五世达赖喇嘛阿旺·洛桑嘉措灵塔,举行了隆重的小昭法会。

1717年

准噶尔军队攻入拉萨,"拉藏汗命令将布达拉宫所有的门全部封闭进行防御,准军无法攻入"。

1721年

清康熙皇帝派专使赐给七世达赖喇嘛一块以藏、汉、满、蒙四种文字书写的"当今皇帝万岁,万万岁"金字长生禄位。

1724年

立御制平定西藏碑于布达拉宫前。

雍正皇帝赐予七世达赖喇嘛"大悲超宗"金字匾额;

之后，清同治皇帝御笔亲书由慈禧太后赐予十三世达赖喇嘛"振锡绥疆"金字匾额和"福田妙果"金字匾额。

1748年
乾隆皇帝派两名官员、一名画师、一名测绘师前往西藏测绘和临摹布达拉宫。1767年，仿布达拉宫"都纲法式"修建承德普陀宗乘之庙。

1749年
七世达赖喇嘛主持建造了三座铜镀金立体密宗坛城供奉于轮朗康。

1752年
乾隆皇帝听说布达拉宫修建坛城，便为坛城建造了八座金质牌坊，并用汉文"大清乾隆年制"字样，送至拉萨，分别安装在布达拉宫两座坛城的四道门上。

1752年
七世达赖喇嘛设立布达拉宫僧官学校。

1754年
七世达赖喇嘛格桑嘉措在布达拉宫东庭院东侧创建僧官学校。

1757年
七世达赖喇嘛格桑嘉措圆寂。摄政第穆诺门汗·德来嘉措主管修建了七世达赖喇嘛格桑嘉措的灵塔及灵塔殿；

第穆诺门汗·德来嘉措活佛创建布达拉宫雪嘎；

1760年

乾隆皇帝赐予八世达赖喇嘛的"涌莲初地"金字匾额，置于布达拉宫红宫西大殿内。

1762年

八世达赖喇嘛·江白嘉措举行坐床典礼时，清乾隆帝派专使喀尔喀·才旦嘉、阿嘉呼图克图活佛携带乾隆皇帝着僧装的唐卡画像和朱砂字满文《丹珠尔》大藏经全套入藏，赐给八世达赖喇嘛。八世达赖喇嘛于1798年命噶伦夏扎·顿珠多吉主持制作佛龛，升高房顶新制雕龙佛龛以供长生禄位和皇帝画像，置于布达拉宫红宫三界殿内供奉。八世达赖喇嘛(约1798年)以后，历代达赖喇嘛、驻藏大臣、西藏地方政府高级官员在每年皇帝寿辰时到此殿行大礼，以及达赖喇嘛传世"灵童"的金瓶掣签，达赖喇嘛与新任驻藏大臣的会面、达赖喇嘛与班禅大师互为师徒时讲授经文等活动均三界殿举行。

1791年

八世达赖喇嘛江白嘉措在龙王潭湖心岛上修建三层楼阁，楼上建有六角铜质鎏金顶，顶层设达赖喇嘛寝宫。

1792年

御制十全碑被立于布达拉宫前。

1793年

八世达赖喇嘛江白嘉措和七世班禅丹巴尼玛一道在龙王潭举行祭龙求降的佛事活动，并坐船游潭和骑象观赏。

从此，为求雨免灾，西藏地方政府每年都要在龙王潭内举行佛事活动。

1793年

宝藏局正式成立

1801年

八世达赖喇嘛塑造了一尊铜鎏金弥勒佛供奉于红宫。

1804年

八世达赖喇嘛降白嘉措圆寂。

1805年

摄政大札丹贝贡布主持修建八世达赖喇嘛灵塔及灵塔殿。

1815年

九世达赖喇嘛隆多嘉措圆寂。夏扎·顿珠多吉、第珠玉卡瓦·强白德来等主持修建九世达赖喇嘛隆多嘉措灵塔及灵塔殿。

1826年

布达拉宫红宫中央七层大窗内个别地方出现变形等情况。摄政策姆林主持维修了白宫西日光殿的噶丹扬孜宫、平措堆吉宫，并对红宫秘书处内的下沉部位作了支顶木柱的处理，新修白宫的旺堆吉宫。

1837年

十世达赖喇嘛楚臣嘉措圆寂。经师阿旺群配和噶伦·顿巴主持修建了十世达赖喇嘛灵塔。此塔先安放于红宫的上师殿内，后因重量超载，下面枋、椽出现断裂现象，于十三世达赖喇嘛八岁那年，由摄政公德林主持迁移至五世达赖喇嘛灵塔殿内。

1855年

十一世达赖喇嘛克珠嘉措圆寂。摄政热振呼图克图·阿旺益西楚臣主持，噶伦·夏扎·旺秋杰布负责修建了灵塔，并放置在世袭殿内。

1875年

十二世达赖喇嘛成烈嘉措圆寂。摄政遮扎·晋仲·阿旺贝丹、噶伦·夺卡瓦和大喇嘛洛桑萨丹主持修建了十二世达赖喇嘛灵塔，安放在五世达赖喇嘛灵塔殿内。

1882年

红宫殊胜三界殿一带开始维修，长生禄位和唐卡画像临时从殊胜三界殿迁至弥勒佛殿，当年藏历十月二十五日维修竣工。

1903年

十三世达赖喇嘛塑造千手千眼观音像，供奉于红宫三界殿内。

1904年

9月7日，在没有清中央政府签字的情况下，在荣赫鹏为首的英帝国主义的刺刀下，西藏地方政府与英国在布达拉宫司西平措大殿签订了臭名昭著的《拉萨条约》。

1919年

维修红宫后门印经楼，同时还对经书存放的狭窄地方进行了扩建。

1922年

十三世达赖喇嘛在布达拉宫顶层上建造东日光殿，作为处理政教事务和日常起居的场所。

1923年

僧官学校失火，造成多处损失。噶厦政府对孜加·里森等主管人员进行惩处，并立即组织修复了僧官学校上下周围。

当年藏历五月，布达拉宫又进行了一次较大规模的维修。此项工程将白宫东头的上中下各层楼房全部拆除，修复了金顶、斗栱、幢、牦纛、屋脊宝瓶、白玛草墙上的装饰物和飞檐等。其间还修补了九世达赖喇嘛灵塔殿前的回廊、圣观音殿一带、东有寂圆满大殿和西有寂圆满大殿内已剥落的墙体，更换和重新彩绘了各处腐朽的木构件，扩建了红宫后门印经楼。

1924年

十三世达赖喇嘛维修白宫东区寝宫时，特命画师次仁嘉吾等人按照五世达赖喇嘛期的壁画内容，重新绘制了门庭壁画，并用金汁加盖了十三世达赖喇嘛的掌印；

在布达拉宫前侧的雪奇惹处，修建了"雪域利乐宝库印经院"。

1929年

十三世达赖喇嘛发令维修红宫时轮殿。

1933年

十三世达赖喇嘛阿旺土登嘉措圆寂，摄政热振·土登降白益西丹增嘉参和噶伦·森门主持修建"妙善如意"灵塔及灵塔殿。

1934年

十三世达赖喇嘛灵塔殿修建完工，白宫和红宫的主要殿堂全部完工，布达拉宫达到了今天的规模。

1956年

5月6日，陈毅副总理率中央代表团参加西藏自治区筹备委员会成立大会时，亲临布达拉宫，会见了十四世达赖。

1961年

布达拉宫列入第一批全国重点文物保护单位。

1980年

1月16日，布达拉宫正式向游客开放。

1984年

6月17日，布达拉宫弥勒佛殿因电线短路引起火灾。经干部、群众奋力扑救，火灾及时被扑灭。

6月21日—7月5日，国家文物局保卫处处长陈百川、文物处副处长郭布尔、公安部消防局黄成中进藏，考察火灾的有关情况，帮助布达拉宫健全管理措施。

1985年

4月29日—5月28日，国家文物局文物保护科学技术研究所工程师张阿祥、助理工程师贾克俭进藏，与拉萨市城关区古建队有关领导和专家一起，考察布达拉宫建筑险情，提出维修设想，并估算了经费。

10月20日，全国政协委员、国家文物局高级工程师罗哲文等一行六人抵达拉萨，对布达拉宫建筑残损状况进行检查。1985年10月26日罗哲文一行在罗布林卡（西藏自治区文物管理委员会所在地）与西藏自治区人大常委会副主任雪康·土登尼玛、伦珠陶凯和自治区有关部门的负责人以及拉萨市城关区古建队的领导、专家，就布达拉宫考察情况进行座谈。

11月2日，罗哲文一行考察布达拉宫的附属建筑和红山下的建筑基础。

当晚，西藏自治区文物管理委员会主任甲央与考察组探讨维修布达拉宫的意见和设想。

11月3日，中共西藏自治区党委常委、自治区文化局局长丹增看望罗哲文一行，并听取考察组汇报。罗哲文在汇报中谈到以下意见：（一）根据布达拉宫的残损情况，应制订一个十年维修计划。（二）成立布达拉宫维修领导小组，由西藏自治区人民政府一名领导出任组长，西藏自治区有关部门负责人参加领导小组的工作。（三）国家文物局有关专家担任维修的技术顾问。（四）维修工程中应搞好有关的资料工作。（五）建议设立西藏文物古建研究机构。（六）一些单位占用的布达拉宫附属建筑应归还布达拉宫，确保统一维修和管理。

1986年

7月21日，西藏自治区副主席图道多吉和自治区财政厅、计划经济委员会、城乡建设委员会等部门领导在布达拉宫听取汇报。自治区文化局和文物管理委员会的领导汇报了国家文物局多次派人对布达拉宫考察的情况以及维修设想、项目安排、经费概算等意见。图道多吉指出：应提出一个正式的布达拉宫维修报告呈请自治区人民政府研究，并上报国务院；为了全面考察布达拉宫建筑险情，为将来的维修作准备，对布达拉宫地垄内的垃圾应采用妥善方法予以清除；布达拉宫正常经费的不足部分，应由自治区财政部门解决；认真编制布达拉宫维修工程的经费预算报告。

1987年

3月30日，西藏文化厅向自治区人民政府呈报《关于抢修布达拉宫的紧急报告》。

6月26日，西藏文化厅向自治区人民政府呈报《布达拉宫维修工程的经费预算报告》。预算经费的数额为贰仟肆佰壹拾叁万壹仟玖佰壹拾圆零捌角柒分。

7月22日，西藏自治区人民政府常务会议研究《关于抢修布达拉宫的紧急报告》。

7月25日，西藏自治区政治协商会议召开常委会，讨论布达拉宫维修问题。全国政协副主席帕巴拉·格列朗杰、西藏自治区政协副主席拉鲁·次旺多吉等领导和民族知名人士出席会议。

9月12日，西藏自治区人民政府向国务院呈报《关于抢修布达拉宫的紧急请示》。

1988年

3月22—24日，由西藏自治区文化厅副厅长甲央带队的汇报组，先后就西藏自治区对布达拉宫维修工作的有关意见向国家文物局和国家有关部门汇报。

4月19日，甲央等就北京汇报的情况向自治区人民政府及有关部门领导汇报。

4月25日，国家文物局组织的由山西、河南和河北的古建专家、技术人员共九人组的技术勘察组进藏。他们查看图纸，翻阅资料，实地调查和了解情况，并就维修的材料场地和技术问题等与自治区有关部门和拉萨市城关区古建公司的领导、技术人员交换了意见。

5月8日，根据国务院的指示，由财政部、国家计划经济委员会、国务院宗教事务管理局、国家民族事务管理委员会、国家文物局及文物保护科学技术研究所有关领导和专家组成的国务院联合考察组进藏。

5月11日，国家文物局技术勘察组就勘察情况向国务院联合考察组汇报。

5月15日，国务院联合考察组召集座谈会，就布达拉宫维修的有关问题通报情况，并听取西藏各界知名人士的意见。

5月20日，国务院联合考察组和国家文物局技术勘察组再次与西藏自治区领导交换意见。联合考察组和技术勘察组在藏期间多次与各界人士座谈研究，听取了二十五个部门和单位的五十多名代表的意见，并就考察和勘察情况向西藏自治区人民政府和国务院分别提交了书面报告。中央和西藏新闻单位对考察和勘察情况作了大量报道。

5月22日，国务院联合考察组和国家文物局技术勘察组离藏返京。

10月25日，国务院向西藏自治区人民政府发出《国务院关于维修布达拉宫的批复》。《批复》就维修布达拉宫的意义、领导机构、维修经费、施工力量、文物安全、物资供应等问题作出明确指示。西藏自治区人民政府召开常务会议。常务会议认为，《国务院关于维修布达拉宫的批复》充分体现了党中央、国务院对布达拉宫维修的高度重视和巨大支持，体现了对民族文化遗产的关心和爱护。常务会议根据《批复》精神，研究部署了布达拉宫维修的前期筹备工作。

11月8日，布达拉宫管理处成立，成为正县级建制的保护管理布达拉宫的专设机构，内设办公室、宣传接待科、安全保卫科、文物保管研究四个科室。

12月9日，西藏自治区人民政府向国务院呈报《关于维修布达拉宫前期工作的意见》。

1989年

1月5日，西藏自治区文化厅根据人民政府11月29日常务会议的部署精神，确定由副厅长甲央、文化厅社会文化处副处长彭措朗杰等着手进行布达拉宫维修工程施工办公室的筹建以及维修的前期准备工作。

2月14日，西藏自治区人民政府发文通知成立西藏布达拉宫维修工程协调领导小组，由自治区副主席吉普·平措次登任组长、自治区文化厅副厅长甲央任副组长。同日，自治区人民政府将该协调领导小组组成人员名单函告国务院。为方便维修领导小组各成员的工作，建议设立联络员，同时提出了联络员名单。

2月16—20日，布达拉宫维修工程施工办公室主任甲央、副主任彭措朗杰等赴西藏日喀则市考察五至九世班禅大师灵塔建筑形制及扎什伦布寺强巴佛殿修缮工程。

3月，布达拉宫地垄内覆盖着建筑险情的堆积数百年的垃圾被清理干净。

3月31日，西藏自治区文化厅决定，再次从各单位抽调人员参加布达拉宫维修施工办公室的工作。至此，共抽调副厅级干部一名、副处级干部五名、科级以下干部十余名。

4月24日，布达拉宫维修工程施工办公室从自治区文化厅迁至雪巴列空（布达拉宫南侧"雪"老城内的附属建筑）办公。

4月25—29日，布达拉宫维修工程施工办公室的领导和拉萨市城关区古艺建筑公司的领导、技术骨干一起，全面勘察布达拉宫的险情。

5月3日，布达拉宫维修工程施工办公室向自治区计划经济委员会上报第一次材料计划。

5月9日，国家文物局组成的技术勘测组进藏。

5月11日，布达拉宫维修工程协调领导小组发文，宣布维修工程施工办公室组成人员名单。此文确定甲央任维修工程施工办公室主任，姜怀英、彭措朗杰为副主任，同时明确了其他组成人员。

6月21日，布达拉宫维修工程施工办公室办公会议研究通过《布达拉宫维修工程资料工作纲要》。

6月27日—7月2日，布达拉宫维修工程施工办公室副主任彭措朗杰等赴西藏林芝地区考察维修所用木材情况。

6月30日，布达拉宫维修工程施工办公室向西藏布达拉宫维修工程协调领导小组上报《关于布达拉宫维修设计中几项原则问题的请示》。

7月16日，西藏自治区文化厅副厅长、布达拉宫维修工程施工办公室主任甲央，国家文物局高级工程师、布达拉宫维修工程施工办公室副主任姜怀英离藏赴京，准备向布达拉宫维修领导小组汇报维修工程情况。

7月20日，甲央、姜怀英在国务院向中共中央政治局委员、国务委员、布达拉宫维修领导小组名誉组长李铁映和维修领导小组全体成员及国家文物局的有关领导作了汇报。

7月24日，布达拉宫维修工程施工办公室派人，对拉萨市区杨木可供砍伐情况进行调查。

8月3日，布达拉宫维修领导小组组长、西藏自治区主席多吉才让等领导同志视察布达拉宫险情。

8月5日，布达拉宫维修领导小组名誉组长李铁映和第一副组长、国家文物局局长张德勒等一行十五人抵达拉萨。

8月7—8日，李铁映一行在西藏自治区领导陪同下，两次到布达拉宫考察。

8月9日，李铁映在西藏自治区人民政府召开现场办公会议，研究布达拉宫维修中的有关重大问题。在西藏视察工作的全国人大常委会副委员长阿沛·阿旺晋美、随同李铁映进藏的中央有关部委的负责同志、西藏自治区党政领导和民族宗教界知名人士出席会议。李铁映在会上发表重要讲话，并提出"精心设计、精细施工、加强领导、万无一失"和"尊重传统、尊重科学、尊重民族风格、尊重宗教需要"的维修指导思想和原则。阿沛·阿旺晋美副委员长也在会上发表了重要讲话。

8月17日，李铁映一行离藏返京。

8月21日，布达拉宫维修工程施工办公室讨论通过《关于布达拉宫维修1989—1990年施工安排的请示》。

8月23日，布达拉宫维修工程施工办公室在自治区文化厅院内召开第一次全体人员大会。会上传达国务院《批复》，通报机构组成情况，进行动员。

8月26日，布达拉宫维修领导小组组长多吉才让召集会议，研究通过《关于布达拉宫维修设计中几个原则问题的请示》和《关于布达拉宫维修1989—1990年施工安排的请示》，并决定由自治区人民政府审批，报国务院备案。同日，布达拉宫维修工程施工办公室向协调领导小组上报《关于布达拉宫壁画临摹、揭取工作的请示》。1989年8月29日多吉才让主持布达拉宫维修工程协调领导小组会议，研究维修工程的材料、保卫、通讯、附属建筑归还、居民搬迁等问题。

9月4日，内地技术勘测人员陆续完成任务后全部离藏。

9月13日，西藏自治区人民政府向国务院上报《关于布达拉宫维修设计中几个原则问题的请示》。

9月26日，西藏自治区党委宣传部研究通过《布达拉宫维修工程宣传计划》，并批转全区执行。

9月30日，西藏自治区副主席、布达拉宫维修工程协调领导小组组长吉普·平措次登主持会议，研究决定布达拉宫维修工程开工典礼及佛事活动安排。

10月1—7日，布达拉宫维修工程施工办公室依据宗教仪轨和民族传统习惯，组织布达拉宫维修工程佛事祈祷活动。近六十名来自各大寺的喇嘛在布达拉宫举行《甘珠尔》诵经仪式。

10月6日，西藏自治区人民政府发布《关于维修布达拉宫的公告》。

10月7日，布达拉宫维修工程协调领导小组在布达拉宫举行新闻发布会，宣布布达拉宫维修工程将根据自治区星算所测算的仪轨程序和时间要求，于1989年10月11日正式开工。

10月9日，隆重的维修"火祭"仪式，在布达拉宫东庭院广场举行。

10月11日，西藏自治区党委、人大、政府、政协及有关部门的领导同志出席了在布达拉宫东庭院广场举行的开工典礼。西藏布达拉宫维修工程协调领导小组组长、自治区副主席吉普·平措次登致辞。按照星算要求，由一名喇嘛挥镐破土。同日，柯北侧地垄、红宫旺康楼、圆满汇集道门厅前石阶维修三项工程开工。

10月13日，布达拉宫维修工程施工办公室与自治区公安厅、消防局有关负责人研究维修工程中的治安保卫和消防工作。

10月30日，布达拉宫维修工程施工办公室与中央新闻纪制约电影制片厂西藏站协商拍摄维修工程资料片的问题。

11月6—11日，布达拉宫维修工程前期勘测图纸在北京会审。

11月15日，全国人大常委会副主任阿沛·阿旺晋美在北京家中接见赴京参加图纸会审的布达拉宫维修工程施工办公室副主任彭措朗杰、技术组副组长阿旺洛珠。

11月27日，联邦德国电视台驻北京记者吉泽拉·马尔曼女士等四人采访布达拉宫维修工程。

12月6日，国家文物局高级工程师、布达拉宫维修工程施工办公室副主任姜怀英抵拉萨，专程处理白宫北侧地垄加固工程中的技术问题。中国林业科学研究院东方木材工业研究所专家纪成操、刘京全等三人同日到达拉萨，为维修工程中木结构的防虫防腐处理工作进行前期考察。

12月15日，西藏自治区副主席图道多吉主持布达拉宫维修工程协调领导小组会议，听取姜怀英和纪成操就其他国家国家垄加固工程技术处理和木结构虫蛀腐朽情况考察的报告。同日，中国人民银行批给维修工程黄金和白银。

12月18日，布达拉宫维修工程施工办公室组织哲蚌寺、色拉寺的喇嘛，在拉萨市区砍伐市园林局批准可供维修使用的杨木。

1990年

1月17日，东庭院厕所修复工程验收。

1月19日，布达拉宫维修工程施工办公室副主任彭措朗杰带队赴羊八井，进行木材热水处理干燥试验。

2月14日，布达拉宫维修工程施工办公室邀请拉萨市民代表一百二十人，参观布达拉宫残损状况和维修施工现场。

2月15日，全国政协委员布米·强巴洛珠、东噶·洛桑赤列等视察布达拉宫险情及维修施工情况，认为国务院决定维修布达拉宫非常正确、非常及时。

2月21日，布达拉宫维修工程施工办公室在西藏自治区政协礼堂举行藏历铁马年迎新茶话会，答谢西藏各界一年来对布达拉宫维修工程的关心和支持，通报维修工程进展情况。

3月14日，西藏军区政治部组织驻藏人民解放军官兵五百人次，开始为期六天的维修工程义务劳动。

3月16日，西藏自治区副主席普穷等视察布达拉宫险情和维修施工情况，并听取维修工作汇报。

4月9日，拉萨市城关区计划经济委员会组织四十多家手工业企业代表二百余人，参观维修施工现场。

4月15日，布达拉宫第三期电线改装工程开工。

4月20日，西藏自治区副主席普穷主持自治区党委、政府联席会议，审议并原则通过《布达拉宫维修工程总体设计方案》和《1991—1993年施工计划的请示》等文件。

4月22日，西藏自治区党委书记胡锦涛、常务副书记热地等领导人视察维修工程。

4月30日，全国人大常委会副委员长阿沛·阿旺晋美在北京听取关于维修工程总体设计、施工计划和进展情况汇报。同日，红宫后道旺康楼维修工程竣工。

5月5日，全国政协文化组副组长、布达拉宫维修工程专家组组长罗哲文在国家文物局主持召开专家组会议，听取维修工程施工办公室副主任姜怀英、彭措朗杰汇报，审议通过了《布达拉宫维修工程总体设计方案》《工程概算表》和《1991—1993年施工计划的请示》。

5月6日，位于拉萨河南岸的布达拉宫维修木材防虫防腐设备基础工程开工。

5月8日，西藏自治区主席、布达拉宫维修领导小组组长多吉才让在西藏驻京办事处主持召开维修领导小组会议，听取关于《布达拉宫维修工程总体设计方案》《工程概算表》和《1991—1993年施工计划的请示》的几次审议意见。会议审议通过了上述三个文件，决定以西藏自治区的名义正式报请国务院审批执行。

5月11日，中国北侧地垄加固工程竣工。

5月19日，西藏自治区党委书记胡锦涛、副书记热地、田聪明带领自治区党政领导及机关干部二百余人，参加维修工程义务劳动。

5月25日，布达拉宫维修工程施工办公室组织拉萨大昭寺、格日寺、米穷寺及布达拉宫的僧尼二百多人，为1990年维修工程举行佛事祈祷活动。

6月1日，由四川省政协委员、高级工程师马家郁率领，由河南省古代建筑研究所和中国文物研究所的专家、技术人员和工人组成的布达拉宫维修壁画保护小组进藏。同日、原藏军司令部维修一期工程开工。

6月3日，承担维修工程木材防虫防腐设备安装任务的铁道部江西鹰潭木材防腐新技术开发公司胡逢钧等十名技术人员抵达拉萨。

年6月5日，西藏自治区人民政府向国务院呈报《布达拉宫维修工程总体设计方案》等文件。

6月7日，承担木材防虫防腐技术处理任务的中国林业科学研究院东方木材工业新技术开发公司的专家、技术人员一行六人，由总经理、高级工程师王蔚民和技术室主任、高级工程师纪成操带队，抵达拉萨。

6月15日，西藏自治区党委副书记丹增、自治区副主席图道多吉等领导接见壁画保护、设备安装和防虫防腐处理全体进藏人员，并视察施工现场和拉萨河南岸材料场。

6月30日，旧山岗地垄加固工程开工。

7月15日，吉普·平措次登、甲央等一行六人，离藏抵京汇报维修工作。

7月17日李铁映在北京中南海主持召开布达拉宫维修领导小组会议，听取工程进展情况汇报，并审批《布达拉宫维修工程总体设计方案》。中共中央总书记江泽民视察布达拉宫，并挥毫题词："维护民族团结，弘扬民族文化。"

8月9日，新任西藏自治区主席、布达拉宫维修领导小组组长江村罗布等领导人视察维修工程进展情况，并听取了维修工程施工办公室领导就北京汇报情况的汇报。

8月15日，原藏军司令部一期维修工程竣工。红宫七层大窗及殊胜三界殿、长寿乐集殿和北行解脱道石阶维修工程开工。

8月17日，国家文物局布达拉宫维修一期工程验收小组一行八人，由文物处副处长李季、专家组组长罗哲文带队抵达拉萨。同日，西藏自治区人民政府常务会议听取工程进展和赴京汇报情况的汇报，研究解决维修工程中一些具体问题。

8月20日，国家文物局布达拉宫维修一期工程验收小组在布达拉宫召开验收座谈会。布达拉宫维修工程协调领导小组组长、自治区副主席吉普·平措次登，自治区政协副主席霍康·索朗边巴，自治区佛协理事强巴格桑等领导和知名人士以及布达拉宫维修工程施工办公室、拉萨市城关区古艺建筑美术公司的领导出席座谈会。座谈会认为，一期工程符合设计要求，其他各方面工作成绩亦比较突出。

8月23日，一期工程验收小组在罗布林卡举行新闻发布会，宣布布达拉宫维修一期工程质量合格，验收通过。

8月24日，一期工程验收小组在布达拉宫东庭院召开大会，慰问和嘉勉施工单位。

9月13日，拉萨河南岸木材防腐设备试机成功并投入生产。1990年9月15日中国东大殿北侧地垄加固工程开工。

9月26日，国家文物局就布达拉宫一期工程验收情况向国务院提交书面报告。

9月30日，布达拉宫第三期电线改装工程完工。

10月24日，江村罗布等自治区党委、政府、政协、统战部和佛协的领导视察维修工程，接见并勉励维修工程施工办公室和施工单位的人员。

10月28日，玛基康二期维修工程开工

10月30日，日出康地垄加固工程竣工。

11月11日，为防止因结冻影响工程质量，根据维修工程施工办公室通知要求，布达拉宫北侧阴面各工地泥水活全部停工，其余工地泥水活须于11月25日停工。

11月15日，红宫经书库维修工程竣工。

11月20日，陈上立付室西部维修工开工。

11月30日，东大殿北侧地垄加固工程竣工。

12月7日，西藏自治区人民政府副秘书长索朗达吉召开有关部门协调会，研究布达拉宫前一百零二户居民于1991年3月15日前搬入新居，以便为维修工程腾出所需场地。为了居民的搬迁，国务院曾专门拨出伍佰万圆经费。

1991年

1月1日，北京故宫博物院、北京市机械设备进出口公司祖大鹏等四人进藏，为布达拉宫投光灯安装工程进行实测。

3月4日，布达拉宫维修工程结束冬季停工，全面复工。

3月8日，布达拉宫维修工程协调领导小组在拉萨人民会堂举行第四次新闻发布会。布达拉宫维修领导小组组长、自治区主席江村罗布和维修工程施工办公室副主任彭措朗杰介绍工程进展情况，并回答了记者的提问。西藏和内地共六十余名记者出席了新闻发布会。

3月16日，布达拉宫维修工程施工办公室主任甲央赴美国购置布达拉宫投光灯后回到拉萨。与他同去美国的还有北京故宫博物院等单位的有关领导和技术人员。

3月26日，红宫中央七层大窗上面三层更换10米长的大梁。这是布达拉宫维修工程更换的最长的大梁。

4月20日，西日光殿维修工程开工。

4月23日，拉萨市城关区"雪"老城居委会移交布达拉宫前一百零二户居民腾出的旧房。

5月1日，布达拉宫投光灯安装工程首次试灯。

5月20日，西藏和平解放四十周年庆祝活动中央代表团成员、国家文物局局长张德勤视察维修工程和观看工程展览。

5月23日，西藏和平解放40周年。参加盛大游园活动的中央代表团团长李铁映率领中央代表团全体成员看望维修工程的管理和施工人员，并和大家合影留念。

5月24日，李铁映等中央代表团的有关领导，在布达拉宫听取工程进展情况汇报，盛赞布达拉宫维修工程"堪称表率"。李铁映欣然命笔题词："精心设计，精细施工，尊重传统，尊重民族风格，尊重宗教需要。"

5月30日，上立付室西部维修和原藏军司令部二期工程竣工。

7月23日，红宫西大殿及三层回廊、供品库维修工程开工。

7月26日，布达拉宫维修第三期工程开工典礼在东庭院举行，同时还举行了传统宗教活动。

8月30日，布达拉宫维修工程办公室邀请知名人士霍康·索朗边巴、东噶·洛桑赤列、恰白·次旦平措、益西旺久等座谈，讨论布达拉宫维修史书编写提纲、供养室维修方案等问题。

9月6日，布达拉宫维修工程施工办公室在拉萨举行新闻发布会。国家文物局副局长张柏代表二期工程验收组通报验收情况，并宣读了国家文物局的嘉奖函，同时还颁发了锦旗和奖金。

9月19日，西藏自治区政协文史资料工作会议代表四十余人参观维修工程，对工程进展和质量表示满意。

9月26日，布达拉宫维修工程协调领导小组邀请有关部门领导和知名人士，讨论审定布达拉宫维修史书编写大纲。会议同意将拟定提纲报国家文物局审批。

10月13日，布达拉宫维修工程施工办公室副主任彭措朗杰离藏赴京，向国家文物局和专家组汇报工作，并请示供养室（休息室）等项维修方案。

10月15日，喜足绝顶宫一带维修工程开工。

10月19日，西藏自治区政协主席会议代表视察维修工程。

10月28日，圆满汇集道屋顶维修工程开工。

11月8日，维修施工单位在喜足绝顶宫维修中发现墙体内的瓷瓶、铜瓶等物。这些物品在砌墙时，又依原样放回。

11月11日，大昭寺维修办公室负责人参观维修工程。

11月18—19日，青海省政府副秘书长李庆率塔尔寺维修筹备小组领导和技术人员考察布达拉宫维修工程的全面情况。

12月2日，布达拉宫维修工程施工办公室依照惯例部署全年工作总结，并开始制订次年工作计划。

1992年

1月15日，布达拉宫维修工程施工办公室副主任彭措朗杰前往工布江达县，订购维修所需特种木材。

2月15日，国家民委副主任图道多吉和西藏自治区政府、人大、政协领导视察维修工程。

2月21日，拉萨市居民一百多人参观维修工程并举行座谈。1992年3月15日东庭院及其地垄，在经过反复勘测设计后，破土动工。

3月17日，布达拉宫维修工程施工办公室主任甲央亲自赴林芝各林场了解木材生产情况，并洽谈1992年木材运购计划。

3月25日，布达拉宫重要殿堂之一的坛城殿维修工程开工，举行了传统的庆典和祈祷仪式。

3月31日，布达拉宫维修施工办公室和拉萨市城关区古艺建筑美术公司派人赴墨竹工卡县甲玛乡，了解和落实白玛草生产及购运计划。

4月1日，僧舍及其地垄维修工程开工。

4月22日，在拆除喜足绝顶宫北边白玛草墙时，在墙体内发现瓷瓶、铜壶等物。

4月30日，立付局、本息收发室、东大殿前厅及地垄维修工程开工。

5月5日，僧官学校东部和下僧舍维修工程开工。

5月6日，在西安出席全国文物工作会议的中共中央政治局委员、国务委员李铁映听取了中央和国家文物局领导关于布达拉宫维修工程进展情况的汇报，并作重要指示。

5月11日，西日光殿的彩画开工。根据维修原则和国家文物局的决定精神，彩画完全使用原已使用的矿物颜料。另外，随着土建工程的陆续完工，各处的彩画已全面铺开。

6月8日，西日光殿的彩画试验取得圆满成功。维修工程施工办公室进行检查验收，并为全体画工举行茶庆仪式。

6月9日，坛城殿维修工程盖顶。

6月11日，布达拉宫维修工程施工办公室派人，前往隆子县扎日区曲松乡东赞村联系并砍伐这里特有的柏木。这些柏木是为布达拉宫灵塔金顶、宝幢等维修专门准备的。按照当地习俗，特别从桑耶寺请喇嘛作了佛事。

6月25日，五世达赖喇嘛灵塔殿、七世达赖喇嘛灵塔殿及其金顶、上师殿、金瓶室和供品库银顶维修工程，按星算要求开工。

6月28日，在红宫顶部为七世达赖喇嘛灵塔和十世达赖喇嘛灵塔金顶维修工程举行隆重的揭顶仪式。

7月1日，亚溪楼维修工程开工。

7月20日，南京金箔厂派人进藏，了解该厂生产的金箔在彩画中的使用情况，并签订了再次加工金箔的协议书。

7月21日，负责布达拉宫维修工程木材防虫防腐处理工作的中国林业科学研究院东方木材工业新技术开发公司的专家纪成操，在布达拉宫开办培训班，为西藏培养防虫防腐技术人员。

7月25日，"雪"老城东大门维修工程开工。

7月30日，立付局、本息收发室和东大殿前厅及地垄维修工程竣工。

8月5日，国家财政部杜俭副司长视察布达拉宫维修工程，并了解维修经费的开支情况。

8月15日，供养室银顶修整覆盖完成。

8月20日，五世达赖喇嘛灵塔殿的维修工程在妥善保护灵塔的前提下，采取支顶换梁的办法取得成功。

9月4日，布达拉宫维修工程施工办公室派人赴尼泊尔采购金银清洗剂。这些清洗剂将用于清洗金、银、铜制品上的锈迹和污垢。

9月11日，以国家文物局副局长阎振堂为组长的布达拉宫三期工程验收小组进藏。

9月15日，国家文物局布达拉宫三期工程验收小组在罗布林卡举行新闻发布会，通报验收结果。阎振堂副局长代表验收组讲话："由布达拉宫维修办公室提交验收的项目，其施工的指导思想是明确的，贯彻了全国文物工作会议提出的'保护为主，抢救第一'的工作方针，体现了中央领导同志提出的'尊重传统、尊重科学、尊重民族风格、尊重宗教需要'的精神，符合《中华人民共和国文物保护法》规定的不改变文物原状的原则。其采取的技术措施是有效的，得当的，既保证了建筑的安全，又充分保存了文物原有的构件，充分使用了传统工艺，从而保护了文物固有的面貌。其施工综合管理水平是较高的。其财务管理是严格的。因此，我代表验收组宣布：布达拉宫第三期工程验收通过"。当天下午，三期工程验收小组在布达拉宫东大殿召开大会，表彰和嘉奖了布达拉宫维修工程施工办公室、施工单位和布达拉宫管理处。热地等西藏自治区党、政领导出席了表彰大会。新闻界报道了大会盛况。

9月16日，在拉萨市召开的西藏自治区文物工作会议上，布达拉宫维修工程施工办公室技术组、计财组、保卫组被评为文物工作先进集体。

10月7日，西日光殿的彩画挂笔告竣。

10月15日，僧舍及地垄维修工程竣工。

10月30日，亚溪楼维修工程顺利完成。

11月10日，全国人大常委会副委员长阿沛·阿旺晋美在京听取布达拉宫维修情况汇报。

11月11日，李铁映在国务院主持布达拉宫维修领导小组会议，听取了工程进展情况汇报。会议批准了维修和改善文物管理、保护条件的有关项目，同意追加经费，并决定于1994年8月举行布达拉宫维修工程竣工庆典。

11月20日，国家文物局局长张德勤在北京人民大会堂西藏厅主持中外记者招待会。西藏自治区副主席、布达拉宫维修领导小组副组长、布拉宫拉维修工程协调领导小组组长吉普·平措次登，国家文物局专家罗哲文，建设部专家郑孝燮，布达拉宫维修工程协调领导小组副组长、布达拉宫维修工程施工办公室主任、西藏自治区文化厅副厅长甲央，国家文物局高级工程师、布达拉宫维修工程施工办公室副主任姜怀英，布达拉宫维修工程施工办公室副主任彭措朗杰等出席记者招待会，并回答了中外记者的提问。

11月30日，金瓶室金顶维修工程竣工。

12月19日，布达拉宫维修工程施工办公室全体职工收听收看北京汇报和中外记者招待会的录音录像。纷纷表示要团结一致，继续努力，以优异成绩争取维修工程的圆满成功。

1993年

1月15日，布达拉宫维修工程协调领导小组代表布达拉宫维修领导小组，向工程有功人员颁发荣誉证书。

3月10日，法王洞和圣观音殿维修工程开工。开工前，按照传统习惯举行了祈祷仪式。

4月15日，黄舍房维修工程开工。

5月7日，红宫六个殿堂维修工程开工。同日，云南省电力试验研究所高级工程师彭耀、北京爱劳高科技有限公司经理助理陶林、武汉电力学院电力系教授陈允平进藏，就布达拉宫安装避雷装置进行考察。

5月10日，僧官学校维修工程开工。

5月12日，布达拉宫维修工程施工办公室召开避雷工程考察座谈会。西藏自治区人民政府副秘书长、布达拉宫维修工程协调领导小组成员索朗达吉，西藏自治区文化厅党组书记、厅长西珠朗杰，西藏自治区气象局局长索多，西藏电力试验研究所所长、高级工程师拉典和进藏考察组、中国文物研究所进藏工作人员、布达拉宫维修工程施工办公室和布达拉宫管理处的有关领导出席了座谈会。会议决定由考察组进行工程设计和编制经费概算。1993年5月16日布达拉宫维修工程施工办公室主任甲央在成都就布达拉宫维修工程竣工庆典的有关问题，向西藏自治区党、政主要领导同志汇报。

6月26日，以国家文物局保卫处处长吴凤春为组长，由公安部第一研究所安全系统研究室高级工程师袁绳依和北京联视神盾安防技术有限公司总经理、高级工程师李景芳以及湖南文物技防研究所所长、工程师王卫国组成的布达拉宫安全技防工程考察小组进藏。

7月5日，布达拉宫维修工程施工办公室举行座谈会。安全技防工程考察小组就考察情况作了汇报。座谈会同意考察小组提出的在布达拉宫安装自动防火、自动防盗、电视监控和通讯指挥四大系统及其培养相关工作人员等原则意见，并就一些细节问题进行了讨论。会议决定，以西藏自治区文化聪和财政厅名义向国家文物局和财政部报文申请解决安全技术工程经费。考察小组提出了考察报告及经费预算。

7月20日，"雪"老城西大门和西南角楼维修工程开工。

7月21日，西藏自治区人民政府向国务院上报《关于布达拉宫维修工程竣工庆典有关问题的请示》。

8月3日，美籍华人、美国加州亲善大使、美国国际文化交流基金会常务理事李玉玲女士参观布达拉宫，并为维修工程捐款叁拾万圆人民币。

8月9日，美国、德国、日本部分记者参观、采访布达拉宫维修工程。

8月11日，布达拉宫维修工程施工办公室全体职工对红宫部分维修工程进行初步验收。至此，红宫除了七世达赖喇嘛灵塔金顶尚在施工，其余部分已基本完成。布达拉宫维修工程的重点由主体建筑部分向附属建筑部分转移，由土建工程向彩画和殿堂文物复原转移。

8月28日，出席在北京召开的中日古建筑保护国际学术研讨会的日本代表团五十六人，在顾问清水正夫、代团长铃木充的带领下，由中方代表、国家文物局古建专家罗哲文和高级工程师姜怀英陪同，专程考察了布达拉宫维修工程，并对这项工程的质量给予充分肯定。同日下午，由布达拉宫维修工程施工办公室主任甲央主持，副主任姜怀英、彭措朗杰和行政秘书组组长王明星参加，与从北京专程赴藏的文物出版社第二图书编辑部副主任、副编审周成研究了《西藏布达拉宫修缮工程报告》（十六开）、《中国古代建筑·西藏布达拉宫》（八开）两书的各项编撰事宜。会议决定：加快编撰速度，坚持资料性、科学性和鉴赏性的统一，以此作为对布达拉宫维修工程的历史性总结。

9月1日，"雪"老城南大门维修工程开工。

9月2日，以国务委员、国务院秘书长罗干为团长的出席十世班禅大师灵塔祀殿竣工庆典的中央代表团，视察了布达拉宫维修工程并听取工作汇报。

9月17日，国家文物局布达拉宫维修四期工程前半段检查组在拉萨举行新闻发布会。国家文物局副局长、检查组组长张柏宣布检查结果，对四期工程前半段的施工情况给予充分肯定。新闻发布会后，检查组与维修工程施工办公室、西藏自治区文化厅和施工单位领导座谈，并对布达拉宫维修最后阶段的工作提出了要求。

9月21日，国务院办公厅覆函西藏自治区人民政府，同意于1994年8月举行布达拉宫维修工程竣工庆典活动。

10月8日，布达拉宫举行隆重的圣观音殿主尊自在观世音雕像迎请仪式。这尊雕像是在圣观音殿维修动工前请出的。迎请回来的自在观世音雕像依照原来的位置和方向安放，并于次日向信教群众开放。

10月21日，布达拉宫维修工程施工办公室研究布达拉宫维修工程竣工庆典活动方案。

11月2日，布达拉宫维修工程施工办公室讨论《西藏布达拉宫修缮工程报告》编写中的有关问题。

11月8日，西藏自治区人民政府常务会议决定成立布达拉宫维修工程竣工庆典领导小组。领导小组组长由自治区主席、布达拉宫维修领导小组组长江村罗布担任，副组长及成员由自治区党、政有关领导和有关部门负责同志组成。

12月18日，《西藏布达拉宫修缮工程报告》的书稿交由文物出版社进行编辑。

12月22日，国家文物局通知布达拉宫维修工程施工办公室：中央领导拟于1994年1月上旬接见维修工程先进工作者代表，并听取工作汇报，请做好赴京准备。

12月29日，布达拉宫维修工程竣工庆典领导小组向李铁映同志和布达拉宫维修领导小组呈报《关于布达拉宫维修工程竣工庆典活动的安排意见》。

1994年

1月2日，西藏自治区人民政府副秘书长、布达拉宫维修工程协调领导小组成员索朗达吉和布达拉宫维修工程施工办公室主任甲央带领工程有功人员二十名赴京。

1月4日，中共中央政治局常委胡锦涛，中共中央政治局委员、国务委员李铁映等领导同志在中南海怀仁堂亲切接见全体赴京有功人员，并听取工作汇报，同时还研究了工程和竣工庆典中的有关重大问题。

1月5日，李铁映同志宴请布达拉宫维修工程中的有功人员。

1月7日，中国大百科全书出版社一行六人赴藏，为该社出版的《布达拉宫》画册拍摄照片。

1月25日，在中央领导和国家文物局的关怀下，赴京的维修工程有功人员先后到山东、广东两省参观后回到拉萨。

2月5日，西藏自治区人民政府向国务院呈报《关于布达拉宫维修工程庆典活动有关问题的请示》。

3月15日，布达拉宫山下附属建筑的维修工程开工。

4月18日，国务院办公厅就布达拉宫维修工程竣工庆典活动的有关问题，覆函西藏自治区人民政府。

5月6日，江村罗布主持召开布达拉宫维修工程竣工庆典领导小组第四次会议，决定了庆典活动办公室组织机构、人员名单、庆典规模、宣传项目、经费开支等问题。庆典准备工作全面展开。

5月16日，承担布达拉宫安全技防安装工程的公安部一行七人抵达拉萨。两天后，安装工程开始施工。

5月19日，西藏自治区政协六届二次会议代表参观布达拉宫维修工程。

5月22日，联合国教科文组织世界遗产中心专家由国家文物局文物一处处长郭旃陪同进藏，对布达拉宫进行考察。

6月16日，布达拉宫山下附属建筑的维修工程通过总验收。

7月7日，国务院副秘书长徐志坚召集会议，研究布达拉宫维修工程竣工庆典的时间和安排问题。

7月24日，布达拉宫维修工程竣工庆典办公室发电，邀请西藏自治区内外有关单位代表参加庆典。

7月25日，为期十天的布达拉宫维修工程竣工宗教祈祷活动结束。这次活动是根据西藏藏医院天文历算所的历算要求进行的。

7月30日，布达拉宫维修工程竣工庆典新闻发布会在拉萨会议中心举行。同日，《西藏布达拉宫修缮工程报告》一书由文物出版社正式出版。

8月7日，中共中央政治局委员、国务委员、布达拉宫维修领导小组名誉组长李铁映一行抵达拉萨，专程出席布达拉宫维修工程竣工庆典活动。

8月8日，布达拉宫维修工程竣工庆典领导小组在拉萨举行盛大的中外记者招待会，全面介绍布达拉宫维修工程的情况。

8月9日，布达拉宫维修工程竣工庆典活动开始。当天上午，在布达拉宫东庭院广场召开了盛大的庆祝大会。李铁映同志和西藏自治区领导发表了重要讲话。中央和自治区领导、区内外代表、各族各界群众一千多人参加庆祝大会。国内外一百余名记者进行采访报道。中午，李铁映同志在拉萨会议中心主持布达拉宫维修领导小组最后一次会议，全面总结领导小组六年来的工作，高度评价了布达拉宫的维修工程。西藏自治区和国家文物局的领导、专家以及布达拉宫维修工程施工办公室、布达拉宫管理处等部门的负责同志出席了会议。下午，布达拉宫维修领导小组、西藏自治区人民政府和国家文物局在会议中心大礼堂联合召开表彰大会，对布达拉宫维修工程中涌现出的一百多名有功人员进行表彰和嘉奖。

8月10日，庆典活动办公室在劳动人民文化宫举行群众游园联欢活动。同时，布达拉宫举行了数十年来第一次展佛。拉萨人民倾城而出，载歌载舞，共享喜悦。

8月12日，李铁映同志召集党外人士座谈会。西藏自治区和拉萨市的有关领导同志、自治区民族宗教界知名人士和著名专家学者、三大寺僧人代表出席了座谈会。会上，李铁映同志认真听取了各界人士对布达拉宫维修工程及布达拉宫今后管理工作的评价和意见，并就布达拉宫的维护、管理、人才培养和发展等有关问题作了重要指示，提出了"永保辉煌"的要求。

8月15日，出席布达拉宫维修工程竣工庆典活动的李铁映等领导同志一行离开西藏。

8月16日，布达拉宫维修工程竣工庆典领导小组召开大会，总结了庆典活动的情况。布达拉宫维修工程结束。

12月，布达拉宫历史建筑群被联合国教科文组织列入《世界文化遗产》名录。

1996年

8月，布达拉宫管理处设立办公室、文物管理科、文物研究室、宣传接待科、安全保卫科、文物总店六个科室。

1997年

11月，西藏自治区人民政府颁布了《西藏自治区布达拉宫保护管理办法》。

2001年

8月，布达拉宫管理处调整群众朝佛时间和取消午休，用延长开放参观时间的办法，缓解客流量过多、参观游览时间过于集中的矛盾，降低建筑负荷。

2002年

6月26日，布达拉宫第二期维修工程正式破土动工，于2009年8月23日竣工。布达拉宫雪城保护利用工程正式启动。

2003年

5月1日，布达拉宫管理处将群众朝佛时间推延到每天的13点，取消全体工作人员的午休时间以延长开放时间，尝试采取控制单位时间客流量来分散客流的措施。

12月11日，因维修工作需要，在布达拉宫设立维修科。

2002年至2007年

国家投资近3000万元人民币，完成303户原雪城居委会居民的搬迁工作，对22处古建筑进行了保护维修，对雪城内道路、环境进行综合整治，研究制订了《布达拉宫雪城保护利用规划（大纲）》。

2007年

5月17日，全面完成布达拉宫雪城的复原展示准备工作后，设立了雪城管理科。

6月1日，布达拉宫雪城正式向海内外游客和社会各界人士开放。

7月，西藏自治区文物局、建设厅划定公布布达拉宫的保护范围和建设控制地带度。

2008年

4月,北京交通大学土建学院西藏布达拉宫重点部位建筑结构监测与参观客流控制值研究项目组正式拿出了旅游旺季布达拉宫参观客流控制值建议方案,将日接待客流量定为5000人次以内。

2009年

1月,自治区人民政府修订颁布《西藏自治区布达拉宫保护办法》。

6月,布达拉宫二期维修工程竣工。自治区人民政府根据旅游旺季客流情况,听取布达拉宫客流控制研究组建议,批准布达拉宫的旅游旺季日客流限额为5000人次。

8月11日,雪城珍宝馆开馆迎客。

2011年

1月18日,明确布达拉宫管理处规格为正县级,主要负责布达拉宫文物保护管理、建筑维修保养、文物研究和旅游景点管理及旅游接待服务、安排旅游、导游服务工作;拟订布达拉宫文物发展规划;执行国家和自治区对文物保护和消防安全工作的法律、法规、政策。承办自治区文化厅、自治区文物局交办的其他工作,管理处经费来源为差额拨款。

2012年11月至2015年6月

实施布达拉宫整体壁画的数字采集和拍摄项目。

2013年

4月21日,增设殿堂管理科,细化殿堂管理和灯香师工作。

2014年

5月，布达拉宫开通官方网站，启用网上门票预定系统，实现门票预订、验票、售票、统计等工作的电子化。

2015年

6月，成立布达拉宫文化创意产业（有限）公司。

7月，布达拉宫以40万收回白塔北侧红山西南角山洞茶馆，确保文化遗产的完整性，并将其开辟为布达拉宫文创产品体验区。

7月30日，西藏自治区第十届人民代表大会常务委员会第十九次会议通过并颁布《西藏自治区布达拉宫文化遗产保护管理条例》。

2016年

参加上海《雪域撷珍》展。

2017年

5月9日，为加强布达拉宫的日常监测管理，增设遗产监测中心；参加大连、杭州、深圳《祥云托起珠穆朗玛——藏传佛教艺术》巡回展；布达拉宫管理处在美国拉斯维加斯国际品牌授权博览会和上海国际建博会参展的科技保护成果"万尺布宫，毫厘探微"和高清全景导览；

9月1日起，布达拉宫积极落实"全区文物景点向区内干部群众实行免票参观"政策和区党委"冬游西藏"免票参观政策。

2018年

参加《祥云：托起珠穆朗玛-来自雪域高原的艺术瑰宝》展；

8月，开辟布达拉宫2号参观线路；

布达拉宫管理处维修科统计数据显示：无字碑以上建筑群总计735间、无字碑以下建筑群总计471间，布宫建筑群总计1206间，打破了过去所谓的"999+1"的传说；

实施了7座金顶维修及西门环境整治。

2019年

国家提出投入3亿元专项资金，开展为期10年的布达拉宫古籍文献保护利用工程；

参加《丝绸之路上的文化交流—吐蕃时期艺术珍品展》；

与故宫博物院联合举办的《龙袍与袈裟：紫禁城与布达拉宫的政治与信仰》。

2020年

3月9日，布达拉宫首次通过网络直播，开展"云展览"。

附录2：

西藏自治区布达拉宫文化遗产保护管理条例

第一章 总则

第一条 为了加强对布达拉宫文化遗产的保护管理，继承和弘扬优秀历史文化，根据《中华人民共和国文物保护法》等法律法规，结合自治区实际，制定本条例。

第二条 本条例所称布达拉宫文化遗产是指列入世界文化遗产名录的布达拉宫及其扩展项目大昭寺和罗布林卡。

第三条 本条例适用于在布达拉宫文化遗产的保护范围和建设控制地带内进行的保护管理、基本建设、生产生活、宗教、文化活动、参观游览、科学研究、经营服务等活动。

第四条 布达拉宫文化遗产的保护管理应当坚持统筹规划、保护为主、合理利用、加强监管的原则，确保其历史风貌和自然环境的真实性和完整性。

第五条 自治区人民政府负责组织编制布达拉宫文化遗产保护规划，协调解决布达拉宫文化遗产保护管理工作中的重大问题。

拉萨市人民政府应当按照自治区人民政府组织编制的保护规划，做好布达拉宫文化遗产的相关保护管理工作。

自治区文物行政部门是布达拉宫文化遗产保护和管理的主管部门，依法承担监督管理职责。

文物保护管理机构负责布达拉宫文化遗产保护范围内的保护管理工作。

文化、财政、发展和改革、住房和城乡建设、国土资源、规划、环境保护、工商、旅游、公安、民宗、林业、地震、气象、公安消防等部门，依照各自职责履行布达拉宫文化遗产相关保护责任。

第六条 自治区人民政府和拉萨市人民政府应当将布达拉宫文化遗产保护管理工作纳入国民经济和社会发展规划，所需经费由财政予以保障。

第七条 对布达拉宫文化遗产的保护实行专家咨询制度。制定布达拉宫文化遗产保护规划、审批与布达拉宫文化遗产有关的建设工程、决定与布达拉宫文化遗产有关的其他重大事项，应当听取专家意见。

第八条 布达拉宫文化遗产的保护管理经费和维修资金来源：

（一）国家和自治区专项经费；

（二）自治区、拉萨市一般公共预算经费；

（三）事业性收入；

（四）社会捐赠；

（五）其他合法收入。

布达拉宫文化遗产的保护管理经费和维修资金，应当按照国家法律法规的有关规定，专款专用，任何单位和个人不得侵占、挪用。

第九条 任何单位和个人都有保护布达拉宫文化遗产的责任和义务。

自治区文物行政部门对在布达拉宫文化遗产保护管理工作中成绩显著的单位和个人给予表彰和奖励；对作出突出贡献的单位和个人，报自治区人民政府予以表彰。

第二章 保护管理

第十条 自治区人民政府负责组织编制布达拉宫文化遗产保护规划。保护规划经国务院文物行政部门审定后实施。

自治区文物行政部门和拉萨市人民政府负责布达拉宫文化遗产保护规划的组织实施。

拉萨市人民政府制定城乡规划时，应当与布达拉宫文化遗产保护规划相协调。

第十一条　布达拉宫文化遗产保护范围和建设控制地带的管理依据保护规划执行。保护范围内的保护管理工作，由文物保护管理机构具体负责；建设控制地带内的保护管理工作，由拉萨市人民政府组织文物、住房和城乡建设、国土资源、规划等部门共同负责。

文物保护管理机构按照已公布的保护范围和建设控制地带，设置永久性保护标志和界桩，标明四至界限、保护说明、禁止行为等。

保护标志和界桩由文物保护管理机构负责维护和管理。

第十二条 保护范围内禁止下列行为：

（一）在文物保护标志上刻划、涂画、张贴；

（二）攀登、翻越文物和保护设施；

（三）架设、安装与文物保护无关的设施、设备；

（四）倾倒、焚烧垃圾；

（五）损坏、损毁、占用文物建筑及其附属建筑物；

(六)设置通信、户外广告，修建人造景点；

（七）在设置禁止拍摄标志的区域进行拍摄活动；

（八）在地下或者空中从事危及文物建筑及其附属建筑物安全的活动；

（九）设置、存放、使用危及文物安全的易燃、易爆及其他危害文物安全的物品、设施；

（十）种植危害文化遗产安全的植物；

（十一）损坏供水、供电、消防、监测设施；

（十二）擅自进行建设工程或者爆破、钻探、挖掘等作业；

（十三）其他可能损害文化遗产安全的行为。

第十三条　保护范围和建设控制地带内新建、改建、扩建建(构)筑物以及绿化、供水、供电、供暖、取水等活动，其工程设计方案应当经文物、住房和城乡建设、水利、电力、环境保护、公安消防等部门审核同意后，依法报批。

第十四条　保护范围和建设控制地带内新建、改建、扩建建（构）筑物的，其高度、风格、体量、色调等应当符合布达拉宫文化遗产保护规划的要求。任何单位和个人不得在原建筑物上违规搭建影响布达拉宫文化遗产视线廊和历史风貌的建（构）筑物、附属设施。

文物保护管理机构应当加强对保护范围和建设控制地带范围内的建设活动的日常巡查，发现违法建设活动的，应当立即制止，并及时向文物、住房和城乡建设等相关部门报告。

第十五条　保护范围和建设控制地带内新建的建（构）筑物等，危害文物安全、破坏历史风貌和影响视线廊的，文物行政部门应当及时制止，并向住房和城乡建设、规划等部门提出整改建议，住房城乡建设、规划等部门应当依法予以处理，并将处理结果报文物行政部门。

第十六条　自治区文物行政部门对布达拉宫文化遗产进行定期监测，形成定期监测报告，经自治区人民政府审核后，报国务院文物行政部门。对布达拉宫文化遗产出现的异常情况或危险因素，应当及时进行反应性监测。

文物保护管理机构应当对布达拉宫文化遗产本体建筑采取技术监测措施，建立建筑结构安全、地质灾害、气象灾害、人流量、环境、有害生物防治等监测预警系统和数据信息库；加强对布达拉宫文化遗产的日常保护监测，建立记录档案、日志，并于每年1月份将上年度日常监测报告报自治区文物行政部门。

第十七条　文物保护管理机构应当严格执行文物安全保护管理规定，建立健全保护管理制度，制定消防、安全防范等预案，配备防火、防盗、防虫、防自然损坏等设施设备。发现安全隐患应当立即采取控制措施，并及时向自治区文物行政部门报告。

自治区文物行政部门应当组织专家对文化遗产安全隐患进行勘察论证，根据勘察论证结果提出修缮方案，经依法批准后实施。修缮涉及传统工艺的，应当聘用具备传统工艺技术的工匠施工。

第十八条　文物保护管理机构应当根据布达拉宫文化遗产保护的需要，科学核定和控制游客数量、滞留时间，确定开放区域和参观路线，制定应急预案，必要时实行闭馆整休，以确保文物安全。

前款规定的内容，应当向社会公告。

第十九条　进入布达拉宫文化遗产保护范围内的人员必须接受安全检查，不得携带易燃易爆、放射性、腐蚀性等危及文物安全和危害公共安全的物品。

第二十条　任何单位和个人不得侵占布达拉宫文化遗产保护范围内的文物、土地、古建筑、设施和财产等。

第二十一条　自治区人民政府应当组织相关部门每年对布达拉宫文化遗产进行定期巡视，并形成巡视报告，报国家文物行政部门。

对巡视中发现危及布达拉宫文化遗产安全的隐患，应及时提出整改要求，并监督相关部门和文物保护管理机构按要求进行整改；重大安全隐患报国家文物行政部门。

第三章 合理利用

第二十二条　文物保护管理机构应当建立数字化博物馆，展示和宣传布达拉宫文化遗产原状式陈列内容，减轻古建筑承载压力。

第二十三条　布达拉宫文化遗产不得作为企业资产经营，经依法批准的经营服务项目不得转让，资产不得抵押，不得与企业或者个人合作从事经营活动。

任何单位和个人不得伪造、变造、倒卖布达拉宫文化遗产门票及相关凭证。

第二十四条　文物保护管理机构应当对布达拉宫文化遗产馆藏文物实行编目和分类管理，建立档案电子数据信息库系统，实行一件（套）一档的电子数据信息档案。

第二十五条　布达拉宫文化遗产馆藏文物的保管、纸质及电子信息数据档案，分别由专人负责。经批准的文物藏品出入库，应当在备案的同时，及时录入文物相关信息。

第二十六条 未经自治区文物行政部门批准，布达拉宫文化遗产文物档案管理人员和文物保护管理机构，不得向任何单位和个人提供馆藏文物档案资料。

第二十七条 自治区文物行政部门应当加强对布达拉宫文化遗产历史、科学、艺术等方面的调查和研究，发掘并展示其历史和文化价值，依法保护、利用与其相关的知识产权。

第二十八条 自治区文物行政部门应当建立布达拉宫文化遗产研究机构，制定布达拉宫文化遗产保护、研究、管理人才中长期培训规划，组织实施专业培训。

文物保护管理机构应当加强对工作人员的法律、业务知识培训，提高保护管理和合理利用能力。

第四章 法律责任

第二十九条 负有文物保护管理职责的单位和个人，违反本条例规定，玩忽职守、失职渎职、滥用职权造成文物损失、损坏、损毁的，依法予以赔偿，并由文物行政部门提请监察或者任免机关给予行政处分；涉嫌犯罪的，移送司法机关处理。

第三十条 违反本条例第十二条第一项至第十一项规定的行为，由文物保护管理机构责令停止其违法行为，予以警告，可以处以5000元以上1万元以下罚款；情节严重的由文物行政部门处以3万元以上5万元以下罚款；造成损失、损坏、损毁的，依法予以赔偿；涉嫌犯罪的，移送司法机关处理。

第三十一条 违反本条例第十二条第十二项、第十三条、第十四条第一款规定的，依照《中华人民共和国文物保护法》的有关规定予以处罚。

第三十二条 违反本条例第二十三条第一款规定的，由自治区文物行政部门责令停止违法行为，没收违法所得，并追究文物保护管理机构相关责任人的责任；涉嫌犯罪的，移送司法机关处理。

违反本条例第二十三条第二款规定的，由公安机关依照《中华人民共和国治安管理处罚法》的有关规定予以处罚。

第三十三条　违反本条例规定的其他行为，法律法规已有处罚规定的，从其规定。

第五章　附则

第三十四条 本条例自2015年11月1日起施行。

参考文献

一、藏文文献

[1]《五部遗教》之《王者遗教》函，藏文木刻版。[1]拔•塞囊著，佟锦华、黄布凡译注.拔协（增补本译注）[M].成都：四川民族出版社，1990.

[2]韦•赛囊著，巴擦•巴桑旺堆译.《韦协》译注[M].拉萨：西藏人民出版社，2012.

[3]布顿著，蒲文成译.布顿佛教史[M].西宁：青海人民出版社，2016.

[4]阿底峡尊者发掘，卢亚军译注.柱间史——松赞干布的遗训[M].北京：中国藏学出版社2010.

[5]钦则旺布著,刘立千译.卫藏道场胜迹志[M].拉萨：西藏人民出版社，1987.

[6]阿旺洛追扎巴著，索南才让译.觉囊派教法史[M].西宁：青海人民出版社，2016.

[7]巴卧•祖拉陈瓦著，黄颢周润年译注.贤者喜宴•吐蕃史[M].西宁：青海人民出版社，2017.

[8]巴卧•祖拉陈哇著，黄颢译.《贤者喜宴》摘译[J]，西藏民族学院学报，1980(4).

[9]巴卧•祖拉陈哇著，黄颢译.《贤者喜宴》摘译二[J].西藏民族学院学报，1981(1).

[10]巴卧•祖拉陈哇著，黄颢译.《贤者喜宴》摘译三[J].西藏民族学院学报，1981(2).

[11][明]巴卧•祖拉陈瓦著，周润年译注.贤者喜宴•噶玛岗仓史[M].西宁：青海人民出版社，2017.

[12]巴卧•祖拉陈瓦著，周润年译注.贤者喜宴•噶玛岗仓史[M].西宁：青海人民出版社，2017.

[13]达仓宗巴·班觉桑布著,陈庆英译.汉藏史集[M].西宁:青海人民出版社,2017.

[14]班钦索南查巴著,黄灏译.新红史[M].拉萨:西藏人民出版社,1985.
班钦索南查巴著,黄灏译.新红史[M].拉萨:西藏人民出版社,2002.

[15]索南坚赞著,王沂暖译.西藏王统记[M].北京:商务印书馆,1955.

[16]索南坚赞著,刘立千译注.西藏王统记[M].北京:民族出版社,2000.

[17]廓诺·迅鲁伯著,郭和卿译.青史[M].拉萨:西藏人民出版社,1985.

[18]阿底峡尊者发掘,卢亚军译注.西藏的观世音[M].兰州:甘肃人民出版社,2000.

[19]智观巴贡却乎丹巴绕吉著,吴均、毛继祖、马世林译.安多政教史(上、下)[M].西宁:青海人民出版社,2017.

[20]第五世达赖喇嘛著,郭和卿译.西藏王臣记[M].北京:民族出版社,1983.

[21]五世达赖喇嘛阿旺·洛桑嘉措著,陈庆英、马连龙等.一世——四世达赖喇嘛传[M].北京:中国藏学出版社,2005.

[22]五世达赖喇嘛阿旺·洛桑嘉措著,陈庆英、马连龙、马林译.五世达赖喇嘛传[M].北京:中国藏学出版社,2005.

[23]第悉·桑杰嘉措著,许德存译,陈庆英教.格鲁派教法史·黄琉璃宝鉴[M].拉萨:西藏人民出版社,2009.

[24]阿旺伦珠达吉著,庄晶译.六世达赖喇嘛仓央嘉措密传[M].北京:中国藏学出版社,2010.

[25]次仁央宗.西藏贵族世家:1900—1951[M].北京:中国藏学出版社,2005.

[26]章嘉·若贝多杰著,蒲文成译.七世达赖喇嘛传[M].北京:中国藏学出版社,2006.

[27]第穆呼图克图·洛桑图丹晋麦嘉措著,冯智译.八世达赖喇嘛传[M].北京:中国藏学出版社,2005.

[28]第穆·图丹晋美嘉措著，王维强译.九世达赖喇嘛传[M].北京：中国藏学出版社,2005.

[29]普布觉活佛洛桑楚臣强巴嘉措著，熊文彬译.十二世达赖喇嘛传[M].北京：中国藏学出版社,2006.

[30]觉囊达热那他著，佘万治译，阿旺校订.后藏志[M].拉萨：西藏人民出版社，2002.

[31]白玛朗杰、孙勇、仲布·次仁多杰主编.口述西藏十大家族[M].北京：中国藏学出版社，2014.

[32]白玛朗杰、孙勇、仲布·次仁多杰主编.口述当代西藏第一[M].北京：中国藏学出版社，2011.

[33]格西著,法尊法师译注.阿底峡尊者传[M].兰州：西北民族学院研究所,1981.

[34]根敦琼培著，法尊法师译.白史[M],西北民族学院研究所，1981.

[35]东嘎·洛桑赤列著，郭冠中、王玉平译.论西藏政教合一制度[M].拉萨：西藏人民出版

[36]恰白·次旦平措、诺章·吴坚、平措次仁著，陈庆英、格桑益西、何宗英、许德存译.西藏通史——松石宝串（上）[M].拉萨：西藏古籍出版社，2008.

[37]夏玉·平措次仁著，多吉平措译.西藏宗教发展源流[M].拉萨：西藏藏文古籍出版社，2011.

[38]夏玉·平措次仁著，羊本加、扎西措姆译.藏史明镜[M].拉萨：西藏人民出版社出版社，2011.

二、汉文文献

[1]玄奘撰,向达辑.大唐西域记[M].北京：中华书局出版，1981.

[2]刘煦.旧唐书·吐蕃上[M],卷一九六，吐蕃上，北京：中华书局，1975.

[3]欧阳修，宋祁等.新唐书·吐蕃上[M]，卷二一六，吐蕃上，北京：中华

书局，1975.

[4]王钦若等编.《册府元龟》(精装全十二册、繁体竖排)，卷962，外臣部才智。北京：中华书局,2011.

[5]黄布凡编著.敦煌藏文吐蕃史文献译注[M].兰州：甘肃教育出版社，2000.

[6]卢秀璋主编，冯金牛、次旺仁钦、廖大伟副主编.清末民初藏事资料选编（1877—1919）[M].北京：中国藏学出版社，2005.

[7]西藏研究丛刊之四：通鉴吐蕃史料[M].拉萨：西藏人民出版社，1982.

[8]王薄撰.唐会要[M].卷九十九.大羊同条.

[9]董诰等编.全唐文，卷281，薛登请止四夷入侍蔬。北京：中华书局,1983.

[10]焦应旂.西藏志[M].台湾：成文出版社，康熙刊本影印，1968.

[11]黄沛翘.西藏图考[M].拉萨：西藏人民出版社，1982.

[12]张其勤著，吴丰培增辑.清代藏事辑要[M].拉萨：西藏人民出版社，1983.

[13]吴丰培辑.清代藏事辑要（续编）[M].拉萨：西藏人民出版社，1984.

[14]王云五编.卫藏通志[M].北京：商务印书馆，1936.

[15]西藏社会科学院西藏学汉文文献编辑室.西藏地方志资料集成（第二集）[M].北京：中国藏学出版社，1997.

[16]西藏社会科学院汉文文献编辑室编辑.全唐文全唐诗吐蕃史料[M].拉萨：西藏人民出版社，1988.

[17]柳陞祺.拉萨旧事[M].北京：中国藏学出版社，2009.

[18]《西藏研究》编辑部.西藏志卫藏通志[M].拉萨：西藏人民出版社，1982.

[19]苏发祥.清代治藏政策研究[M].北京：民族出版社，2001.

[20]中国第一历史档案馆、中国藏学研究中心合编.清初五世达赖喇嘛档案史料选编[M].北京：中国藏学出版社,2000.

[21]范文澜.中国通史简编[M].石家庄：河北教育出版社，2000.

[22]王尧，陈践.敦煌本吐蕃历史文书[M].西宁：青海民族学院铅印本，1979.

[23]王尧、陈庆英.西藏历史文化辞典[M].拉萨：西藏人民出版社，杭州：浙江人民出版社出版，1998.

[24]西藏研究编辑部.西藏宗教源流考[M].拉萨：西藏人民出版社，1982.

[25]西藏研究编辑部编辑.西藏研究丛刊之八：明实录藏族史料（一、二、三）[M].拉萨：西藏人民出版社，1982.

[26]牙含章.班禅额尔德尼传[M].北京：华文出版社，1999.

[27]恰白·次旦平措、诺章·吴坚、平措次仁著，陈庆英、格桑益西、何宗英、许德存译.西藏通史——松石宝串（上、下册）[M].拉萨：西藏古籍出版社，2008.

[28]安应民.吐蕃史[M].银川：宁夏人民出版社，1989.

[29]才让.吐蕃史稿[M].兰州：甘肃人民出版社，2010.

[30]王森.西藏佛教发展史略[M].北京：中国藏学出版社，2002.

[31]才让、牛宏.西藏佛教[M].兰州：甘肃人民出版社，2005.

[32]丁汉儒等.藏传佛教源流及社会影响[M].北京：民族出版社，1991.

[33]于乃昌.西藏审美文化[M].拉萨：拉萨西藏人民出版社，1999.

[34]杨嘉铭、赵心愚、杨环.西藏建筑的历史文化[M].西宁：青海人民出版社，2003.

[35]《解放西藏》编委会.解放西藏史[M].北京：中共党史出版社，2008.

[36]《西藏研究》编辑部.西招图略　西藏图考[M].拉萨：西藏人民出版社，1982.

[37]白玛朗杰、孙勇、仲布·次仁多杰主编.水牛年（乾隆五十八年）西藏噶厦商上所收公文译辑[M].北京：中国藏学出版社，2012.

[38]西藏自治区社会科学院编.纪念中国共产党建党90周年　西藏和平解放60周年　辛亥革命100周年论文选集（上、中、下）[M].拉萨：西藏藏文古籍出

版社，2011.

[39]马丽华.风化成典·西藏文史故事十五讲[M].北京：中国藏学出版社，2008.

[40]任乃强.康藏史地大纲[M].西藏估计出版社，2000.

[41]徐宗威主.西藏传统建筑导则[M].北京：中国建筑工业出版社，2004.

[42]罗广武,何宗英编著.西藏地方史通述[M].拉萨：西藏人民出版社，2007.

[43]傅崇兰.拉萨史[M].北京：中国社会科学出版社，1994.

[44]石硕.西藏文明东向发展史[M].成都：四川人民出版社，1994.

[45]白玛主编.西藏地理[M].拉萨：西藏人民出版社，2004.

[46]许广智主编.西藏地方古代史[M].拉萨:西藏人民出版社，2004.

[47]次旦扎西主编.西藏地方古代史[M].拉萨:西藏人民出版社，2004.

[48]辞海·历史分册(中国古代史)[Z].上海:上海辞书出版社，1984.

[49]西藏社会科学院、中国社会科学院民族研究所、中央民族学院、中国第二历史档案馆.西藏地方是中国不可分割的一部分[Z].拉萨：西藏人民出版社，1986.

[50]西藏研究编辑部.民元藏事电稿藏乱始末见闻记四种[M].拉萨：西藏人民出版社，1983.

[51]阴海燕.西藏民族团结历史与实践[M].拉萨：西藏藏文古籍出版社，2016.

[52]齐德舜.《宋史·吐蕃传》笺证[M].中国社会科学出版社，2015.

[53]中共中央党史研究室.中国共产党的九十年[M].北京：中共党史出版社：党建读物出版社，2016.

[54]张晓明、金志国等著.百年西藏[M].北京：华文出版社，2011.

[55]牙含章.达赖喇嘛传[M].北京：华文出版社，2001.

[56]柳陞祺.西藏的寺与僧[M].北京：中国藏学出版社，2010.

[57]中共中央文献研究室、中共西藏自治区委员会编.西藏工作文献选编

（1949—2005）[M].北京：中央文献出版社，2005.

[58]拉巴平措主编.现代中国藏学文库·王尧藏学文集（卷一、卷二、卷三、卷四、卷五）[M].北京：中国藏学出版社，2011.

[59]王森.西藏佛教发展史略[M].北京：中国藏学出版社，2001.

[60]西藏政协文史资料委员会.西藏文史资料选辑——十三世达赖喇嘛土登嘉措年鉴[M].北京：民族出版社，1989.

[61]赤列曲扎.西藏风土志[M].拉萨：西藏人民出版社，2006.

[62]陈庆英.五世达赖喇嘛年谱[J].西北民族研究，1998.

[63]孞藏才旦、格桑本.天葬：藏族丧葬文化[M].兰州：甘肃人民出版社，2000.

[64]丹增.当代中国的西藏[M].北京：当代中国出版社，1991.

[65]马兰、李立祥著.雍和宫[M].北京:华文出版社,2004.

[66]拉科·益西多杰著.塔尔寺史话[M]，北京：民族出版社,2001.

[67]次旺俊美主编.西藏宗教与社会发展关系研究[M].拉萨：西藏人民出版社，2001.

[68]西藏自治区文物管理委员会编.拉萨文物志[R].内部出版,1985.

[69]西藏自治区文物管理委员会编.乃东县文物志[R]，内部出版,1986.

[70]秦文玉.布达拉宫之晨[A].国风文丛·西藏卷[C].王曾祺主编，丹珠昂奔分卷主编，北京：中国对外翻译出版公司，1996.

[71]姜怀英，噶素·彭措朗杰，王明星编著.西藏布达拉宫修缮工程报告[M].北京：文物出版社，1994.

[72]西藏自治区科学技术委员会、西藏自治区档案馆编译.西藏地震史料汇编（第一卷、第二卷）[M].拉萨：西藏人民出版社，1982.

[73]布楚、尖仁色著.琉璃明镜[M].北京：中国藏学出版社，2012.

[74]舒知声编.西藏今昔。北京：三联书店，2008（4）.

[75]姜怀英、甲央、噶苏·彭措朗杰编著.中国古代建筑·布达拉宫（上）、（下）[M].北京：文物出版社，1996.

[76]祝启源著，赵秀英整理.中华民国时期西藏地方与中央政府关系研究[M].北京：中国藏学出版社，2009.

[77]西藏政协文史资料委员会.西藏文史资料选辑Ⅰ、Ⅱ、Ⅲ、Ⅳ[M].北京：民族出版社，1989.

[78]王贵、喜饶尼玛、唐家卫.西藏历史地位辨[M].北京：民族出版社：2003.

[79]严桦.布达拉宫[M].北京：中国水利水电出版社，2004.

[80]彭措朗杰.布达拉宫[M].北京:中国大百科全书出版社,2010.

[81]嘉措顿珠.布达拉宫志[A].王学阳.《西藏研究》创刊至2010年宗教类论文选编[C].拉萨：西藏古籍出版社，2011.

[82]旺加.寻踪世界文化遗产——布达拉宫[M].拉萨：西藏人民出版社，2015.

[83]降边嘉措、吴伟.十三世达赖喇嘛——1904年江孜保卫战[M].北京：海豚出版社，2011.

[84]中国藏学研究中心、中国第二历史档案馆合编.九世班禅圆寂致祭和十世班禅转世坐床档案选编[M].北京：中国藏学出版社，1991.

[85]中国藏学研究中心、中国第二历史档案馆合编.九世班禅内地活动及返赃受阻档案选编[M].北京：中国藏学出版社，1992.

[86]恰白学术思想研究课题组编.史学研究大家——恰白·次旦平措先生访谈录[M].何宗英译，北京：中国藏学出版社、西藏古籍出版社联合出版发行，2009.

[87]石硕.从松赞干布时广建寺庙的活动看本教与佛教的关系[J].西藏民族学院学报（社科版），1999(1).

[88]蒲文成.吐蕃政权历代赞普生卒年考[J].西藏研究，1983(4).

[89]高建国.西藏古代科学技术大事年表[J].西藏研究，1984(3).

[90]陈光荣.西藏寺庙里的金灵塔[J].西藏民族学院学报2003(5).

[91]宗政.藏族的白色崇拜析源[J].西藏民俗，1998(4).

[92]董莉英.西藏政教合一制度产生、发展与衰亡[J].西藏民族学院学报（社会科学版），1999(4).

[93]周敦友.布达拉宫[J].法音，1985（05）

[94]余茂智.布达拉宫——西藏古建筑的精华[J].中国西藏，2005(6).

[95]木雅·曲吉建才.布达拉宫缘何为红宫和白宫[J].西藏人文地理，1996(2).

[96]中华人民共和国国务院新闻办公室.《西藏文化的发展》白皮书[Z].北京，2000.

[97]《人民日报》1964年5月9日。

[98]中国网络电视台（新闻联播），转引自《60年跨越之一：古老藏文化走向世界》，载《中国藏学网》，2011.

[99]丹珠昂奔著：西藏文化发展史（上、下）[M]，兰州：甘肃教育出版社，2000.

[100]张云著：西藏历史问题研究[A]《西藏通史》专题研究丛刊（3）[C]，北京：中国藏学出版社，2006.

[101]张云.元代吐蕃地方行政体制研究[M].北京：商务印书馆，2017.

[102]中国西南民族研究学会《藏族学术讨论会论文集》编辑组.藏族学术讨论会论文集[M].拉萨：西藏人民出版社，1984.

[103]西藏自治区人民政府办公厅、西藏自治区党委党史研究室编著：全国支援西藏[M]，拉萨：西藏人民出版社，2002.

[104]马丽华著：走过西藏[M]，北京：作家出版社，1997.

[105]杨庭硕等著：民族文化与生境[M],贵阳：贵州人民出版社,1992.

[106]王军著：文化传承与教育选择——中国少数民族高等教育的人类学透视[M]，北京：民族出版社，2000.

[107]汤世杰著：灵息吹拂[M]，北京：作家出版社，1994.

[108]邓侃主编:西藏的魅力[M],成都：成都出版社1994.

[109]丹珠昂奔著：藏族文化散论[M]，北京：中国友谊出版公司，1993.

[110]塔热·次仁玉珍著：西藏地域和人文[M]，拉萨：西藏人民出版社，2005.

[111]石硕著：西藏文明东向发展史[M]，成都：四川人民出版社，1994.

[112]张世文.拉萨历史文化之旅[M].拉萨：西藏人民出版社，2007.

[113]西藏民族学院编.藏族历史与文化论文集[M].拉萨：西藏人民出版社，2009.

[114]西藏自治区社会科学院、四川省社会科学院合编.近代康藏重大事件史料选编第一编（上、下）[M].拉萨：西藏古籍出版社，2001.

[115]赵国栋.茶叶与西藏：文化、历史与社会[M].拉萨：西藏人民出版社，2014.

[116]阿贵.吐蕃小邦时代历史研究[M].拉萨：西藏人民出版社，2014.

[117]中华人民共和国国务院新闻办公室，《西藏文化的发展》白皮书，北京，2000。

[118]中华人民共和国国务院新闻办公室，《西藏文化的保护与发展》白皮书，北京，2008。

[119]朱月梅.吐蕃政权历史军事地理研究[M].北京：中国社会科学出版社，2017.

[120]《甲玛沟的变迁》课题组.甲玛沟的变迁[M].北京：中国藏学出版社,2009.

[121]吴丰培、曾国庆编撰.清代驻藏大臣传略[M].拉萨：西藏人民出版社出版社,1988.

[122]《西藏研究》编辑部.西藏研究丛刊之二·西藏宗教源流考，番僧源流考.拉萨：西藏人民出版社,1982.

[123]《西藏百科全书》总编辑委员会.西藏百科全书[M].拉萨：西藏人民出版社，2009.

三、国外文献

[1][法]A·麦克唐纳著，耿昇译，王尧校.敦煌吐蕃历史文书考释[M].西宁：青海人民出版社，2009.

[2][英]F.W.托马斯编著，刘忠、杨铭译注.敦煌西域古藏文社会历史文献[M].北京：民族出版社，2003.

[3][日]山县初男.西藏通览[M].清光绪三十四年刊本影音本，1908.

[4][美]约翰·来格雷格著，向红笳译.西藏探险[M].拉萨：西藏人民出版社，1989.

[5][意]G·杜齐著,向红笳译.西藏考古[M].拉萨：西藏人民出版社,2004.

[6][法]石泰安著,耿昇译.西藏的文明[M].北京：中国藏学出版社，1999.

[7][法]戴密微著,耿昇译.吐蕃僧诤记[M].拉萨：西藏人民出版社，2006.

[8][美]皮德罗·卡拉斯科著，陈永国译，周秋有校.西藏学参考图书之四：西藏的土地与政体（内部资料）[M].拉萨:西藏社会科学院西藏学汉文文献编辑室编印，1985.

[9][英]罗伯特·比尔著，向红笳译.藏传佛教象征符号与器物图解[M].北京：中国藏学出版社，2007.

[10][英]F.M.贝利著，春雨译.无护照西藏之行,拉萨：西藏社会科学院资料情报研究所编印，1983.（内部发行）

[11]（美国）李方桂、柯蔚南著，王启龙译.古代西藏碑文研究[M].拉萨：西藏人民出版社，2006.

[12]Gosta Montell，The Lama Temple Potala of Jehol. Plan of the Monastery — Ground，Geografiska Annaler, Vol. 17 Supplements: Hyllningsskrift Tillagnad Sven Hedin (1935), pp. 175—184.

[13][英]阿雷恩·鲍尔德温等著，陶东风等译：文化研究导论（修订版）[M]，北京：高等教育出版社，2004.

后 记

《解说布达拉宫》一书的基础,是我2009—2012年在西藏大学攻读硕士学位期间撰写的毕业论文——《布达拉宫的历史变迁研究》。时光飞逝,转眼间这些东西在我的手头已经压了近10年。今年,恰逢中国共产党成立100周年和西藏和平解放70周年之际,有幸得到中共西藏自治区委员会宣传部和西藏人民出版社的垂青,这些文字才得以献礼图书的形式出版,本人受宠若惊,深感鼓舞。

怀着对治学的惶恐和敬畏之心,我不敢有片刻的懈怠,更不敢草草付梓。"十年磨一剑",我把自己在布达拉宫工作14年的工作体会加进了自己的文稿中,认真搜集、阅读、分析和勘比资料,从中辑录出有关布达拉宫的史料,不断推敲每一个论点,斟酌自己的逻辑链是否完整,一遍遍修改原稿,总认为要消灭掉不该有的错误,将问题减到最少,才能心安。

回想从写作硕士毕业论文到修改成专著的过程,我有幸得到许多老师、前辈和同学的关怀与指教,我感谢所有关心我、帮助我、鼓励我的长辈、老师和朋友们。

我感念我的导师强俄巴·次央教授,感谢她如师如母的悉心点化与精良授课,将我引入西藏历史的长河和更为广阔有趣的文化天地。她的悉心教导,我将终生铭记。

我感念西藏大学的周燕老师,是她的指点,打开了我研究布达拉宫的一扇窗户,在她的提点下,我以《布达拉宫的名称溯源》发表了我人生中的第一篇论文,对我的学习及论文写作提供了极为有益的帮助,难以忘怀。

我感谢同我意气相投、切磋策励的挚友阴海燕,他从论文体例、结构,到具体问题的驾驭方法,为我的论文写作花费心思,甚至将错字错句也一一指出,激励我对学术的追求当要精益求精。他扎实、务实的学风给我深远的影响，让我时刻感念于心，不能忘怀。

我感谢我的工作单位西藏自治区布达拉宫管理处，感谢领导的栽培和同事们的帮助，在这里给了我愉快的工作环境。感谢我的领导觉单处长不吝赠书，帮我推敲典籍中的藏文字。感谢行政办公室平措旦增主任、文物研究室扎西次旦副科长、殿堂管理科巴片副科长，帮我翻译藏文材料，指点迷津。感谢数字中心扎西次仁副科长，为我提供精美图片，让我有机会向世人展示布达拉宫的文物和珍品。特别感谢处党委格桑顿珠书记、尼玛卓玛副主任、伦珠多吉副主任对我的关心、支持和鼓励。每次向他们请教问题，他们的热情和对布达拉宫的热爱超出了我的预期。他们的教诲与点拨，是我驶上学术正途的有效保障，他们做人行事的风范更是我终身学习的楷模。

我感谢前辈学者们的辛勤劳动，他们对布达拉宫学术体系的构建、对布达拉宫学术问题的探索、对布达拉宫资料的搜集与归纳，不仅为本书的写作提供了极大的方便，也为我提供了进一步思考的线索与空间。本文借鉴了大量学者前辈的研究成果，以及布达拉宫管理处各科室的一些数据和资料，在此一并向所有的学者前辈们和布达拉宫管理处的同仁们致敬。

我要感谢本书的责任编辑对本书的支持、编辑和校对，他们在编校过程中，严谨、认真、负责的态度让我铭记于心，在此深表谢意。

由于能力和水平有限，本书在撰写过程中难免存在错讹漏误之处，期冀获得学界前辈、同仁的批评与帮助，热切欢迎同行专家和广大读者的批评与指正，以共同推动布达拉宫历史文化研究的发展和进步。

王清华
2021年7月于古城拉萨